난세의 리더
조 조

일러두기

1. 본문 중의 인명과 지명은 독자들의 친숙함을 고려하여 한자음 그대로 표기하였습니다.
   다만 일부 현대 인물은 중국어 발음에 따랐습니다.

2. 각주로 표기된 것은 모두 저자의 설명이며, 본문 중의 괄호 안에 뜻을 풀이한 것은
   모두 옮긴이의 설명입니다.

난세의 리더

조조

친타오 지음 | 양성희 옮김

더봄

난세의 리더

조 조

제1판 1쇄 인쇄	2022년 03월 22일
제1판 1쇄 발행	2022년 03월 25일

지은이	친타오
옮긴이	양성희
펴낸이	김덕문

책임편집	손미정
디자인	블랙페퍼디자인
마케팅	이종률

펴낸곳	더봄
등록번호	2015년 4월 20일
	서울시 노원구 화랑로51길 78, 507동 1208호
대표전화	02-975-8007 ‖ 팩스 02-975-8006
전자우편	thebom21@naver.com
블로그	blog.naver.com/thebom21

한국어 출판권 ⓒ 더봄, 2022

ISBN 979-11-88522-66-8 03910

서기 298년, 서진西晉이 천하를 통일한 지 10년이 훌쩍 넘어 전쟁의 기운도 거의 사라졌다. 명장 육손陸遜의 손자 육기陸機가 서진 왕조의 저작랑 著作郎(국사 편찬 등 문서 관리 업무를 담당하는 관리)이 되어 국가 문서보관소에서 조조의 유언을 기록한 원본 문서를 직접 볼 기회가 생겼다.

육기는 조조처럼 위대한 인물은 유언도 남다를 것이라고 생각했는데, 직접 읽어 보고는 크게 실망했다. 영웅의 유언이라는 것이 일상적인 집안 문제부터 애첩에 대한 애틋한 정까지 구구절절 잔소리를 늘어놓은 때문이었다. 생전에 입었던 옷을 어떻게 처리할지부터 아끼던 기녀伎女들과 첩들의 향후 거취 문제, 늦둥이 막내아들에 대한 걱정까지, 온통 쓸데없는 잔소리뿐이었다. 육기는 이 글을 읽고 한동안 탄식을 멈출 수 없었다.

"조조처럼 천하를 쥐고 흔들었던 위대한 인물도 결국 어린 아들의 운명을 남의 손에 맡길 수밖에 없구나. 일찍이 국정을 좌지우지했던 뛰어난 지략과 열정을 자질구레한 집안일에 쏟았구나. 영웅의 말로가 참으로 서글프구나!"

_육기, <조위무제문>^{弔魏武帝文}

위진^{魏晉} 시대 사람들에게 조조는 '시대를 뛰어넘은 위대한 영웅'이므로 유언도 남다르고 대단해야 한다고 생각한 것이다.

다른 시대에는 어땠을까? 송나라의 명신 사마광^{司馬光}이 친구에게 쓴 서신 중에 이런 내용이 있다.

'내가 어제《삼국지》를 읽으면서 한 가지 깨달은 것이 있네. 조조가 죽기 전에 유언을 남기는데 한나라를 뒤엎고 위나라를 건설한 것에 대한 내용은 한마디도 없더군. 조조의 유언은 첩들에게 어떻게 해줘라, 자기가 입던 옷을 어떻게 처리해라, 이런 자질구레하고 지루한 잔소리뿐이었어. 왕조 교체에 대한 언급은 전혀 없었단 말일세. 왜 그랬을까? 아마도 조조의 마지막 모략이었을 거야. 찬탈의 오명을 아들, 손자에게 미루고 본인은 끝까지 완벽한 한나라의 충신으로 남고 싶었던 것이지.'

이후 명나라 사람들은 사마광의 분석이 아주 신랄하다, 조조의 생각을 정확하게 파악했다고 평가했다. 송나라와 명나라 사람들에게 조조는 악랄한 간웅, 승상의 탈을 쓴 역적이므로 유언에도 반드시 숨겨진 음모가 있으리라 생각한 것이다.

필자는 10년 전《조조전: 두 얼굴의 조조》초판을 집필할 때 조조의 유언만으로 조조 무덤의 미스터리를 풀어 봤다. 현대 관점에서 조조의 유언을 해석할 때는 흔히 알려진 조조의 이미지가 아니라 객관적인 증거를 근거로 삼아야 한다. 위대한 영웅도 집안일을 걱정할 수 있고, 천하의 나쁜 놈도 가족에게는 진심이 담긴 좋은 말을 할 수 있는 법이니까.

10년이 지나 한국어 번역본 출간에 맞춰 큰 틀을 유지하며 원고를 다시 정리했다. 원고 수정을 마치고 육기의 〈조위무제문〉을 다시 읽다 보니 문득 회의가 느껴졌다. 그동안 스스로 이성적이고 객관적인 증거만 믿는다고 자부해 왔는데, 조조만큼은 어떻게 써야 할지 고민하지 않을 수 없었다.

조조는 과연 능력이 뛰어난 영웅인가? 이것은 《삼국지》의 평가이다.

승상의 탈을 쓰고 한나라를 집어삼키려던 도둑놈인가? 이것은 정적들의 비방이다.

간혹 진심을 드러내지만 결국 악의 중심축인 교활한 정치 고수일까? 이것은 《삼국연의》 저자가 만들어낸 소설 캐릭터이다.

실용주의 법가의 실천가, 북방을 통일한 정치가일까? 이것은 마오쩌둥毛澤東 시대의 역설이다.

거대한 악을 물리치려 힘차게 일어섰던 용감한 소년이 잘못된 선택으로 결국 거대한 악으로 타락하는 이야기일까? 현대인의 상상력과 관심을 자극하는 포인트이긴 하지만, 이것이 정말 조조일까? 고결한 사대부 편에 서서 환관 장양과 군벌 동탁을 암살하려 했던 청년 시절은 악의 축으로 변하기 전 모습이고, 중년 이후 황제를 틀어쥐고 유비를 공격하고 서주에서 백성을 학살하면서 보여준 권모술수는 악의 중심축이 된 조조일까? 만약 조조가 살아있다면 이런 흑백 논리를 어떻게 받아들일까? 지금의 우리가 볼 때는 '잘못된 선택'이지만 그것이 조조의 진짜 '자아'일 수도 있지 않은가? 지금의 우리가 볼 때는 '타락'이지만 복잡한 인격의 승화인지 어찌 알겠는가? 지금 우리는 '거대한 악'이라고 하지만 조조가 천지 우주의 기운을 정확히 읽어 그 본질을 완벽하게 간파한 것일 수도 있지 않은가?

한나라는 400년 넘게 버텼지만 수많은 벌레에 뜯어 먹힌 거대한 짐승처럼 숨이 끊어지기 일보 직전이었다. 거대한 짐승 몸에 기생하는 수많은 미생물처럼 한나라의 수많은 백성도 살길을 찾아야 했다. 약자는 제 한 몸 챙기기 바쁘고 강자는 천하를 다퉜다. 옛것을 지키려는 자는 애써 잘못을 바로잡으려 하고 새것을 받아들이려는 자는 변화를 부채질했다. 사람마다 각자 다른 방식으로 시대의 위기를 극복한 것이다. 유일한 공통점은 과거의 역사 경험이 전례 없는 대변혁에 전혀 도움이 되지 않는다는 사실이었다. 모든 선택과 행동이 즉흥적이었고 죽을 때까지 멈출 수 없었다.

푸른 하늘이 죽었음을 모두가 알았지만 어디로 가야 할지 알 수 없었다. 그저 한 발, 한 발 내디딜 수밖에 없었다.

조조도 처음에는 다른 사람들처럼 어찌할 바를 몰라 방황하고, 믿고 따를 수 있는 훌륭한 사람이 나타나기를 기대했다. 그렇게 한 걸음 한 걸음 앞으로 나가다 보니 어느 순간 동시대 위인을 모두 제치고 조조 자신이 시대의 선구자가 되었다. 조조 앞에는 아무도 없었고 길도 없었다. 그러나 뒤에는 그를 추종하거나 관망하거나 의심하는 수많은 사람이 있었다. 앞으로 나가자니 한 치 앞도 보이지 않는 어둠이고, 물러서자니 천 길 낭떠러지로 떨어질 판이었다. 조조의 시 〈고한행〉苦寒行 중 '동쪽 고향으로 돌아가고 싶다.'에 당시 그의 마음이 잘 드러나 있다.

내 마음은 어찌 이리 괴로운가, 我心何怫鬱

동쪽으로 돌아가고 싶어라. 思欲一東歸

물은 깊고 다리는 끊겼으니, 水深橋梁絕

난세의 리더 조조

길을 멈추고 배회하네. 中路正徘徊

　　원래 조조는 다른 사람을 따라가며 약간의 공을 세워 서정장군西征將軍이 되는 정도만 생각했다. 그런데 어느 순간 황제 바로 밑에 서게 됐다. 하지만 조조의 목표는 바로 위의 황제 자리가 아니라 보통 사람들이 보지 못하는 더 먼 세상이었다.

동쪽 갈석산에 올라, 푸른 바다를 바라보네. 東臨碣石, 以觀滄海

물결은 고요하고, 섬은 우뚝 솟았네. 水何澹澹, 山島竦峙

나무는 빽빽하고, 온갖 풀이 무성하네. 樹木叢生, 百草豊茂

가을바람은 쓸쓸하고 파도가 거칠게 용솟음치네. 秋風蕭瑟, 洪波湧起

해와 달의 움직임이 마치 이곳에서 나온 듯하고, 日月之出, 若出其中

찬란한 은하수도 마치 이곳에서 나온 듯하네. 星漢燦爛, 若出其裏

아, 행복하구나. 이 시를 지어 나의 뜻을 노래하네. 幸甚至哉, 可以詠志

_조조, <관창해>觀滄海

　　이러한 조조의 뜻을 보지 못한 사람들이 많다. 그래서 육기는 실망하며 탄식했고, 사마광은 유언마저 권모술수라고 생각했던 것이다. 그러나 조조는 죽은 후는 아무 의미 없으므로 삶은 진실해야 한다는 사실을 잘 알았다.

　　일찍이 최고 권력을 휘두른 영웅이 지금은 작은 관에 누워 있네.
　　일찍이 세상을 구했던 인물이 지금은 흙더미에 덮여 있네.

육기는 이렇게 가슴 아파했지만 조조 본인은 평온하고 편안하지 않았을까?

2022년 봄, 충칭^{重慶}에서

친타오^{秦濤}

《결국 이기는 사마의》한국어판이 출간된 데 이어 이번에 다시《난세의 리더-조조》를 소개하게 되어 매우 영광이다.《난세의 리더-조조》는 애초에 CCTV 교양 프로그램 '법률강당' 원고로 출발했다. 때문에 기본적인 문체가 전작과 많이 달랐다. 또한 이미 10년이 흘렀기 때문에 다시 사료를 검증하고 일부 문장을 수정했으며 조조의 새로운 모습을 소개한다는 의미로 이 서문을 덧붙인다.

청년 조조는 조정으로부터 사상과 언론 면에서 큰 억압을 받았고, 나라를 바로잡으려는 사대부를 탄압하는 당고의 화黨錮之禍를 직접 목격했다. 중년 이후에는 오랫동안 유행한 역병 때문에 적벽대전에서 참패하고 당시 문학계를 주름잡았던 건안칠자가 목숨을 잃었다. 이런 내용이 한국 독자들이 보기에 다소 억지스러울 수도 있지만 조금은 인간적으로 느껴지지 않을까 생각한다.

1,800년 전의 조조는 동쪽 갈석산에 올라 푸른 바다를 바라봤다. 그

때 조조의 눈에는 보이지 않았지만 바다 건너 아주 먼 곳에 한반도가 있었을 것이다. 1,800년 후 학술논문, 소설, 만화 등 한국에서 재해석한 중국 삼국 시대 역사와 문화가 다시 중국에까지 영향을 끼치고 있다. 보잘것없지만 본서가 삼국 역사와 문화를 세계로 알리는 데 조금이라도 보탬이 되길 바란다.

1장

난세의 악동

지금 우리에게 조조하면 가장 먼저 떠오르는 이미지는 술자리에서 영웅을 논하는 호기로운 모습, 혹은 천자를 등에 업고 제후를 호령하는 음험하고 악랄한 모습이다. 아마도 어린 조조를 떠올리는 사람은 거의 없겠지만 그에게도 분명히 어린 시절이 있었다. 조조는 어떤 집안에서 태어났을까? 소년 조조는 우리에게 매우 낯설지만 위법 활동을 즐겼던 남다른 유년기가 훗날 그의 인생에 큰 영향을 끼쳤을 것이다.

가장 익숙하고도 가장 낯선 사람

조조曹操는 중국 역사인물 중 가장 익숙한 동시에 가장 낯선 사람이다. 가장 익숙하다고 말하는 이유는 삼국 시대 이후 1,800년이 넘도록 정사, 야사, 평서評書(이야기에 노래, 연기 등이 혼합된 문학의 한 형태), 소설, 희곡, 드라마, 게임, 만화를 통해 역사의 영웅으로 혹은 다양한 예술작품 이미지가 덧씌워진 조조를 수없이 많이 접해왔기 때문이다. 남녀노소를 불문하고 삼국 역사를 모르는 사람이라도 조조 이름을 들어보지 못한 사람은 없을 것이다.

그렇다면 낯설다고 말하는 이유는 무엇일까? 다음 세 가지 관점에서 살펴보자.

첫째, 조조는 누구인가?

조조는 정치가였다. 동한東漢 말기, 난세의 간웅으로 불리며 강한 권력을 휘두른 동한의 승상丞相이자 삼국의 한 축인 위魏나라의 기틀을 마련한 인물이다.

그는 군사가였다. 변화무쌍한 전략으로 대군을 지휘하고 신출귀몰한 용병술로 직접 전장을 누비기도 했다. 또한 《손자병법》孫子兵法에 훌륭한 주해註解를 남겼고, 10만 자가 넘는 방대한 병법을 직접 저술했다.

조조는 문학가였다. 건안풍골建安風骨(중국 문학사의 주요 문학 기풍 중 하나. 오언, 칠언 고시 형태와 격정적인 어조로 처참한 현실과 고통을 노래한 것이 특징)의 창시자로 아들 조비曹丕, 조식曹植과 함께 '삼조'三曹라 불린다. 중국 문학 수천 년 역사상 삼조와 견줄 수 있는 사람은 삼소三蘇, 즉 소순蘇洵, 소식蘇軾, 소철蘇轍 소씨 삼부자뿐일 것이다.

> 늙은 천리마는 마구간에 엎드려 있어도 뜻은 천리에 있고, 老驥伏櫪, 志在千里
>
> 열사는 늙어도 웅대한 포부는 멈추지 않는다. 烈士暮年, 壯心不已

조조가 남긴 이 시구는 오랜 세월 많은 사람의 입에 오르내리며 큰 감동을 주었다. 여기까지는 모두가 익히 알고 있는 조조의 모습이다.

하지만 조조에게는 또 다른 모습이 있다. 시간이 흘러 역사 자료가 사라지고 역사와 사회를 바라보는 관점이 달라지면서 원래 모습이 희미해져 갔다. 몇 가지 예를 들어보자.

조조는 서예가이기도 했다. 조조의 서법과 관련한 역사 기록에 '특히 예서체에서 발전한 초기 초서체에 뛰어났다. 여기에 웅장한 기운에 질박한 멋이 더해져 가히 독보적이었다.'라는 부분이 있다. 조조가 장노張魯를 정벌하러 갔을 때 포성褒城(오늘날 섬서성 면현 동북부)에서 포강 급류가 굽이치면서 눈송이처럼 날리는 물안개를 보고 시흥이 떠올라 그 자리에서 '곤설'袞雪이라는 글자를 쓰고 돌에 새기게 했다. 이때 누군가 고개를 갸웃하며 물었다.

"물안개가 눈송이처럼 흩날린다는 의미라면 곤설滾雪이라고 써야 마땅한데, 어찌하여 삼수변이 없는 글자를 쓰셨습니까?"

이에 조조가 한바탕 크게 웃고 강물을 가리키며 대답했다.

"저기, 세찬 물결이 강 언덕을 할퀴며 힘차게 흘러가는 모습을 보고도 물이 부족하다는 말이오?"

모두의 감탄을 자아낸 '곤설' 두 글자는 실제 조조의 필체로 인정받아 한중박물관에 전시되어 있다.

조조는 음악가이기도 했다. 고대 시가는 요즘으로 따지면 유행가 가사였다. 일단 시가를 짓고 나중에 곡을 붙여 연주하거나 노래했다. 그는 시가의 대가일 뿐 아니라 작곡, 연주, 심지어 노래에도 뛰어난 소질을 보였다고 한다. 《위서》魏書를 인용해 주해한 《삼국지》三國志 〈무제기〉武帝紀에는 '조조는 산에 올라 멋진 봉우리를 볼 때마다 흥에 취해 절로 시를 읊고 부賦를 지었다. 이렇게 지은 시부詩賦에 악곡을 더해 아름다운 시가詩歌를 완성시켰다.'는 기록이 있다. 조조가 지은 시 중에 '술과 함께 노래하네, 인생이 길지 않으리니.'對酒當歌, 人生幾何 '이 얼마나 행복한가, 이 마음을 원 없이 노래할 수 있으니.'幸甚至哉, 歌

삼국지三國志
서진(西晉) 역사가 진수(陳壽)의 저서이다. 위, 촉(蜀), 오(吳) 세 나라를 중심으로 서술한 한나라 말기부터 서진 초기까지의 역사서로 중국 정사(正史)로 인정받는 이십사사(二十四史)에 포함된다. 위, 촉, 오 삼국 역사를 알 수 있는 가장 중요하고 유일한 정사 사료이다.

以咏志와 같은 내용이 자주 등장하는 것으로 보아 노래도 매우 즐겼던 것 같다. 그로부터 수천 년이 흘렀지만 시와 음악에 정통하고 노래까지 잘하는 군인 정치가는 두 번 다시 등장하지 않았다. 이 비현실적인 모습은 그저 역사를 통해 상상해 볼 뿐이다.

조조는 양생가養生家, 즉 건강전문가였다. 많은 제왕이 그러했듯 조조 역시 오래 살기를 바랐지만 단약이나 신선에 빠지지 않고 의학적인 방법을 추구했다. 《삼국연의》三國演義 중에 조조가 좌자左慈, 화타華佗 등 방술方術에 능한 방사方士를 불러들여 병을 치료하거나 양생 연구를 장려하는 내용이 있다. 방사는 현대 관점으로 보면 기초 의학 지식을 일부 포함하지만 굿, 주술, 미신과 같은 사이비 요소가 훨씬 강했다. 하지만 그 시대에는 매우 체계적인 학문이자 중요한 기술로 존중받았다. 이와 관련해 조식은 '아버지가 방사들을 가까이 불러들인 이유는 그들이 해괴한 주술을 부려 백성을 괴롭힐까봐 걱정했기 때문이다. 절대 불로장생을 원해서가 아니었다.'라고 말했지만 아마도 그런 마음이 전혀 없지는 않았을 것이다. 어떻든 조조가 방술과 방사의 존재를 확실히 인식했고 그중 무엇을 취하고 무엇을 버려야 할지까지 잘 알았던 것만은 분명하다.

이 외에 조조는 바둑 고수, 격투 고수, 건축가, 발명가 등 아주 다양한 면모를 지닌 인물이었다. 안타깝게도 역사 자료가 사라지고 역사와 사회를 바라보는 관점이 달라지면서 지금은 조조의 서법이나 음악을 눈여겨보는 사람이 없고 조조의 양생법에도 전혀 관심이 없다. 반면 여러 가지 제도 확립과 법규 시행 등 현대 사회 및 국가 운영에 관련된 내용은 점점 더 주목받고 있다. 따라서 여기에서 소개할 조조의 모습은 법가法家 학자, 입법자, 법관, 법 집행자, 범죄자 등 주로 고대 법문화와 관련된 것들이다. 이것 역시 많은 이들에게 낯선 모습일 것이다.

둘째, 조조는 어떤 일을 했나?

조조는 평생 끊임없이 전쟁과 정치 투쟁을 치르면서 수많은 사람을 죽였고, 후대 역사에 막대한 영향을 끼쳤다. 여기까지는 모두가 익히 아는 사실이다.

법문화 관점에서 보면 동한 말기~삼국 시대는 대변혁의 시기였다. 먼저 300년 이상 유가儒家가 독점해온 한漢나라의 사상 체계가 무너지면서 그동안 유가 사상의 그늘에 숨죽였던 도가道家, 법가, 불가佛家, 음양가陰陽家, 오행가五行家, 방기가方技家 등 수많은 제자백가 사상이 기지개를 펴기 시작했다. 오랫동안 숨죽였던 다양한 사상이 시대 흐름을 타고 빠르게 퍼지면서 나약한 민중의 마음을 파고들었다. 바야흐로 제2의 제자백가 시대가 펼쳐졌다. 다음으로 온갖 폐단과 혼란으로 얼룩진 한나라의 제도가 개혁의 기회를 맞이했다. 이를 계기로 중국 왕조는 보다 체계적이고 명확한, 통일성 있는 법전을 갖췄다. 조조는 시대의 개척자, 위대한 개혁가로서 후대에 막대한 영향을 끼쳤다. 하지만 이와 같은 법문화 관점의 업적은 많은 이들에게 생소할 것이다.

셋째, 조조를 어떻게 평가해야 할까?

20년 전 어리고 무지한 상태에서 《삼국연의》를 처음 읽은 필자는 도대체 조조가 좋은 사람인지, 나쁜 사람인지 알 수가 없었다. 아마도 삼국 역사와 관련된 책을 읽고 이런 생각을 한 사람이 적지 않을 것이다. 사실 조조는 정의와 사악의 경계를 오가며 기본적인 도덕윤리 개념을 수시로 거스르는, 매우 복잡한 인물이다. 이 때문에 좋은 사람 혹은 나쁜 사람이라는 단순한 평가가 통하지 않는다. 특히 다양한 가치가 공존하는 현대사회의 관점으로 보면 더욱 복잡해진다. 미디어와 무대에 등장한 조조의 이미지는 여전히 혐오스러운 부분이 많지만 여기에 다른 이미지를 덧씌운다고 무슨 의미가 있을까? 조조는 이미 수천 년 전에 죽은 사람이니 우리가 좋아하든 싫어하든 아무것도 달라지지 않는다.

이쯤에서 다시 생각해 보자. 수천 년이 지나는 동안 조조는 항상 똑같은 조조였는데, 왜 한껏 추켜세우기도 하고 모질게 짓밟기도 했을까? 그런데 도덕성 평가만은 수천 년 동안 한결같이 가혹할 만큼 부정적이었다. 왜 그랬을까? 조조의 다양한 이미지 변화는 중국에만 국한된 것이 아니다. 한국과 일본 등 동아시아권으로 범위를 확대해보면, 지역에 따라 이국적인 이미지가 더해지기도 하고, 시대의 가치가 변함에 따라 새로운 이미지가 더해지는 등 끊임없이 변해왔다.

다시 말해, 조조의 이미지 변화는 조조 자체의 문제가 아니라 조조를 바라보는 평가자의 관점 문제인 것이다. 그렇다면 우리의 관점은 무엇이 문제일까?

인연이 만들어준 기회, 환관의 아들

위에서 언급한 문제들을 풀어나가려면 일단 동한 환제桓帝 영수永壽 원년(155년)으로 거슬러 올라가야 한다. 오늘날 안휘安徽성 박주亳州에 해당하는 패국沛國 초현譙縣 어느 마을에 남자아이가 태어났다. 이 이야기의 주인공이자 동한 말기 역사의 중심에 선 이 아이는 성이 조, 이름도 조, 자는 맹덕孟德, 아명은 길리吉利와 아만阿瞞이다. 이 아이의 성장 과정을 통해 조씨 가문에 대해 자세히 알아보자.

조씨 가문의 특징은 두 가지로 요약할 수 있는데, 첫 번째는 '관리'이다.

《삼국지》〈무제기〉 기록에 따르면 조씨 가문의 시조는 한나라의 개국 공신 조참曹參이다. 한나라 고조高祖가 봉토를 하사한 공신이 137명이었는

데, 소하蕭何에 이어 서열 2위를 차지한 이가 바로 조참이었다. 그는 소하가
죽은 후에 한나라의 두 번째 승상이 됐다. 그렇다면 조조가 태어난 조씨
가문이 과연 진짜 조참의 후손일까? 사실 이것은 크게 중요한 문제가 아
니다. 유비劉備가 자칭 한나라 경제景帝의 아들인 중산정왕中山靖王의 후손이라
고 떠벌리고, 손권孫權이 스스로 손자병법의 저자인 손무孫武의 후예라고 말
한 것과 같은 맥락이다. 동한 말기, 삼국, 위진魏晉 시대는 문벌을 멋대로 꾸
며내 자랑으로 내세우던 시절이라 확실한 기록이 아니면 큰 의미가 없다.

조조의 선조가 누구인지는 확실치 않지만 할아버지와 아버지만큼은
아주 확실하고 유명한 인물이다. 할아버지 조등曹
騰은 중상시中常侍와 대장추大長秋를 지낸 인물로 안
제安帝부터 순제順帝, 충제沖帝, 질제質帝, 환제까지 총
다섯 황제를 받든 원로였다. 아버지 조숭曹嵩은 태
위太尉를 지냈다. 동한 말기에는 재상의 직위가 세
개라 삼공三公이라 불렸다. 이 중 태위는 명목상
최고 군사지휘관에 해당했다. 조씨 가문은 대대
로 수많은 태수太守, 교위校尉를 배출했기 때문에
명실상부 관리 가문이라 할 수 있다.

조씨 가문의 두 번째 특징은 중국어로 관리
에 해당하는 관환官宦이란 단어를 뒤집은 말, 바로
'환관'이다.

조조 집안에서 환관으로 유명세를 떨친 이는 바로 할아버지, 엄밀히
따지자면 양할아버지 조등이다. 조등은 조조가 태어나기 40년 전에 거세
를 하고 궁에 들어가 말단 환관이 됐다. 조등은 왜 젊은 나이에 환관이 되

중상시中常侍

한나라 황제를 가장 가까이에
서 보필한 신하. 동한 이후 환관
이 전담했다. 녹봉이 2천 석(石)
으로, 환관 중 최고 직급에 해당
한다. 동한 말기에 중상시 숫자가
12명까지 늘어났다. 중상시가 되
어 횡포를 휘두르는 자가 많아지
면서 동한 정권 붕괴의 주요 요인
이 되었다.

삼공三公

한나라의 최고 관직 세 개를 총칭
하는 말. 서한(西漢)의 삼공은 승
상, 어사대부(御史大夫), 태위이고
동한의 삼공은 사도(司徒), 사공
(司空), 태위이다.

었을까? 명확한 이유는 알 수 없지만 아마도 가난이 큰 부분을 차지했을 것이다.

《속한서》續漢書를 인용해 주해한 《삼국지》 기록에 조등의 아버지 조절曹節에 대한 이야기가 있다. 조절은 마을에서 마음이 넓고 착하기로 유명했다. 어느 날 잃어버린 돼지를 찾는다며 조씨네 돼지우리를 살피러 온 이웃이 조씨네 돼지를 보고 자기 돼지랑 똑같이 생겼다고 우겼다. 조절이 '그렇다면, 가져가시오.'라고 말하자 이웃이 바로 돼지를 끌고 갔다. 며칠 뒤 이웃집에서 잃어버렸던 돼지가 스스로 돌아왔다. 이웃은 그제야 자신이 잘못한 것을 알고 조절을 찾아가 사과했다. 조절은 괜찮다며 돼지를 돌려받았을 뿐, 이웃을 전혀 비난하지 않았다.

이 이야기의 핵심은 조씨 선대가 덕을 쌓아 후손이 가문을 빛낼 수 있었음을 강조하는 것이리라. 그러나 우리는 역사에 기록된 내용을 곧이곧대로 받아들일 것이 아니라 사관이 직접 언급하지 않은 행간의 의미를 찾아내야 한다. 이 이야기를 자세히 들여다보면, 조씨 집안이 조절 때까지만 해도 권력이나 힘이 없어 핍박받았음을 알 수 있다. 이웃이 다짜고짜 쳐들어가 돼지우리를 뒤졌다면, 대저택은 아니지 않겠는가? 그리고 인간이란 본디 강한 자에게 약하고 약한 자에게 강하지 않던가? 이웃의 성격이 원래 막무가내일 수도 있겠지만 조씨네 돼지를 끌고 간 것을 보면 결국 상대가 자기보다 약하다고 생각했기 때문일 것이다. 사서에는 '조절이 마음이 넓고 착하다.'고 기록돼 있지만 요즘 말로 해석하면 '바보같이 착하기만 한 사람'이다. 바보같이 착하기만 한 이 사람이 훗날 위나라 황실에서 처사군處士君으로 추존한 인물이다. 처사군은 관직을 지낸 적 없는 평민이란 뜻이다. 처사군 조절은 아들이 넷이었는데, 그중 셋째가 조등이다. 아들이 많

난세의 리더 조조

아 대를 잇는 데 문제가 없으니 하나쯤 환관을 시켜도 좋았을 것이다. 입 하나를 줄일 수 있고 환관 녹봉이 적지 않으니 충분히 가능한 결론 아니겠는가?

하지만 가난보다 더 중요한 이유가 있으니, 동한 시대에는 환관이 전도 유망한 직업이었다는 사실이다.

동한 황제들은 역대 왕조 중 수명이 가장 짧았다. 어느 정도였냐면, 개국 황제 광무제光武帝, 그 아들 명제明帝, 그리고 마지막 황제 헌제獻帝를 제외하면 마흔을 넘긴 이가 한 명도 없고 평균 수명이 고작 스물 남짓이었다. 이것은 아주 심각한 부작용을 낳았다.

너무 어린 나이에 즉위한 탓에 황제가 직접 정사를 돌볼 수 없어 후견인에게 정권을 맡겨야 하는 경우가 많았다. 이 후견인은 대부분 부모의 친척이었는데 아버지 쪽을 내친內親, 어머니 쪽을 외척外戚이라 불렀다. 그런데 내친은 모두 잠재적 황위 계승자이기 때문에 이들이 정권을 장악하면 황제를 죽이거나 양위를 강요할 위험이 있다. 이 때문에 어린 황제가 등극하는 경우, 종실宗室(아버지 쪽 친척)을 견제하기 위해 대부분 황태후가 섭정을 맡았다.

고대 사회는 남녀가 유별하여 황태후가 직접 조정에 나가 대신들과 국정을 논하거나 지방을 순행하며 민생을 시찰할 수 없었다. 결국 황태후 섭정은 형식일 뿐이고 실제로는 황태후의 아버지나 남자 형제에게 정권을 맡겼다. 이것이 바로 외척이다.

외척이 섭정을 하다가 황제가 성인이 되면 '정권을 돌려주시오. 이제 성인이 되어 국정을 돌볼 수 있으니 후견은 필요 없소.'라고 하는 것이 당연한 이치이다. 그런데 외척 입장에서는 팔다리가 잘리는 것만큼 충격적인 일이다. 황족이 아니니 공식적으로 황제가 될 수는 없지만 이미 황제에 버금가는 권력을 맛보았기 때문에 쉽게 포기할 수 없는 것이다. 순순히 내놓지 않으면 힘으로 빼앗아야 한다. 하지만 황제는 궁에서 태어나 여자들 손에서 자랐기 때문에 외척이 아닌 다른 대신이나 무사를 만날 기회가 거의 전무했다. 다시 말해 힘을 모을 방법이 없었다. 유일한 방법이 측근에게 도움을 청하는 것인데, 그 측근이 바로 환관이었다. 실제로 동한의 많은 외척이 황제와 환관이 합세해 일으킨 정변政變으로 무너졌다.

외척을 무너뜨리면 가장 많은 공을 세우는 사람은 당연히 환관이다. 그런데 황제에게 정권을 되찾아준 환관이 외척보다 더 심한 횡포를 부릴지 누가 알았을까? 외척은 그래도 정상인이지만 환관은 '거세된' 자들이라 정신적으로 문제가 있기 마련이다. 결국 다음 황제가 어쩔 수 없이 다시 외척을 찾아 '그동안 잘못했소. 환관을 물리치게 도와주시오. 그래도 우린 가족이잖소. 남 좋은 일 시키지 맙시다.'라며 도움을 청했다. 동한 시대에는 이렇게 외척이 환관을 제거하고, 환관이 외척을 무너뜨리는 일이 비일비재했다. 외척과 환관이 돌아가며 권력을 차지했고 황제는 그저 용포를 두르고 앉아 눈만 끔뻑거리는 꼭두각시로 전락했다.

여기까지가 전반적인 동한의 정치 상황이다. 외척과 환관의 대결이 이어지는 가운데 환관이 조금씩 우세를 보이기 시작하더니 동한 말기에 이르러서는 환관의 위세가 정점을 찍었다.

조등은 환관 중에서도 매우 특별한 존재였다. 안제 때 입궁해 다섯 황제를 모셨고, 중상시와 대장추를 지낸 원로 환관이었다. 환관이 오를 수 있는 최고 직급까지 올라갔고 후작侯爵 작위까지 받았다. 전한의 명장 비장군飛將軍 이광李廣을 보더라도 평생 목숨을 걸고 전장을 누볐음에도 작위는

커녕 간사한 무리의 핍박에 못 이겨 자살로 생을 마감해 훗날 '이광은 작위를 받기 힘들었네.'李廣難封(당나라 시인 왕발의 〈등왕각서〉滕王閣序 중에서)라는 아쉬움을 남겼다. 그런데 환관 조등은 궁에서 호의호식하며 뚜렷한 공을 세운 것도 없는데 작위까지 받았다. 이는 서한과 동한 사회의 극명한 대비이자 역사의 아이러니가 아닐 수 없다.

후작은 대대손손 세습할 수 있는 작위이다. 원로 환관 조등은 돈이면 돈, 권력이면 권력, 모든 것을 다 가졌지만 딱 하나 아쉬운 것이 있었다. 조등뿐 아니라 모든 환관들이 한스러워하는 그것, 바로 자식이다. 원래 어쩔 수 없는 일이었지만 순제 때 새로운 법령이 제정되어 조등에게도 기회가 생겼다. 《후한서》後漢書 〈순제기〉順帝紀에 '중관中官(환관)은 양자로 대를 이어 작위를 세습할 수 있다.'라는 기록이 바로 당시 새로 제정된 법령이었다. 환관도 양자를 들여 정치 유산을 계승할 수 있게 된 것이다. 조등은 이 법령에 따라 합법적으로 양자를 들였는데, 이 사람이 바로 조조의 아버지인 조숭이다.

조숭과 관련된 가장 큰 논란은 본래 성이 무엇인가였다.

진수의 《삼국지》 중에 '출생의 근원을 살필 수 없다.'라는 내용으로 보아 조숭이 태어난 집안에 대한 정보는 확실하지 않다. 서진 시대에도 알 수 없었으니 지금은 말할 것도 없다. 그런데 배송지裴松之가 주해한 《삼국지》에 진수 사후 저술된 책 두 권을 인용해 '조숭은 하후夏侯씨의 자손으

이광李廣

흉노에 맞서 싸운 서한의 명장. 주로 무제(武帝) 시대에 활약했다. 말을 타며 활을 잘 쐈기 때문에 흉노들이 비장군이라 불렀다. 평생 흉노와 70여 차례 전쟁을 치렀으나 관직 운이 없어 작위를 받지 못해 한 맺힌 삶을 마감했다.

후한서後漢書

남조(南朝) 유송(劉宋) 시대 학자 범엽(范曄)이 지은 기전체 사서로 한나라 무제 유수(劉秀)부터 한나라 헌제 유협(劉協)까지 195년 역사를 기록했다. 《사기》, 《한서(漢書)》, 《삼국지》와 함께 전사사(前四史)라 불리며 이십사사 중에서 가장 뛰어난 저서로 꼽힌다.

배송지裴松之

남조 유송의 역사가. 진수 《삼국지》 이야기가 너무 부실하다고 생각해 자세한 설명을 붙였다. 배송지는 진수 《삼국지》에 주석을 달면서 200종을 참고했다. 덕분에 배송지본 《삼국지》는 오늘날 삼국 시대 역사를 알 수 있는 중요한 사료로 인정받고 있다.

로, 하후돈夏侯惇의 숙부이다.'라고 적었다. 조숭의 본래 성이 하후이고, 훗날 조조 수하의 명장이 되는 하후돈의 숙부라는 사실이 명백히 적혀 있다. 배송지의 기록 이전에도 조씨와 하후씨 집안의 특별한 관계는 이미 유명했다.

《삼국지》 전집의 9권 〈제하후조전〉諸夏侯曹傳은 하후씨와 조씨 집안의 공신을 소개하는 내용이다. 여기에서 말하는 조씨는 당연히 조등의 후손이다. 그런데 이상하지 않은가? 왜 하후씨와 조씨를 한 권에 묶어서 소개했을까? 여기에 대해 진수는 '하후씨와 조씨 집안은 여러 대에 걸쳐 혼인으로 맺어진 사이다.'라고 설명했다. 하지만 이 설명에는 큰 허점이 있다. 만약 조씨가 내친이고 하후씨가 외척이라면 책 제목을 〈제조하후전〉諸曹夏侯傳이라고 해야 한다. 하후씨를 앞에, 조씨를 뒤에 적는 것은 앞뒤가 맞지 않는다. 이 때문에 조숭과 조조가 원래 하후씨였는데, 나중에 조씨 집안에 들어갔다고 보는 의견이 확실히 설득력이 있다. 본래 성을 앞에 적는 것이 훨씬 상식적이고 논리적이기 때문이다.

그런데 이 추측은 사소한 비논리를 잡으면서 더 큰 논리적 오류를 범했다.

한나라 법령에 '다른 성을 후손으로 삼지 못한다.'라는 규정이 있다. 고대 중국 사회는 집안의 대가 끊어지지 않은 이상, 성이 다른 사람을 양자로 삼지는 않았다. 물론 민간에서는 종종 이런 일이 있었다. 예를 들어 유비의 양자 유봉劉封은 본래 구寇씨였다. 하지만 조등은 큰 권세를 누리는 유명한 환관이므로 황제가 반포한 법령에 따랐을 것이다. 대놓고 법령을 어

난세의 리더 조조

겨가면서까지 굳이 하후씨 자손을 양자로 삼을 이유는 없었을 테니까. 조등은 큰 부와 명예를 가진, 조씨 가문에서 가장 성공한 사람이었다. 친자식은 없지만 조씨 집안사람들이 너도나도 아이를 데려와 양자 간택을 청했을 텐데 굳이 외부에 눈을 돌릴 이유가 없었다. 원소袁紹가 조조와 싸울 때 진림陳琳에게 작성하도록 한 격문檄文 중에 '그 아비 조숭은 비렁뱅이 의붓자식이다.'라는 문구가 있다. 조조의 아버지 조숭이 거지처럼 빌고 빌어 양자가 됐다는 뜻이다. 조조와 조숭 입장에서는 모욕적인 말이지만, 어떻든 당시 양자 관습에 딱 들어맞는 내용이다.

당시 법령과 사회 관습에 기반해 종합하면 조숭은 조등과 같은 조씨 집안 출신일 가능성이 훨씬 크다. 진수가 기술한 '출생의 근원을 살필 수 없다.'의 본뜻은 본래 성을 알 수 없다는 의미가 아니라 정확히 어느 갈래인지 확실치 않다는 의미일 것이다.

결론적으로 조조가 태어날 당시 조씨 집안은 이미 막대한 부와 권력을 누리고 있었다. 하지만 동한 말기는 가문과 내력을 매우 중시하는 사회였으므로 당시 사회 기준에서는 조조의 출신과 내력이 매우 하찮게 보였을 수 있다. 일반적으로 역사인물을 평가할 때 당사자의 관직과 재산뿐 아니라 출신과 내력도 중시했다. 부모가 누구이고 조상이 어떤 일을 했는지까지 살폈다. 하루아침에 얻은 부와 권력이 아니라 오랜 세월 명성과 교양을 쌓아야만 소위 지체 높은 문벌 가문으로 인정받았다.

조조의 아버지 조숭은 가난한 집에서 태어났으나 환관의 양자가 되면서 하루아침에 팔자가 바뀌었다. 이런 내력이라면 사람들이 무시하고 깔보는 것이 당연했다. 조조 집안에 돈이 아무리 많아도 비천한 출신이라는 사실은 변할 수 없었다. 원소와 양수楊修 등 동한 말기 유명 문벌귀족 출신 눈에는 더더욱 하찮게 보였을 것이다.

이처럼 특별한 가정환경은 조조의 성격에 큰 영향을 끼쳤다. 조씨 집
안은 대단한 부와 권력을 지녔지만 명예가 없었다. 그래서 조조는 명분보
다는 실리를 중시했다. 그는 명성과 교양은 하등 쓸데없는 것이고 부와 권
력만이 참된 것이라고 생각했다. 조등과 조숭은 관직 사회에서 정도正道를
걷지 않고 주로 지름길과 편법을 사용했다. 이런 환경에서 자랐기 때문에
조조는 눈치가 빠르고 모략과 술수에 능했다. 출신이 비천한 데다 어려서
부터 여유와 안정을 경험하지 못한 탓에 조조는 늘 의심이 많고 속을 알
수 없는 사람이었다. 심지어 아주 잔인한 면모를 보이기도 했다. 우리가 알
고 있는 조조의 성격은 상당 부분 어린 시절 가정환경에서 비롯되었다고
볼 수 있다.

평범하지 않은 교육 과정

조조는 어린 시절부터 특별한 일이 많았는데, 그중 법률적인 관점으
로 살펴볼 세 가지 특징이 있다. 첫째, 소년 조조는 수많은 법가 서적을 탐
독하며 자연스럽게 법가 이론을 익혔다. 둘째, 소년 조조는 당시 유행하던
위법 활동에 가담했다. 셋째, 소년 조조는 살인사건의 피해자였다.

조조의 특이점을 이해하려면 우선 동한 시대 아이들의 기본교육 방식
부터 알아야 한다. 동한 말기 《사민월령》四民月令 기록에 따르면, 귀족의 자제
는 9살에 소학小學에 입학해 14살에 졸업했다고 한다. 소학 과정은 초급과
고급으로 나뉘는데 전반적으로 오늘날 교육 과정과 비슷하다. 《급취장》急就

章과 《삼창》三蒼을 배우는 초급반은 글자를 익히는 수업으로 오늘날 국어 수업에 해당한다. 《구구》九九는 곱셈 연산을 배우는 수학 교과서에 해당하고, 《육갑》六甲과 《오방》五方은 각각 천문과 지리 상식을 배우는 책이다. 고급반에서는 《효경》孝經, 《논어》論語와 같은 이해하기 쉬운 유가 경전을 배웠다. 소학 졸업 후 따로 중·고등 과정은 없고 15살에 바로 태학太學에 들어갔다. 태학에서는 역시 유가 경전인 《시경》詩經, 《서경》書經, 《예기》禮記, 《주역》周易, 《춘추》春秋 등을 배웠다.

급취장急就章

서한 원제(元帝) 때 황문령(黃門令) 사유(史游)가 지었다고 전해지는 어린이용 글자 읽히기 책이다. 당시의 가장 많이 사용했던 낱자 2,144자를 중복 없이 수록했다. 현존하는 글자 교본 중 가장 오래된 책이다.

주역周易

현존하는 고서 중 가장 오래된 책으로 《역경》과 《역전》 두 부분으로 나뉜다. 고대 중국인이 만들어낸 《주역》의 64괘는 한없이 모호한 동시에 놀랍도록 정확한 천하질서의 기본 규칙이며 미래를 예측하는 도구이다.

동한의 귀족 자제는 보통 위와 같은 교육 과정을 거쳤다. 동한 교육제도의 궁극적인 목적은 체계적인 과정에 따라 유가의 이상적인 인재상인 점잖고 고상한 문인을 양성하는 것이었다. 조조의 적수로 유명한 원소의 여남汝南 원씨 가문은 대대로 맹희孟喜의 《맹씨역학》孟氏易學을, 훗날 조조 수하에서 책사로 활약한 양수의 집안 홍농弘農 양씨 가문은 구양생歐陽生의 《구양상서》歐陽尚書를 공부했다. 맹씨역학과 구양상서학 모두 서한 시기에 확립된 유가 학파이다. 원씨와 양씨 가문은 학술계 고위 인사와 친밀한 교류를 유지했기 때문에 당대에 가장 수준 높은 학문을 접할 수 있었다. 당연히 가문의 문화 수준도 매우 높았을 것이다.

반면 조조의 상황은 확실히 특이했다.

먼저 조조가 태어난 한나라 말기는 통치 기반이 위태롭던 시절이라 태학의 중심인 유가만으로는 다양한 사회 문제와 요구를 해결하기 힘들었다. 이에 오랫동안 숨죽여온 다양한 이념과 학파가 자연스럽게 수면 위로 떠올랐다. 상대적으로 진보적인 신진 사대부와 형편이 어려운 지식인들이 도가, 법가, 병가兵家, 음양가에서 세상을 구할 방법을 찾았다. 조조는 이런 사회 배경에서 성장했기 때문에 그 영향이 확실히 컸다.

다음으로 조조의 집안 배경이다. 할아버지는 환관이고 아버지는 벼락 출세한 사람이니 문화 수준이 낮을 수밖에 없었다. 유가가 뭔지, 법가가 뭔지 전혀 모르는 두 사람은 어린 조조에게 무조건 책을 많이 읽도록 했다. 덕분에 조조는 유가 서적 외에 어떤 책이든 마음껏 읽을 수 있었다. 다양한 제자백가 서적을 포함해 병법과 책략을 다룬 책, 정사와 야사를 가리지 않고 구미가 당기는 책은 뭐든 다 읽었다. 조조는 책을 통해 동한 말기에 유행한 온갖 잡다한 사상을 접했는데, 타고난 성품과 가장 잘 어울리고 본인 스스로 가장 큰 흥미를 느낀 것이 바로 법가와 병가였다.

《삼국지》〈무제기〉는 조조가 '신불해申不害와 상앙商鞅의 법가를 취하고 한신韓信과 백기白起의 기발한 책략을 갖추었다.'라고 평했다. 신불해와 상앙은 전국戰國 시대에 활약한 대표적인 법가 인물이고, 한나라 장군 한신과 진秦나라 장군 백기는 대표적인 병가 인물이다. 전국 시대 법가의 술책과 진한 시대 병가의 병법과 전략에 능통했다는 점에서 조조의 전반적인 학문 경향을 추측해볼 수 있다. 또 《삼국지》〈무제기〉에 조조가 '어려서부터 기지가 뛰어나고 술책에 능했다.'라는 기록이 있다. 이처럼 조조는 어려서부터 법가와 병가의 책략을 가까이했기 때문에 당시 주류 사상을 받들던 유가 사대부와는 확실히 달랐다.

조조가 '어려서부터 기지가 뛰어나고 술책에 능했음'을 보여주는 일화가 있다. 《조만전》曹瞞傳을 인용해 주해한 《삼국지》에 나온 이야기이다.

소년 조조는 공부를 착실하게 하는 아이가 아니었다. 조조가 나쁜 짓을 할 때마다 어떻게 알았는지 아버지 조숭이 크게 꾸짖었다. 이런 일이 반복되자 조조는 가만히 아버지 주위를 살펴보고 숙부가 밀고자임을 알았다. 조조는 깊은 고민 끝에 이 문제를 완벽하게 해결할 방법을 생각해 냈다.

어느 날 조조는 멀리서 숙부가 다가오는 것을 보고 비명을 지르며 바닥에 쓰러졌다. 눈을 뒤집고 비틀린 입으로 거품과 토사물을 쏟으며 심한 경련을 일으켰다. 숙부가 큰일이다 싶어 얼른 달려왔다.

"아만, 왜 그러느냐?"

"저…… 갑자기 풍을 맞았어요."

"여기 꼼짝 말고 있거라. 내가 가서 형님을 모셔올 테니."

크게 당황한 숙부가 한걸음에 달려가 조숭에게 전했다.

"형님, 큰일 났어요, 큰일이요! 아만이 풍을 맞았어요. 빨리 와보세요!"

조숭은 동생 말을 듣고 부리나케 조조에게 달려갔다. 그런데 조조는 아주 멀쩡했다. 오히려 평소보다 더 건강하고 침착해 보였다. 조숭이 의아해하며 조조에게 물었다.

"네 숙부는 네가 풍을 맞았다던데 어떻게 금방 좋아졌느냐?"

"네? 풍이요? 전 풍을 맞은 적이 없는데요?"

조조가 어리둥절하다가 금방 알았다는 표정으로 이렇게 소리쳤다.

"아! 무슨 일인지 알았어요. 숙부가 평소에 절 미워해서 늘 저에 대해 안 좋은 말을 하고 다녔잖아요. 저는 이제 습관이 돼서 아무렇지 않으니 아버지도 너무 마음 쓰지 마세요."

조숭은 이 말을 듣고 생각이 크게 바뀌었다.

'그동안 동생이 아들에 대해 좋은 말을 한 적이 없었는데, 그래서였구나!'

그 후로 조조가 나쁜 짓을 했을 때 숙부가 말을 전해도 조숭은 전혀 믿지 않았다. 조조의 잔꾀가 제대로 통하면서 숙부는 완전히 신용을 잃었다.

'어려서부터 기지가 뛰어나고 술책에 능했음'이란 기록과 정확히 일치하는 일화이다. 당시 사대부들은 이렇게 상대를 골탕 먹이는 잔꾀나 술수를 매우 멸시했지만, 조조는 이후 50년 동안 이 방법으로 수많은 권문세가를 무너뜨렸다.

이 일화는 이미 널리 알려진 이야기라 크게 특별할 것이 없지만 이 중에 조금 더 생각해봐야 할 문제가 하나 있다. 대체 어린 조조는 어떤 나쁜 짓을 했을까? 조조의 숙부는 어른인데 왜 자꾸 조조의 행동에 트집을 잡았을까? 답은 조조가 당시 유행한 위법 활동 '유협'游俠에 빠져 있었기 때문이다.

용감한 자의 놀이, 유협

요즘도 청년기에 무협소설에 빠져 강한 반항심을 드러내는 젊은이들이 있다. 조조 시대에는 무협소설이란 것이 없었지만 조조 자신이 무협소설의 주인공, 즉 협객이었다. 한나라와 삼국 시대의 협俠을 오늘날의 의협심과 같은 개념으로 이해하면 곤란하다. 먼저 이 차이점부터 확실히 알아보자.

조조의 모사로 유명한 순욱荀彧의 사촌형 순열荀悅은 '기개가 범상치 않고 주먹으로 권선징악을 행하고 뜻이 맞는 사람과 생사를 함께하며 스스로 강한 세력을 규합하는 사람이 바로 유협이다.'라고 정의했다. 조조와 같은 시대를 살았던 사람의 설명이니 충분히 참고할 만한 가치가 있다. 순열의 정의에 따르면 한나라 말기의 유협은 다음의 세 가지 조건을 갖춰야 한다.

첫째, 권선징악을 행할 수 있는 뛰어난 무예 실력을 갖춰야 한다. '무협'武俠이란 단어에서도 알 수 있듯 무예와 유협은 확실히 떼려야 뗄 수 없는 관계이다. 닭 잡을 힘도 없는 사람이 어떻게 권선징악을 행하겠는가? 권선징악은 무예가 뛰어난 자의 특권이다. 조조의 무예 실력은 《위서》를 인용해 주해한 《삼국지》 기록으로 알 수 있다. '조조는 나는 새와 달리는 맹수를 잡을 수 있는 뛰어난 무예를 지녔다.' 활을 쏘아 하늘의 새를 떨어뜨리고 주먹으로 맹수를 때려잡았다면 기술과 힘 모두 비범했다는 뜻이니 걸출한 유협이 될 자격이 충분했다.

둘째, 범상치 않은 기개, 즉 유협 정신을 지녀야 한다. 국가 탄생 이후 권선징악의 주체는 정부와 사법기관이었다. 일반 백성이 사사로이 문제를 해결하는 것을 금지했고 현실적으로 그만한 능력도 없었다. 하지만 예나 지금이나 법률이 정의를 실현하지 못할 때, 사람들은 주먹으로 해결하는 권선징악에 환호하는 법이다. 《한비자》韓非子에 '유협은 무예로 기율을 어지럽힌다.'라는 말이 있다. 미묘하게 위법과 정의의 경계를 오가는 것이 바로 유협의 매력이다. 위법이지만 필요하다면 주먹으로라도 정의를 실현하는 것이 유협 정신이다. 그래서 국가와 법률의 권위에 강하게 도전하는 유협

곽해郭解

한나라 무제 때 활약한 인물로 '관동대협'이라 불렸다. 뛰어난 무예를 바탕으로 백성들을 위해 시비를 가리고 정의를 실현했다. 어느 유생이 곽해를 모함하자 분노한 곽해의 수하가 그 유생을 죽여 버렸다. 곽해 본인은 이 일과 무관했지만 조정이 대역죄로 처형했다.

은 시대와 왕조를 막론하고 엄단의 대상이었다. 예를 들어 서한에서 가장 유명했던 유협 곽해郭解는 온 집안이 대역죄로 참형을 당했다. 조조의 숙부가 조조의 협객 놀이에 촉각을 곤두세운 이유도 집안에 재앙이 닥치지 않을까 염려했기 때문일 것이다.

셋째, 생사를 함께할 친구와 의기투합해 세력을 규합한다. 다시 말해 단독으로 활동하면 유협이 아니다. 중국 역사상 처음으로 유협을 언급한 기록은 《사기》史記의 〈유협열전〉遊俠列傳과 〈자객열전〉刺客列傳에서 찾아볼 수 있다. 뛰어난 무예와 협객 정신을 지녔지만 혼자 행동하는 사람은 유협이 아니므로 〈자객열전〉에 포함됐다. 유협의 協은 俠의 의미와 같다. 俠은 덩치가 큰 사람이 몸집이 작은 사람 둘을 양쪽 겨드랑이에 끼고 있는 모양을 표현한 상형자象刑字이다. 당唐나라 때 안사고顔師古가 주해한 《한서》漢書에 '俠은 挾과 같이 힘으로 사람을 도와준다는 뜻이다.'라는 설명이 있다. 俠의 문자적 의미는 권위와 힘으로 백성을 감싸고 보호하는 것이다. 유협을 자처했던 조조는 당연히 단독으로 행동하지 않고 유협 단체에 들어갔다. 이 단체의 리더는 어린 시절 친한 친구였고 청년 시절 전략적 파트너였다가 훗날 가장 큰 적수가 된 원소였다.

동한 문벌 귀족 출신인 원소는 당시 여남 원씨 젊은 세대 중에서 가장 뛰어난 인재였다. 사도, 사공, 태위를 총칭하는 삼공은 동한에서 가장 높은 관직이다. 한 집안에서 삼공 중 한 명만 배출해도 명문가인데 여남 원씨는 4대에 걸쳐 다섯 명의 삼공을 배출했다. 대대로 고위 관직자를 배출한

　　　　　　　　　　난세의 리더 조조

집안을 일컫는 사세삼공四世三公의 전형이었다. 원소의 고조할아버지 원안袁安은 사도, 원안의 아들 원창袁敞은 사공, 원창의 아들 원탕袁湯은 태위, 원탕의 셋째 아들인 원소의 아버지 원봉袁逢은 사도, 원탕의 넷째 아들 원외袁隗는 태위였다.

원소는 수도 낙양洛陽에 살면서 명문가 자제들과 친분을 쌓았다. 《영웅기》英雄記를 인용해 주해한 《삼국지》〈원소전〉袁紹傳에 '원소가 유협을 좋아해 장막張邈, 하옹何顒, 허유許攸, 오경伍瓊 등과 분주지우奔走之友를 결성했다.'라는 기록이 있다. 분주지우는 글자 그대로 친구의 어려움을 돕기 위해 바쁘게 뛰어다니는 우정이란 뜻이다. 이 단어가 역사 기록에 반복적으로 등장하는 것으로 보아 당시에 고유명사처럼 사용했던 것 같다. 이를 통해 유협을 추종하는 낙양 부근의 수많은 젊은이들이 명문가 출신 원소를 중심으로 분주지우라는 유협 단체를 만들었다고 추측해 볼 수 있다.

《세설신어》世說新語에 조조가 원소와 함께 유협 활동을 벌였다는 기록이 있다. 아마도 조조 역시 원소를 통해 분주지우에 합류했을 것이다. 살다 보면 종종 나보다 급이 높은 사람과 인연을 맺고 그 사람을 통해 한 단계 높은 세상을 경험할 기회가 생기는데, 그런 사람을 보통 귀인이라고 부른다. 많은 사람에게 익숙한 원소의 이미지는 조조의 강력한 맞수인데 상식적으로 맞수가 되려면 쌍방의 힘이 엇비슷해야 한다. 그러나 이때까지만 해도 조조는 원소의 맞수가 되기는커녕 운명의 귀인으로 정성껏 모셔야 할 형편이었다. 《세설신어》〈가휼편〉假譎篇에 소년 조조와 원소의 유명한 유협 이야기 두 편이 실려 있다.

어느 날 저녁, 조조와 원소가 대저택 앞을 지나는데 마침 혼례 잔치가 벌어지고 있었다. 신부는 먼저 신방에 들어갔고 신랑은 밖에서 손님을 대접하는 중이었다. 이를 보고 조조와 원소는 머리를 맞대고 사악한 범죄 계획을 세웠다.

먼저 원소가 대저택 마당에 뛰어들며 크게 소리쳤다.

"도둑 잡아라!"

잔치를 즐기던 손님들이 깜짝 놀라 벌떡 일어났다.

"도둑이 어디 있소?"

원소가 한쪽 방향을 가리키자 손님들이 도둑을 잡겠다며 우르르 달려갔다. 옆에서 기다리던 조조가 이 틈을 놓치지 않고 잽싸게 신부 혼자 있는 신방에 들어갔다. 잠시 후 칼로 위협해 신부를 끌고 나왔다. 목적을 달성한 두 사람은 서둘러 도망쳤다.

한쪽은 훗날 승상이 되고 한 나라의 건국 기반을 다진 인물이고, 다른 한쪽은 훗날 대장군에 올라 동한 말기 최대 군벌 세력을 규합한 인물이다. 아마도 역사상 가장 화려한 이력을 지닌 범죄조직일 것이다. 이 신부가 앞날을 내다보고 고분고분 잡혀갔더라면 평생 호의호식하며 살았을지도 모른다. 하지만 신부가 두 사람의 정체를 어떻게 알겠는가? 여자를 납치하는 젊은이들이니 그저 무뢰한이라고 생각해 온 힘을 다해 살려달라며 비명을 질렀다.

조금 전 파리 떼처럼 우르르 몰려갔던 신부 가족들이 비명을 듣고 쫓아오기 시작했다. 원소는 몰려오는 사람들을 보고 당황한 나머지 발이 미끄러져 가시덤불에 빠지고 말았다. 움직이기가 여의치 않아 조조에게 도와달라고 소리쳤다. 하지만 조조는 한 손에는 칼을 쥐고 다른 한 손에는 신부를 잡고 있으니, 구하고 싶어도 여의치 않았다. 이때 조조가 절묘한 기지를 발휘했다. 쫓아오는 사람들을 향해 크게 소리친 것이다.

"여기, 도둑이 있어요!"

깜짝 놀란 원소는 제 힘으로 펄쩍 뛰어 가시덤불을 빠져나왔고 두 사람은 무사히 도망칠 수 있었다.

그 후 혈기왕성한 두 젊은이에게 끌려간 아리따운 신부는 어떻게 됐을까? 아쉽게도 《세설신어》는 신부의 운명을 알려주지 않고 다른 이야기로 넘어갔다.

집에 돌아간 원소는 생각할수록 부아가 치밀었다.

'조조 그놈 덕분에 가시덤불을 빠져나오긴 했지만 아무리 생각해도 농락당한 기분이야. 그냥 손을 잡고 당겨주기만 하면 되는데 굳이 망신스러운 꼴을 보이게 했단 말이지.'

원소는 유협 단체 분주지우의 리더답게 호락호락한 사람이 아니었다. 도저히 화를 삭일 수 없어 결국 자객을 보내 조조를 죽이기로 했다.

어느 날 밤, 조조가 침상에 누워 막 잠들려고 하는데 창밖에서 쉭 소리가 들렸다. 칼날이 공기를 가르는 소리였다. 긴장한 조조가 눈을 뜨자 은빛 섬광이 번쩍하며 뭔가가 날아들었다. 미처 피할 새도 없이 픽, 소리와 함께 침대 다리에 박힌 칼이 위아래로 흔들리며 웅웅거렸다. 조조는 너무 놀라 식은땀이 흘렀다. 칼이 조금만 높이 날아왔다면 죽지는 않더라도 크게 다쳤을 것이다. 순간 잠이 싹 달아났다. 깊은 밤이지만 정신은 어느 때보다 또렷했다. 자객도 방금 실수했음을 알 터이니 분명히 다시 공격해 올 것이다.

'조금 전엔 낮게 던져 실패했으니 이번엔 높이 던지겠지?'

조조는 똑바로 누운 자세로 침대에 딱 달라붙어 꼼짝도 하지 않았다. 예상대로 자객이 다시 공격해왔다. 쉭! 날아든 칼이 조조의 코끝을 스치고 지나가 나무 기둥에 픽, 꽂혔다. 조조는 이렇게 위기를 모면했다.

상술한 두 이야기는 모두《세설신어》에 기록되어 있다. 그렇다면《세설신어》는 어떤 책일까? 과연 두 이야기를 그대로 믿어도 될까?

《세설신어》는 남조南朝 시대 유의경劉義慶이 엮은 이야기책으로, 여기에 실린 이야기는 대부분 한나라부터 위진 시대에 널리 퍼졌던 일화이다.《세설신어》의 등장 시기와 동한 말기는 대략 200년 차이이니 아주 옛날이야기는 아니다. 이 책에 실린 이야기들은 지은이가 멋대로 꾸며낸 것이 아니라 구전으로 전해지며 당시 사회에 널리 퍼진 일화로 볼 수 있다. 이 이야기는 대부분 역사적 근거가 확실해서 믿을 만하다. 물론 어느 정도 문학적인 재미가 더해졌을 가능성은 있지만 사료로서 꽤 높은 가치를 인정받고 있다. 이 점을 염두에 두고 다시 위의 이야기로 돌아가 보자.

두 이야기는 확실히 허구적인 요소가 있지만 이야기의 핵심은 결국 원소와 조조의 우열성이다. 유협 놀이를 즐기던 소년 시절부터 누가 더 뛰어났는지 확실히 보여준다. 아마도 조조가 원소를 무릎 꿇린 관도官渡 전투 이후, 조조의 승리에 맞춰 어느 정도 수정됐을 것이다.

하지만 이 이야기는 사실로 인정할 만한 근거가 분명하다. 먼저《삼국지》에서 '어려서부터 기지가 뛰어나고 술책에 능했음'이라고 기록한 어린 시절 조조에 대한 평가와 정확히 일치한다. 어려서부터 법가의 술책과 병가의 전략에 능통했던 조조의 모습이 그대로 반영됐다. 다음으로《삼국지》에서 평가한 '의협심이 강하고 멋대로 행동하고, 덕행과 학업을 갈고 닦지 않았다.'라는 기록과도 부합한다. 즉 어려서부터 당시에 유행했던 경미한 위법 활동을 즐겼다는 의미이다.

《삼국지》기록이 진지하고 간략한 데 비해《세설신어》이야기는 아주 상세하다. 덕분에 《삼국지》에서 찾지 못한 역사의 실마리를 《세설신어》에서 찾을 수 있다. 나아가 조조의 어린 시절과 복잡하고 찬란했던 훗날을 통해 역사 인식의 두 가지 방법을 경험하게 될 것이다.

첫째, 역사 인물의 탄생 배경을 분석할 때 대역사大歷史뿐 아니라 소역사小歷史도 주목해야 한다.

먼저 대역사는 무엇일까? 시대 흐름이 영웅을 만든다는 말이 있다. 동한 말기 시대 흐름이 있었기에 조조라는 영웅이 탄생한 것이다. 마찬가지로 진시황秦始皇, 한나라 무제, 당나라 태종太宗, 송나라 태조太祖가 탄생한 것도 시대 흐름의 결과였다. 이들은 확실히 조조와 다른 인물이다. 특정 시기의 역사는 그 시대만의 특성이 있기에 당대에만 등장할 수 있는 영웅을 만들어낸다.

그렇다면 소역사는 무엇일까? 가장 쉬운 예가 가정환경이다. 어린 시절에는 천하의 대세와 역사의 흐름을 알지 못한다. 아이들은 가정이 곧 세상의 전부이다. 그렇기 때문에 가정환경이 아이의 성장에 큰 영향을 끼친다. 후대에 조조의 전기를 엮을 때 조숭 집안에 대한 사료를 찾지 못해 '출생의 근원을 살필 수 없다.'라고 적었기 때문에, 조조의 성장 과정에서도 동한의 시대 흐름을 강조할 수밖에 없었다. 하지만 시대 흐름은 어디까지나 간접적인 영향일 뿐이다. 특히 성장기에 가장 크고 직접적인 영향을 끼치는 요소는 뭐니 뭐니 해도 가정환경이다. 역사 자료가 부족하면 추측으로라도 채워 넣는 것이 통치 역사를 기록하는 기본 방식이다. 같은 시대임에도 불구하고 왜 사람마다 처한 환경이 다를까? 누구는 몰락한 황족 집안에서, 누구는 사대부 집안에서, 누구는 사세삼공 집안에서, 누구는 대대로 가난한 농부 집안에서 태어났기 때문이다. 조조의 경우 대대로 관리를 배출했으나 할아버지가 환관인 집안에서 태어났다. 이것이 조조의 유일한 소역사이다.

둘째, 문명의 역사든 개인의 역사든, 모든 역사 발전에는 '후발자 우위 법칙'이 적용된다.

후발자 우위 법칙이란 무엇일까? 개인, 국가, 문명을 막론하고 선진 문화를 바탕으로 크게 성공해 풍요로운 역사를 거쳤다면, 훗날 역사의 전환점을 거쳐 다음 역사 단계로 들어갈 때는 처참하게 무너지거나 크게 뒤처진다는 이론이다. 다시 말해 이전 시대에 가난하고 낙후해 근근이 살아가던 쪽이 다음 역사 단계의 주역이 된다는 뜻이다. 《주역》〈계사〉系辭에 '궁하면 변하고, 변하면 통하고, 통하면 오래간다.'窮則變, 變則通, 通則久라는 말이 있는데, 사실 그 뒷말까지 봐야 한다. '오래가면 궁하고, 궁하면 변하고, 변하면 통하고, ….' 이것이 바로 역사의 후발자 우위 법칙이다. 이 법칙을 터득하면 지금 앞선 자는 편안할 때 위기에 대비해야 하고, 지금 불운을 겪는 자는 앞으로 기회를 잡을 수 있도록 힘을 모으며 준비해야 한다.

조조 사례로 돌아가 구체적으로 살펴보자. 소년 조조는 뭐든 잘하는 완벽한 영웅이나 위인이 아니었다. 오히려 까불다 작은 사고나 치고 좀도둑질도 하는, 전형적인 소인배 이미지에 가까웠다. 이때는 아무도 조조의 성공을 예상하지 못했을 것이다. 그러나 역사를 연구하면서, 평상시 높은 관직에서 강한 권력을 휘두르던 인물이 급변하는 시대 흐름에 적응하지 못하고 가장 먼저 도태되는 모습을 자주 발견했다. 반면 조조처럼 보잘것없던 인물이 시대가 만든 기회를 포착하고 급변하는 흐름에 발맞춰 큰 성공을 거두기도 했다. 어디까지나 훗날의 이야기이니 일단 넘어가자.

하루가 지나고 해가 바뀌며 철없던 어린 시절이 그렇게 지나가고 어느

난세의 리더 조조

덧 열다섯 살이 된 조조는 새로운 삶을 맞이했다. 《사민월령》 기록에 따르면, 동한 시대에 15살이 넘은 성동成童은 고등 교육기관 태학에서 공부할 수 있었다. 조조는 어땠을까? 《속한서》를 인용해 주해한 《세설신어》에 조조가 제생諸生이 되었다는 기록이 있다. 제생이란 태학생太學生이란 뜻이므로, 조조가 태학에 다닌 것은 확실하다.

조조는 15살에 소학을 졸업하고 태학에 들어가기 위해 고향을 떠나 낙양으로 향했다. 태학생은 오늘날 대학생에 해당한다. 그러나 어디에나 넘쳐나는 오늘날의 대학생과 달리 태학생은 소수의 선택받은 금수저이자 나라의 기둥이었다. 패국 초현에서 낙양 태학으로 무대를 옮겼으니 조조의 자신감과 투지는 당연히 강하게 불타올랐을 것이다. 전국의 인재가 모여든 큰 무대에서 드디어 자신의 능력을 보여줄 수 있으리라 기대하면서.

하지만 낙양의 태학에서 맞이한 새로운 인생은 평범한 태학생의 삶이 아니었다. 조조가 도착하기 얼마 전, 낙양에서 유혈 정변이 일어났기 때문이다. 동한 역사상 가장 비극적인 정치 사건으로 꼽히는 '당고의 화'黨錮之禍가 여전히 진행 중이라 무고하게 연루된 희생자가 계속 늘어나고 있었다.

이때까지만 해도 이 사건으로 동한 왕조의 국운이 완전히 기울어 나락으로 떨어질 줄은 아무도 예상치 못했다. 조조는 태학에 입학하자마자 불공정한 사회 현실을 처음으로 목격했다. 현실을 외면하고 공부에 몰두해 기존 체제에 편승할 것인가, 아니면 체제를 거부하는 목소리를 낼 것인가? 조조는 인생의 향방을 결정할 선택의 갈림길에 섰다.

2장

당고의 화

15살 조조는 한나라 최고 학부 태학에 입학했다. 지금까지 어디를 가든 거리의 패왕처럼 당당했던 조조는 자신이 한낱 거리의 쥐새끼였음을 깨달았다. 모든 태학생이 그를 조롱하고 무시해 그의 곁에는 아무도 없었다. 사대부 명사에게 공개적으로 모욕을 당하기도 했다. 꿈과 야망을 안고 고향을 떠나올 때는 전혀 생각지 못했던 일이었다. 조조의 태학 생활은 왜 이렇게 힘들었을까? 성격이 나쁘거나 열심히 노력하지 않아서였을까? 혹시 다른 이유가 있지 않았을까?

명사에게 인정받기

오늘날 세계 대학 순위는 유럽과 미국 대학이 상위권을 차지하지만 조조 시대에 세계 대학 순위가 있었다면 낙양의 태학이 단연 1위에 올랐을 것이다.

서기 29년은 동한 왕조가 세워진 지 얼마 되지 않아 새로 시작하는 일이 많았다. 개국 황제 유수劉秀는 '아무리 가난해도 교육에 소홀할 수 없다.'라는 기치를 내걸고 허리띠를 졸라매며 행정 예산을 대폭 삭감하고 관료 기구를 축소했다. 그리고 거액을 들여 수도 낙양의 황궁에서 8리 떨어진 곳에 대규모 태학을 설립했다. 초기에는 학생 수가 수천 명에 불과했다. 그러나 조조가 입학할 때는 최고의 전성기를 구가하고 있었다. 동한 최고의 학자들이 모두 태학에 모였고 여러 번에 걸쳐 정원을 크게 늘려 학생 수가 3만 명이 넘었다. 강의실과 숙소 건물이 240채이고 방도 2,000여 칸이었다.《후한서》〈유림전〉儒林傳)

태학은 세계 최대 규모와 최고 수준을 갖춘 세상 모든 학자의 성지였고, 최고의 강사진과 최고의 학생이 모인 낙양 최고의 고등 교육기관이었다. 태학생들은 기본적으로 매우 뛰어난 인재이고 당대 최고 학부에 들어왔다는 이유로 자부심이 하늘을 찔렀다. 이곳에서 조조가 누구인지 아는 사람은 거의 없었다. 더구나 환관 가문 출신 애송이를 반겨줄 사람은 아무도 없었다.

더욱 냉혹한 현실은 태학을 졸업해도 관직이 보장되지 않는다는 사실이었다. 졸업 후에는 스스로 살길을 찾아야 하니, 결국 약자는 도태하고 강자만 살아남을 수밖에 없었다. 일례로 공숭孔嵩이라는 태학생은 태학에서 공부만 열심히 하고 사교 활동에 전혀 참여하지 않았다. 가난한 집안 출신이라 인맥이 전혀 없었던 그는 졸업 후에 연줄을 대지 못해 거리를 청소하는 신야현新野縣 가졸街卒이 됐다.(《후한서》〈독행열전〉獨行列傳)

당연히 그런 것은 조조가 원하는 미래가 아니었다. 3만 명이 넘는 뛰어난 인재 사이에서 두각을 나타내려면 어떻게 해야 할까?

고대 중국 사회는 명名과 실實을 중시했다. 실이란 한 사람이 지닌 능력과 경험을, 명은 그 사람에 대한 사회적 평가와 명예를 의미한다. 실은 향상 속도가 매우 더디지만 이름을 떨치는 것은 하루아침에도 가능하다. 특히 동한 시대는 단시일에 인지도를 끌어올리는 것이 성공의 지름길이었다. 이 상황을 이해하려면 먼저 동한의 특별한 제도를 살펴봐야 한다.

수당隋唐 시대는 과거제도가 있었지만 동한 시대는 명확한 기준에 근거한 관리 등용 제도가 없고 주로 추천으로 관리를 뽑았다. 지방정부에서 재능이 뛰어난 인재를 선별해 현縣에서 군郡, 군에서 중앙으로 추천하면 중앙에서 알맞은 직무에 임용하는 방식이다. 이 추천제도의 정식 명칭은 찰거제察擧制이다. 찰察은 잘 살펴 인재를 찾아낸다, 거擧는 인재를 추천한다는 뜻이다.

찰거제가 크게 유행했지만 도덕과 능력은 수치화하거나 객관적인 잣대를 적용하기 힘든 법이다. 그래서 주로 사회 평판에 의지했다. 그러나 사회 평판도 정확하게 조사한 결과가 아니라 여론을 주도하는 몇몇 유명 인사의 손에서 결정됐다.

당시 여론을 주도한 명사로는 여남군의 허정許靖과 허소許劭 사촌 형제가 대표적이다. 특히 허소의 명성은 허정을 훨씬 능가해 여남을 넘어 전국적으로 영향을 미쳤다. 허씨 형제는 매월 초 월단月旦 품평회를 열어 지역 인물 순위를 매겼다. 원소와 같은 사세삼공 명문가 출신들도 허소의 영향력을 무시하지 못했다. 원소가 복양濮陽 현령縣令에서 물러나 고향으로 돌아갈 때 그는 수많은 마차를 화려하게 장식하고 여러 지인을 모아 아주 떠들썩하게 길을 지나갔다고 한다. 하지만 여남에 가까워지자 손님과 마차를 모두 돌려보낸 후 작고 초라한 마차로 갈아타고 조용히 집으로 향했다. 누군가 왜 이렇게 조용히 지나가느냐고 묻자 원소가 겸연쩍게 웃으며 이렇게 말했다.

"허소의 입이 무서워서 그렇소."

명사의 인재 품평은 지역에 그치지 않고 점차 전국으로 확대됐다. 전국 인재 순위 상위권 3인을 삼군三君이라 했는데, 당시 외척 우두머리 두무竇武, 사대부 지도자 유숙劉淑과 진번陳蕃이 삼군에 올랐다. 다음 단계는 팔준八俊이고, 사대부 지도자 이응李膺이 팔준 중 최고였다. 그 아래로 팔고八顧, 팔급八及, 팔주八廚 등이 있었다. 인재 순위에 이름을 올린 사람들도 여론에 큰 영향을 끼치는 명사이기 때문에 사대부와 젊은이들에게는 대단한 우상이었다. 이렇게 명망 높은 명사에게 좋은 평판을 얻으면 하루아침에 순위권에 진입하거나 순위를 크게 올릴 수 있었기 때문이다. 오늘날 온라인

마케팅에서 검색 순위를 올리는 방법과 비슷하다고 볼 수 있다.

조조로서는 3만이 넘는 태학생 중에서 한미한 자신이 두각을 나타내려면 반드시 순위를 올려줄 조력자가 필요했다. 하지만 지금 상태로는 아무리 발버둥 쳐도 순위에 오른 인물을 만나볼 수 없을 것이다. 그래서 조조는 충분히 심사숙고해 본인과 수준이 맞을 만한 한 단계 급이 낮은 명사를 찾아갔다.

《초국선현전》楚國先賢傳을 인용해 주해한 《세설신어》에 명사 종승宗承의 이야기가 있다. 종승은 전국 인재 순위에는 들지 못했지만 지방에서 나름 영향력 있는 인물이었다. 조조는 자신이 내세울 것 없는 평범한 사람이지만 명색이 태학생이니 삼류 명사 종승과 어울릴 자격이 있다고 생각했다. 종승의 호평을 얻어 어느 정도 이름을 알리면 조금 더 유명한 명사를 만날 수 있을 줄 알았다.

그렇게 부푼 꿈을 안고 종승의 집에 찾아간 조조는 종승의 집 대문 앞에서 눈이 휘둥그레졌다. 조조와 똑같은 생각으로 종승을 찾아온 사람이 셀 수 없이 많았던 것이다. 종승이 기껏해야 삼류 인사임에도 불구하고 매일같이 문턱이 닳도록 많은 손님이 드나들었다. 종승과 가까워지기는커녕 말 한마디 나누고 추천서 서명을 받기도 힘들어 보였다. 종승은 객청 상석에 앉아 각지에서 찾아온 사람들과 이야기를 나누고 있었다. 많은 사람이 종승을 둘러싼 상황이라 하는 수 없이 구석에 쭈그려 앉은 조조는 멀리서 종승을 바라보며 조용히 기회를 기다렸다. 아주 잠깐이라도, 한마디 정도는 할 기회가 있으리라 생각했다. 모든 것을 내려놓고 끈기 있게 기다린다면 반드시 기회가 오리라.

노력은 배신하지 않는 법, 한나절을 기다린 끝에 드디어 종승이 대화

난세의 리더 조조

를 마치고 자리를 뜨는 모습을 포착했다. 보아하니 뒷간에 가는 모양이었다. 조조는 하늘이 준 기회를 놓칠 수 없어 빠른 걸음으로 건물을 돌아 나가 종승의 뒤를 바짝 쫓아갔다. 종승이 볼일을 마치고 손을 씻을 때 조조가 당당하게 얼굴을 내밀었다. 낯선 사람이 다가오면 경계심과 반감이 들기 마련이라 종승은 눈살을 찌푸리며 손을 털었다.

아직 어렸던 조조는 종승의 반감을 눈치 채지 못했다. 그저 자신의 우상을 가까이에서 만났다는 생각에 흥분을 감추지 못하며 그동안 수없이 연습했던 대사를 줄줄 읊었다.

"저는 조조라고 합니다. 자는 맹덕이고, 패국 초현 사람입니다. 할아버지는 조등, 아버지는 조숭입니다. 그동안 존경해온 선생님과 교분을 쌓고 싶습니다."

그리고 손을 내밀어 악수를 청했다. 하지만 종승은 조조를 쳐다보지도 않고 가버렸다. 홀로 남은 조조는 너무 당혹스러워 한 손을 내민 채 멍하니 서 있었다.

조조는 훗날 종승을 다시 만났다. 한창 명성을 떨치던 조조가 연로해 거동이 불편한 종승을 찾아가 의기양양하게 물었다.

"이제는 나와 교류할 마음이 있소?"

예전에는 자신이 보잘것없어 무시했지만 이제는 자신을 우러러볼 것이라 생각했다. 그러나 종승은 떨떠름한 표정에 고개를 빳빳이 들고 여전히 강한 반감을 드러냈다.

"소나무는 추운 겨울에도 변함없이 푸른 법이오. 당신은 그때 모습 그대로이고 나 역시 그때의 마음 그대로요."

또다시 문전박대당한 조조는 씩씩거리며 휙 돌아섰다. 두 번이나 조조를 퇴짜 놓은 종승은 조조가 평생 굴복시키지 못한 인물 중 한 명이다. 이것은 나중 이야기이고 다시 본론으로 돌아가자.

큰 기대에 부풀었던 조조는 결국 수모만 당하고 돌아섰다. 어려서부터 똑똑하다고 자부해 왔건만 이번에는 완전히 판단 착오였다. 대체 종승은 왜 그렇게 조조를 무시했을까? 조조의 성격이나 평판이 나빠서도 아니고, 종승이 콧대 높은 안하무인이기 때문도 아니었다. 조조가 문전박대당한 진짜 이유는 사실 조조의 할아버지, 조등 때문이었다. 특히 이즈음에 발생한 정치 사건이 큰 영향을 끼쳤다. 어떤 일인지 자세히 알아보자.

상아탑 밖에서 일어난 피의 투쟁

기회는 사라지고 모욕만 남았다. 어려서부터 뛰어난 지혜와 모략이 자랑이었는데 큰 실패를 맛본 셈이었다. 대체 종승은 왜 조조를 무시하고 악수조차 하지 않았을까? 조조의 성격이나 평판이 나빠서일까, 아니면 종승이 콧대 높은 안하무인이기 때문일까? 모두 아니다. 진짜 이유는 조조의 할아버지, 조등이었다.

종승은 유가 명사이고, 조조는 환관의 손자였다. 동한 말기의 사대부와 환관은 물과 기름처럼 절대 어울릴 수 없는 정적政敵 관계였다. 사대부는 조정에서 국사를 논하거나 민간에서 여론을 주도하지만 환관은 궁 밖에 나갈 수 없는 내궁의 심부름꾼이다. 이렇게 보면 서로 부딪힐 일이 전혀 없는데 어쩌다 이렇게 불구대천의 원수가 됐을까?

이 관계의 속사정을 이해하려면 수년간 동한 조정 안팎을 뒤흔들었던 역사적인 정치 사건을 알아야 한다. 이 사건이 처음 시작된 것은 조조가 열한 살이던 해였다.

165년, 이응이 사례교위^{司隸校尉}에 임명됐다. 동한의 행정구역 구획상 수도 낙양과 부근 지역을 관할하는 기관은 사례교위부이고, 이곳의 최고 지휘관은 사례교위였다. 사례교위는 수도 및 주변 지역의 치안을 담당하고 조정의 관리를 관리, 감독하는 막중한 책임을 맡은 관직이었다.

이응이 사례교위에 부임하고 얼마 지나지 않아 '야왕 현령 장삭^{張朔}이 뇌물을 받고 법을 어기며 백성을 수탈하더니 급기야 백주 대낮에 잔인하게 임신부를 죽여 백성이 분노하고 있다.'라는 보고가 올라왔다. 야왕현은 낙양에서 아주 가까워 황제의 발밑이나 다름없는 지역으로, 사례교위부 관할에 속했다. 한낱 현령에 불과한 장삭이 어떻게 감히 황제의 발밑에서 이렇게 오만방자할 수 있었을까? 장삭을 봐주는 확실한 뒷배가 있었기 때문이었다.

동한 말기, 환관 천하의 기틀을 마련한 주역 장양^{張讓}이 바로 장삭의 형이었다. 환관은 내궁의 심부름꾼이지만 어엿한 관직이 있고 그 정점이 바로 중상시였다. 물론 중상시까지 오를 수 있는 환관은 극히 드물었는데, 조조의 할아버지 조등이 그중 한 명이었다. 하지만 중상시라도 다 같은 중상시가 아니라 권력의 정도에 따라 서열이 정해졌다.

동한 말기에 막강한 권력을 지녔던 환관은 총 12명이었다. 이 숫자는 《후한서》〈환자열전〉^{宦者列傳} 기록에 따른 것이고, 어림수를 써서 십상시^{十常侍}라 불렀다. 장양은 그 십상시의 우두머리로 이 시대 최고의 권력을 지닌 환관이었다. 한나라 영제^{靈帝}가 공개적으로 '장양은 나의 아버지이고, 조충^{趙忠}은 나의 어머니이다.'라고 말할 정도였으니 장양의 권세가 얼마나 대단했을지 충분히 짐작할 수 있다.

그러니 한낱 현령에 불과한 장삭이 황제의 발밑에서 거리낌 없이 사람을 죽이고 수년간 온갖 횡포를 부렸지만 아무도 제지하지 못했다. 전임 사례교위들이 알면서도 모른 척한 이유도 이 때문이었다. 하지만 이응은 이 보고를 받고 크게 분노해 당장 장삭을 잡아들이라고 명령했다. 한편 미리 소식을 접한 장삭은 강직한 이응을 상대하기 어렵다고 판단해 관직을 버리고 도망가 버렸다. 도망을 치려면 당연히 사례교위부 밖으로 가야 할 텐데 장삭은 사례교위부 관할 지역 한복판에 있는, 형 장양의 집으로 갔다.

장양의 권세가 아무리 대단해도 이응과 정면으로 부딪치기는 쉽지 않았다. 이응은 동한 말기 명망 높은 인재 순위 두 번째 단계인 팔준에서 첫 손에 꼽히는 인물이었다. 장양이 권력을 총동원하면 이응 한 명쯤은 상대할 수 있겠지만 그 후에 닥칠 사회적 공분은 감당하기 어려울 터였다. 그래서 장양은 일단 동생을 조용히 숨겨두기로 했다.

장양이 장삭을 집안에 들이자마자 시종이 헐레벌떡 달려왔다.

"사례교위 이응이 군사를 끌고 와 집안을 수색하겠다는데 소인이 막을 수가 없습니다. 당장 쳐들어올 기세입니다."

혼비백산한 장삭이 장양 발밑에 엎드려 울며불며 살려 달라고 애원했다. 장양도 매우 당황스러웠지만 곧 이성을 되찾고 시종에게 장삭을 비밀 장소에 잘 숨기라고 명했다.

장삭을 숨기자마자 이응이 쳐들어왔다. 한참을 뒤졌지만 장삭을 찾지 못해 답답하던 차에 유난히 굵은 기둥 하나가 눈에 들어왔다. 가까이 다가가 두드려보니 속이 비어 소리가 울렸다. 그리고 장양을 돌아봤는데 얼굴이 하얗게 질려 있었다. 이응이 씩 웃으며 기둥을 부수라고 명령했다. 기둥

안에 숨어 있던 장삭은 이미 오줌을 지리고 다리에 힘이 풀려 주저앉은 상태였다. 이응은 장삭을 찾아내 관부로 끌고 가 사형을 선고하고 집행까지 바로 진행했다. 몸통에서 잘려나간 장삭의 머리통이 높은 관부 기둥에 매달렸다.

동생이 죽임을 당하자 장양은 황궁으로 달려가 환제에게 억울함을 호소했다. 장양의 눈물 어린 호소는 누가 봐도 비통하고 가련했다. 환제는 중국 역사상 손꼽히는 혼군昏君(어리석은 임금)이지만 이응을 지지하는 사대부의 영향력을 두려워하지 않을 수 없었다. 더구나 부도덕한 장양 형제를 무조건 감싸기도 힘들었다. 엄밀히 따지면 백주 대낮에 임신부를 죽여 두 생명을 앗아간 행위는 사회적으로 지탄받아 마땅하니 사형에 처하는 것이 당연했다. 환제는 화가 나서 장양에게 호통을 쳤다.

"이런 개새끼만도 못한 것들, 앞으로 못된 짓을 하더라도 이렇게 대놓고 하지는 말라고! 감싸주고 싶어도 방법이 없잖아!"

다시 이응 이야기로 돌아가자.

동한 중기까지는 환관과 외척이 번갈아 가며 정권을 잡았지만 점차 환관 세력이 커지면서 동한 말기는 환관 천하가 됐다. 환관의 앞잡이들이 온갖 만행을 저질렀지만 백성들은 억울함을 삼킬 뿐 감히 맞서지 못했다. 이런 상황에서 이응이 부임하자마자 보란 듯이 전횡을 일삼던 장삭을 단칼에 처단하고 기고만장한 환관의 콧대를 꺾어버리자 많은 백성들이 크게 환호했다. 이 사건이 크게 주목받으며 이응은 '천하의 모범 이원예李元禮(원예는 이응의 자)'라고 칭송을 받으며 백성들에게 큰 지지를 받았다.《후한서》〈당고열전〉黨錮列傳)

이응을 우상으로 받들고 추종하는 사람 중에는 그와 한마디 주고받은 것을 평생 가문의 영광으로 여기기도 했다. 이응의 영향력이 커지자 이응의 호평이 곧 등용문^{登龍門}이 되기도 했다. 등용문은 잉어가 황하강의 용문을 거슬러 오르면 용이 되어 승천한다는 전설에서 유래한 출세의 대명사이다. 이응의 호평만 얻으면 잉어가 용이 되어 승천하듯 하루아침에 무쇠에서 황금으로 변모해 명예를 드높일 수 있었다.

하지만 이응의 승리는 사대부의 새로운 시작이 아니라 몰락의 서막이었다. 한껏 치솟은 사대부의 사기는 채 일 년도 가지 못했다. 166년에 발생한 '장성 아들 살인 사건'으로 이응을 비롯한 사대부 세력에게 처참한 재앙이 닥쳤다. 환관 세력 앞잡이 중에 점술과 연단술에 능한 장성이란 자가 있었다. 어느 날 장성은 조정에서 곧 대사령^{大赦令}을 발표한다는 내부 정보를 입수했다. 대사령이 발표되면 모든 죄가 사면된다. 장성은 이 정보를 입수하고 매우 기뻐하며 아들을 불렀다. 감히 환관에게 들었다고 말하지는 못하고 본인이 점을 친 것처럼 말했다.

"밤에 하늘을 관찰하며 헤아려보니 조정에서 조만간 대사령을 발표할 것이 분명하다. 평소 원한 맺힌 일이 있다면 이 기회에 복수하거라. 대사령이 발표되면 바로 사면될 테니까."

장성 아들은 신이 나서 바로 나가 원수를 죽였고, 곧 이응에게 붙잡혔다. 옥에 갇힌 장성 아들은 전혀 기죽지 않고 큰소리를 쳤다.

"두고 봐! 곧 날 내보내야 할 테니까!"

이응은 장성 아들의 태도가 확실히 이상하다는 생각이 들었다. 그런데 얼마 뒤 정말 조정에서 대사령을 발표했다. 대사령이 발표되자 장성 역시 대놓고 떠들기 시작했다.

"대사령을 어기고 처형하는 건 황제의 조서를 거역하는 대역죄이다.

난세의 리더 조조

당장 내 아들을 풀어줘야 한다."

이 말을 듣고 크게 분노한 이응은 대사령을 어기고 법 집행을 강행해 장성 아들을 처형했다.

잔꾀를 부리다 아들을 잃은 장성은 평소 뒤를 봐주던 환관을 찾아가 통곡하며 억울함을 호소했다. 환관은 장성의 사정을 듣고 무릎을 탁 쳤다. 이응이 대사령을 어기고 법을 집행한 것은 명백한 대역죄였다. 환관들은 이 기회에 이응 한 사람이 아니라 사대부 세력을 싹 쓸어버릴 계획을 세우고 황제를 찾아가 이렇게 고했다.

"이응은 황명을 거역했습니다. 조정의 대사령을 무시하고 오히려 죄인을 죽여 조서에 맞섰습니다. 이응이 이렇게 기고만장할 수 있는 이유가 무엇이겠습니까? 그 배후의 붕당 세력 때문입니다. 이응과 붕당 세력은 사리 사욕을 꾀하고 다른 세력을 배척하며 급기야 황명을 거역했습니다. 이는 황권에 대한 도전입니다."

환관들이 언급한 '붕당'은 모든 황제에게 매우 민감한 부분이었다.

당黨은 중국 고대 정치 문화에서 매우 꺼리는 단어다. 《논어》에 '군자는 넓게 사귀되 패거리를 짓지 않는다.'君子群而不黨라는 말이 있고, 《순자》荀子에도 '무리 지어 군주를 둘러싸고 사사로움을 도모하는 데 힘쓰는 자는 나라를 무너뜨리는 찬신이다.'朋黨比周, 以環主圖私爲務, 是簒臣者也라고 적혀 있다. 그래서 고대 황제들은 붕당을 꺼리며 반드시 없애야 할 존재로 여겼다.

황제는 이응과 붕당 세력 200여 명을 잡아들이라는 조서를 내렸다.

이응이 투옥되자 그를 구하려는 각계 인사들의 상소가 빗발쳤다. 태학생들도 책을 내던지고 거리로 뛰쳐나가 시위를 벌였다. 태학생의 시위운동은 역사적으로 왕조가 부패하고 사회가 혼란스러울 때마다 종종 일어났다. 국가와 민족의 미래를 짊어질 청년 학도로서 제대로 역할을 다하지 못하는 조정에 바른 목소리를 내기 위함이었다. 이러한 태학생 시위운동의 시작이 바로 한나라였다.

한편 옥에 갇힌 이응은 묘책을 생각해 내고 고문과 심문을 시작하기도 전에 시원하게 죄를 인정했다.

"우리가 작당해 사리사욕을 꾀한 것이 맞다. 우리 세력은 온 천하에 퍼져 있고, 사실 황제 곁에도 잠입해 있다."

심문관은 크게 반색하며 물었다.

"그래? 네놈들 패거리가 누구인지 어서 말해 봐."

이응은 진지하게 미리 생각해둔 이름을 줄줄 읊었다. 모 환관의 조카는 붕당의 핵심 인물이고, 또 다른 모 환관의 외조카는 조정 내부에 심어놓은 첩자라고.

환관들은 심문관이 건넨 '패거리' 명단을 보고 일이 크게 잘못됐음을 알았다. 이응이 계속 이렇게 자백한다면 모든 환관이 감옥에 갇힐 판이었다. 여기에 태학생과 사대부의 반발이 점점 더 거세지자 결국 적당히 타협할 수밖에 없었다. 그래서 다시 환제를 설득했다.

"이응과 그 일당이 큰 죄를 지은 것은 아니니, 풀어주시지요."

환제는 애초에 아무 생각이 없었고 환관들이 잡아들이라 해서 잡아들였을 뿐이었다. 이제 와서 다시 풀어주라고 하니 그냥 알아서 처리하라며 환관들에게 떠넘겼다.

붕당으로 투옥됐던 사대부들은 목숨은 건졌지만 모두 파면되고 평생 관직에 나갈 수 없는 종신 금고禁錮 처분을 받았다. 이들은 조정의 블랙리스트에 올라 그 자손도 관직에 나가지 못했다. 이 사건은 붕당의 '당', 금고

난세의 리더 조조

의 '고'를 합해 '1차 당고의 화'라고 불렸다. 1차 당고의 화는 이렇게 유가 사대부의 패배로 끝났다.

1차 당고의 화가 끝난 지 얼마 되지 않아 좋은 소식과 나쁜 소식이 동시에 날아들었다. 기쁜 소식은 혼군 환제가 드디어 죽었다는 것이고, 나쁜 소식은 또 다른 혼군 영제가 즉위했다는 것이었다.

훗날 제갈량諸葛亮은 〈출사표〉出師表에서 '환제와 영제 시대를 한탄하지 않은 적이 없다.'라고 했다. 제갈량은 유비와 한나라 역사를 이야기할 때마다 혼군 환제와 영제에 분개하며 한숨을 내쉬었다고 한다. 중국 역사에서 폭군의 대명사가 걸왕桀王(중국 하나라 마지막 왕)과 주왕紂王(중국 상나라 마지막 왕)이라면 혼군의 대명사는 단연 환제와 영제를 꼽는다.

그렇다면 환제와 영제 중 누가 더 어리석었을까? 영제도 그게 궁금했는지 곁에 있는 관리에게 물었다.

"선황 환제에 비해 나는 어떤가?"

질문을 받은 관리는 매우 난처했다. 둘 다 혼군 중의 혼군이라 우열을 가릴 수 없다고 사실대로 말할 수는 없지 않은가? 그랬다가는 목이 날아갈 테니까. 관리는 재치를 발휘해 이렇게 대답했다.

"폐하와 선황은 요堯임금과 순舜임금에 비할 수 있습니다."

이게 대체 무슨 뜻일까? 요임금과 순임금이 중국 역사상 우열을 가릴 수 없는 명군明君인 것처럼 영제와 환제도 막상막하라 우열을 가릴 수 없다는 뜻이다.

어린 나이에 즉위한 영제는 처음에는 악행을 저지를 수도 없었다. 어린 황제가 즉위하면 황태후가 섭정하는 것이 관례였기 때문에 환제의 황후 두 태후竇太后가 조정 실권을 장악했다. 두 태후는 역시 관례에 따라 아

대장군大將軍

한나라의 장군 서열 중에서 가장 높은 직급이 대장군이다. 그 아래로 표기장군(驃騎將軍), 거기장군(車騎將軍), 위장군(衛將軍)이 있는데, 이 넷은 조정의 삼공에 맞먹는 지위였다. 그 아래 전장군(前將軍), 후장군(後將軍), 좌장군(左將軍), 우장군(右將軍)은 구경(九卿)과 비슷했다. 그 아래로는 수시로 이름이 바뀌는 등 일정한 체계가 없었다.

버지 두무를 대장군大將軍에 봉하고 사대부 지도자 진번을 태위에 임명해 조정을 운영했다. 두무와 진번은 천하 인재 순위에서 1등과 3등을 차지한 인물이었다. 사실 두무는 외척에게 아부하려는 사대부들이 치켜세우는 바람에 말도 안 되게 일등이 됐지만 진번은 진짜 실력으로 3등에 오른 인물이다.

진번에 대한 역사적으로 유명한 일화가 있다. 진번은 15살 때 방에 틀어박혀 공부만 했다. 공부만 하느라 미처 청소를 하지 못했는데 어느 날 손님이 지저분한 방을 보고 크게 꾸짖었다.

"어찌 이리 더럽게 해놓고 사는가? 손님이 오는데 청소도 안 하다니, 예의가 아니지 않은가!"

진번은 기죽지 않고 이렇게 대답했다.

"대장부라면 천하를 청소해야지 어찌 방 하나만 청소하겠습니까?"

나는 사내대장부이기에 방 청소 따위는 신경 쓰지 않는다는 뜻이다. 청소를 하려면 세상의 더럽고 추악한 것들을 쓸어버리고 깨끗하고 태평한 세상을 만들겠다는 의지이기도 했다. 진번은 일상의 사소한 문제는 크게 신경 쓰지 않았지만 도덕적인 면에서는 결벽증에 가까울 정도라 추악한 환관의 전횡을 용납하지 못했다.

진번은 칠순이 넘은 고령의 나이에 태위에 올랐지만 천하를 청소하겠다는 젊은 시절의 패기는 그대로 남아 있었다. 그는 이 기회에 백년을 이어온 환관의 적폐를 완전히 뿌리 뽑을 생각이었다. 외척의 대표 대장군 두무

난세의 리더 조조

와 힘을 합쳐 무력을 동원해 환관 세력을 제거할 계획을 세웠다. 원래 외척은 환관과 마찬가지로 사대부와 대립하는 관계였지만 동한 말기에 이르러 환관 세력이 걷잡을 수 없이 커지자 사대부와 손잡을 수밖에 없었다.

그러나 진번은 글만 읽은 선비이고 두무는 부귀영화에 젖은 외척일 뿐이었다. 두 사람 모두 군사 경험과 능력이 전무해 과감하게 결단을 내리지 못했다. 반면 궁중 암투의 달인인 환관 세력의 눈과 귀는 황궁 안팎에 촘촘하게 퍼져 있었기 때문에 진번과 두무의 계획은 금방 탄로 났다. 환관의 간악함과 권모술수는 진번과 두무를 훨씬 능가했다. 환관은 큰 규모는 아니지만 그들이 동원할 수 있는 병력으로 선수를 쳐 일단 두무를 제거했다.

두무가 죽고 대세가 기울었지만 진번은 죽음을 각오하고 끝까지 뜻을 굽히지 않았다. 자신을 따르는 수하와 유생 80여 명을 이끌고 궁으로 쳐들어가 칼을 빼 들고 목소리를 높였다.

"대장군은 나라를 구하려는 충성스러운 신하인데 왜 그를 죽였는가!"

진번과 대신들의 당당한 기개와 위엄에 눌린 환관들은 감히 앞에 나서지 못하고 병사들에게 겹겹이 포위하라고 명령했다. 진번과 대신들은 끝까지 싸웠지만 결국 포박당해 옥에서 죽었다.

환관들은 두무와 진번을 제거한 후 본격적으로 복수를 시작했다. 1차 당고의 화에서 블랙리스트에 오른 이응과 그 무리를 다시 잡아들여 혹독하게 고문했다. 이응은 결국 낙양성 감옥에서 처참한 죽음을 맞이했다.

환관의 복수는 여기에서 끝나지 않았다. 수많은 사대부를 처형하고 변경으로 유배 보내고 종신 금고형에 처했는데, 그 수가 무려 700명에 달했다. 역사에 '2차 당고의 화'로 기록된 이 사건은 또다시 유가 사대부의 처참한 실패로 막을 내렸다.

동한 조정에는 원래 세 부류 세력이 있었다. 황권에 기생하는 환관과 외척, 그 반대편에 서 있는 사대부 세력이다. 사대부는 공자와 맹자 정신을 계승하고 선발제도로 관리가 되기 때문에 황권으로부터 독립된 존재였다. 그런데 두 차례 당고의 화를 겪으면서 유가 사대부의 근본적인 문제가 여실히 드러났다. 허구한 날 도덕만 부르짖느라 책략에 무지했던 것이다. 당고의 화는 결국 한나라의 정통 이념인 유가 사상의 철저한 패배이기도 했다.

유가 사상은 입으로만 정의를 내세울 뿐, 현실적으로 정의를 실현할 능력이 없었다. 오히려 상대에게 이용당해 자기 발을 묶는 족쇄가 될 뿐이었다. 《논어》와 《순자》에서 '당은 나쁜 짓이다.'라고 말한 것이 오히려 환관에게 큰 무기가 되지 않았던가? 유가 사상은 동중서董仲舒 이후 오랫동안 유아독존의 길을 걸어온 탓에 간악한 환관이 정권을 농락하는 혼탁한 동한 말기의 시대 흐름에 대처할 방법이 없었다. 이제 유가는 시대의 요구와 맞지 않는, 시대 흐름에 동떨어진 사상이 된 것이다. 구시대적 유가 사상을 새로운 시대 흐름에 맞추려면 어떻게 해야 할 것인가가 당시 지식인의 새로운 과제로 떠올랐다.

동중서董仲舒

서한 시대 유가의 대가. 공자와 맹자 이후 주희가 등장하기 전까지 유가 발전에 가장 크게 이바지한 인물. 한나라 무제에게 천인삼책(天人三策)을 올렸고 천인감응(天人感應), 대통일(大統一) 등을 주장하고 특히 제자백가를 폐지하고 유가만을 존중해야 한다고 설파했다. 그 영향으로 유가 사상이 2천 년 가까이 중국 통치 철학으로 자리 잡았다.

조조가 14살 때 진번과 두무가 죽었고 이응이 죽은 해는 15살로 마침 태학에 입학했을 때였다. 당고의 화 이후 태학에도 거센 기운이 감돌았다. 태학생들 사이에 '함께 공부하는 소년들이여, 젊은 우리는, 유생의 의지와 기개를 열정적으로 펼쳐야 하오.'라는 분위기가 팽배하면서 하나둘 사대부를 지지하고 환관에 반대하는 뜻을 밝혔다.

그런데, 조조는 환관의 손자였다. 이런 상황이었으니 조조가 태학에서 어떤 처지였을지 불 보듯 뻔했다. 모두가 그를 무시하고, 따돌리고, 멀리했다. 그와 친구가 되려는 사람은 아무도 없었다. 사대부 명사 종승이 조조와 악수도 하지 않으려 했던 이유가 바로 이런 역사의 배경 때문이다.

환관과 사대부는 같은 하늘 아래 공존할 수 없는 존재이니 앞으로 조조가 관직에 나갈 수 있을지도 불투명했다. 환관의 손자가 사대부에게 좋은 평판을 얻고 명사의 추천을 받아 관직에 진출하기란 하늘의 별 따기 만큼이나 힘들 터였다. 그렇지만 시대의 흐름은 마침 사대부의 원수인 환관이 조정을 장악하고 막강한 권력을 휘두르고 있었다. 조조가 환관 쪽에 줄을 선다면, 그리고 할아버지 조등의 영향이 더해지면 바로 등용되어 벼락출세할 수 있었다. 그렇다면 조조는 이 중요한 순간에 어떤 결정을 내렸을까? 청년 조조는 온통 적으로 둘러싸인 태학에서 어떻게 위기를 모면하고 세상을 놀라게 했을까?

정면 돌파, 황제에게 상소를 올리다

조조는 태학에서 온갖 멸시와 냉대를 받았다. 누구 하나 환관의 손자와 친구가 되려 하지 않았다. 지금은 인지도를 올리는 것이 문제가 아니라 이미지를 쇄신해 평범한 태학생이 되는 것조차 힘들었다. 어떻게 해야 할까? 조조가 선택할 수 있는 길은 두 가지였다.

첫째, 강하게 맞서는 방법이다.

'그래, 나는 환관의 손자야. 내가 뭐가 무서워? 너희들이 날 받아주지 않는다면 나도 끝까지 가볼 테다. 어쨌든 지금은 환관 세력이 훨씬 강하고 나는 어차피 환관의 손자이니, 양심의 가책이나 여론 따위 신경 쓰지 않고 환관 무리에 투신해 그들의 발톱이 되겠어.'

이렇게 하면 좋은 명망은 얻지 못해도 시대 흐름에 따라 적당히 성공할 수 있을 것이다. 잘하면 고관대작이 되어 막대한 부도 누릴 수 있을 테고.

둘째 태학생들과 화합하는 방법이다.

'나는 비록 환관의 손자이지만 대의를 좇기 위해 가족을 등지겠어. 너희들이 시위할 때 나도 같이 나갈 거야. 필요하다면 앞에 나서서 우리 집안을 반면교사로 삼자고 외칠 수도 있어. 내가 환관의 손자로 겪어온 수많은 일들, 환관들이 저지른 수많은 악행을 고발하겠어. 이제 나는 지난날을 참회하고 새로운 사람이 될 거야.'

이렇게 하면 처음에는 다들 의심하고 무시하겠지만 결국 여론의 동정표를 얻어 이미지를 쇄신하고 새로운 모습으로 다시 태어날 수 있을 것이다.

조조는 과연 어느 길을 선택했을까? 그 어느 쪽도 아니었다.

일단 환관 무리에 엮이는 쪽은 완전히 배제했다. 한나라 왕조는 300년 이상 유가 사상을 받들어왔다. 그동안 유가에서 탄생한 대의, 명분, 예법, 도덕과 같은 개념이 세상 사람들 머릿속에 강하게 박혀버렸다. 출신이 천하고 정도에서 벗어난 일을 많이 경험한 조조 역시 예외가 아니었다. 지금 환관의 세력이 하늘을 찌르지만 이 세력은 빙산과 같다. 언젠가 밝은 태양이 떠올라 그 더러운 빙산을 녹여버릴 것이다. 길게 볼 때 더러운 물에 발을 담그는 것은 결코 좋은 선택이 아니다. 환관이라 하면 더럽고 악한 평판이 주를 이루고 있으니 이들과 어울리면 훗날 씻을 수 없는 오점을 남기게 될 터였다.

그렇다고 해서 태학생들과 붙어 다니면서 시위를 하지도 않았다. 조조는 두 차례에 걸친 당고의 화에서 유가 사대부가 철저히 무너지는 모습을 보면서 유가 사상의 근본적 폐단을 확실하게 알게 됐다. 유가는 '군자는 늘 마음이 평온하여 넓고 너그럽다.'라며 군자의 모습을 갖춰야 한다고 말한다. 그 반대편에 있는 환관은 명백한 소인이다. 소인은 일을 행할 때 수단과 방법을 가리지 않는다. 그러므로 군자와 소인이 맞붙으면 손해를 보는 쪽은 당연히 군자일 수밖에 없다. 두 차례 당고의 화에서도 알 수 있듯이 군자 수천 명이 소인 수십 명을 당해내지 못하고 완전히 무너지지 않았는가? 그런데 지금 태학생들이 당고의 화에서 얻은 피의 교훈을 받아들이기는커녕 맨몸으로 환관 세력과 싸우겠다고? 결과는 안 봐도 뻔했다. 조조는 그런 미련한 짓을 할 사람이 아니었다.

어려서부터 법가와 병가 서적을 읽은 조조는 여러 방법 중 가장 효과적인 방법을 택하는 실용주의자였다.

'너희들이 날 따돌린다 이거지? 그래, 좋아! 각자 제 갈 길 가자고. 두고 봐! 곧 깜짝 놀라게 될 테니까!'

《후한서》〈환자열전〉宦者列傳 기록에 따르면 당시 태학생들은 주로 거리에 나가 시위를 하거나 황궁 입구에 대자보를 붙였다고 한다. 하지만 조조가 보기에는 별 효과가 없는 방법이었다. 시위나 대자보가 백성의 눈을 사로잡고 사회 여론의 관심을 끌 수 있을지는 모르겠지만 가장 중요한 사람이 보지 못한다는 치명적인 단점이 있다. 가장 중요한 '그' 사람이 보지 못한다면 아무짝에도 쓸모없는 짓이다. 그 중요한 인물이 대체 누구일까? 지금 이 나라의 주인인 영제이다.

조조는 껍데기 주변을 기웃거리기보다 직접 알맹이를 노리기로 했다. 그가 선택한 정면 돌파는 바로 영제에게 상소를 올리는 것이었다. 조조가 태학생 신분으로 쓴 상소는 대략 이런 내용이었다. 첫째 진번과 두무의 억울함을 호소하며 당고의 화를 바로 잡아야 한다고 주장했다. 둘째 당고의 화를 일으킨 원흉이라며 칼끝을 환관에게로 돌렸다.

당고의 화는 조정에서 이미 결론을 내린 사건이었다. 아무리 억울해도 정치 사건의 결과를 뒤집으려면 큰 위험을 감수해야 한다. 이 점 하나만으로도 청년 조조가 얼마나 강한 기개와 정의감을 지녔는지, 시대적 사명감이 얼마나 투철했는지 알 수 있다.

그렇다면 이 상소문의 결과는 어땠을까? 이에 대해 역사는 '영제가 취하지 않았다.'라고 기록했다. 영제는 역사에 길이 남을 혼군답게 충언을 받아들이지 않았다.

조조는 플랜 A가 실패하자 바로 플랜 B를 실행에 옮겼다. 합법적인 방법이 통하지 않으니 법의 테두리를 벗어날 수밖에 없었다. 어린 시절 뛰어난 무예를 바탕으로 유협 놀이를 즐기던 조조가 아닌가? 그는 다시 뛰어난 무예 실력을 발휘해 곧바로 적의 우두머리를 공격하기로 했다. 즉 당시 가장 큰 권력을 휘두르던 환관의 우두머리를 제거하는 것이었다.

여기에서 잠시 조조의 중간 평가를 진행해 보자.

사실 17살 조조가 계획하고 행동에 옮긴 일들은 훗날 천하를 호령하던 시절과 비교하면 유치하기 짝이 없다. 하지만 세 살 버릇 여든 간다는 속담처럼 이때 이미 성인 조조의 장점이 조금씩 드러나기 시작했다. 이 장점은 조조가 최후의 승리를 거머쥘 수 있었던 성공 비결이기도 하다.

첫 번째 장점은 역사의 교훈을 잘 받아들인다는 점이다.

《한서》〈형법지〉^{刑法志}에 고대 병서^{兵書}에서 인용했을 법한 '선전자불패'^{善戰者不敗}라는 구절이 있다. 싸움에 능한 자는 패하지 않는다는 뜻인데, 이는 현실적으로 매우 어려운 일이다. 조조는 물론 손꼽히는 역대 명장^{名將} 중에서도 백전백승한 인물은 거의 없다. 보통 사람이라면 훨씬 더 쉽게 패할 것이다. 그렇다면 어떻게 해야 이길 수 있을까? 답은 그다음 구절에 있다. '선패자불망'^{善敗者不亡}, 즉 실패를 잘 다스리는 자는 쓰러지지 않는다는 뜻이다. 쓰러지지 않는 한, 판을 뒤집을 기회가 오는 법이다.

역사를 되돌아보면 가장 무서운 상대는 백전백승의 명장이 아니다. 백전백승한 명장은 날카로운 칼과 같지만 예리한 칼날일수록 부러지기 쉽다. 백전백승을 기록하다가 단 한 번의 실패에 수치와 분노를 느껴 스스로 무너지는 경우가 허다했다. 정말 무서운 상대는 망치처럼 무디지만 바퀴벌레처럼 끈질긴 생명력으로 아무리 때려도 쓰러지지 않는 자이다.

조조가 바로 그런 사람이었다. 여포^{呂布}와 진궁^{陳宮}이 연주^{兗州}에서 반란을 일으켰을 때, 완성^{宛城}에서 장수^{張繡}와 가후^{賈詡}를 맞아 싸웠을 때, 원소의 대군이 코앞에서 위협할 때, 적벽^{赤壁}에서 주유^{周瑜}와 제갈량이 모든 것을 불태웠을 때, 관우^{關羽}가 칠군^{七軍}을 수장^{水葬}시키며 중원을 위협했을 때에도 조조는 쓰러지지 않았다. 조조가 가장 위협적이라고 생각했던 적장 유비도 마찬가지이다. 《삼국지》의 저자는 유비를 '수없이 꺾여도 결코 굴하지 않는다.'라고 평가했다. 평생 조조에게 쫓겨

가후^{賈詡}

조조의 모사. 원래 동탁과 이각의 수하였고 장수 편에서 뛰어난 계략으로 조조를 물리치기도 했다. 조조의 수하가 된 후 원소와 마초를 무너뜨리는 데 큰 역할을 했다. 조조가 적벽대전을 일으키려 할 때 원하는 결과를 얻지 못할 것이라고 말렸었다. 말년에 후계 쟁탈전에서 보이지 않게 조비를 지지했고 조비가 즉위한 후 태위에 올랐다.

다니는 신세였지만 끝까지 살아남아 서남 지역을 차지하고 나라를 세우지 않았는가?

그렇다면 실패를 잘 다스린다는 것은 어떤 것일까? 간단히 말하면 실패에서 교훈을 얻을 줄 알아야 한다는 뜻이다. 그러나 여기에서 말하는 실패가 꼭 자신의 실패를 의미하는 것은 아니다. '실패한 만큼 현명해진다'라는 옛말이 있듯 직접 겪은 실패와 교훈은 뼛속 깊이 새겨져 쉽게 잊을 수 없는 법이지만, 실패라고 다 같은 실패가 아니다. 조조는 적벽대전에서 패해 천하 통일의 꿈을 영원히 접어야 했고, 관우는 형주荊州를 잃는 바람에 결국 죽음을 맞이했고, 나폴레옹은 워털루 전투에서 패하는 바람에 외딴 섬에 갇혀 남은 생을 보내야 했다. 아무리 뛰어난 재능을 지녔어도 치명적인 실패를 저지르면 모든 것이 물거품이 된다는 것이 문제이다. 그러므로 '실패를 잘 다스린다'는 말의 핵심은 타인의 교훈, 특히 역사의 교훈을 잘 습득하는 것이다.

많은 태학생이 두 차례 당고의 화를 지켜보며 정의감에 불타 분노했다. 분노에 눈이 멀어 환관에게 복수해야 한다며 '역겨운 환관을 몰아내자! 형제들이여, 목숨 걸고 싸우자!'라며 목소리를 높였다. 그러나 조조는 똑같이 당고의 화를 지켜보면서 생생한 실패의 교훈을 얻었다. 흔히 실패는 성공의 어머니라고 하지만 꼭 실패를 경험해야 하는 것은 아니다. 눈앞의 역사를 교훈으로 삼으면 유가 사대부가 걸었던 실패를 피할 수 있다. 단순한 생각으로 반복해서 저지르는 실패는 결코 성공의 어머니가 될 수 없다.

두 번째 장점은 구태의연한 생각에서 벗어나 늘 새로운 방식을 추구하는 태도이다.

근대 문학가 노신_{魯迅}은 '세상에 처음부터 있었던 길은 없다. 지나가는 사람이 많아지면 길이 생기는 법이다.'라고 말했지만 필자는 '세상의 길은 원래 있었다. 지나가는 사람이 많아지면 길이 없어진다.'라고 말하고 싶다. 노신의 말을 반박하려는 의도가 아니라 보완하고자 함이다.

조조는 모두가 가는 길로 가지 않았다. 모두가 즐겁고 편하게 가는 길이 얼핏 보면 순탄할 것 같지만 가다 보면 제대로 통하지 않을 때가 많다. 그래서 조조는 아무도 가지 않는 새로운 길을 개척했다. 다른 태학생들이 무리를 지어 시위할 때 조조는 과감히 황제에게 직접 상소를 올렸다. 그리고 상소가 통하지 않자 바로 길을 바꿔 환관을 죽이는 방법을 선택했다. 만약 이것도 통하지 않으면 또 다른 방법을 생각해 냈을 것이다. 어떻든 조조는 고지식하게 틀에 박힌 생각에만 매달리는 사람이 아니었다. 어쩔 수 없이 매달리게 되더라도 아주 특이한 방법으로 매달릴 사람이다.

조조는 이 두 가지 장점을 모두 발휘해, 달빛 없는 깊은 밤에 홀로 칼을 품고 낙양의 어느 대저택에 몰래 잠입했다. 적의 우두머리를 제거하는 작전에 돌입한 것이다.

3장

벼슬길에 오르다

동한 말기 어느 깊은 밤, 낙양의 대저택 정원에 검은 그림자가 나타났다. 20살이 채 안 된 조조가 암살 계획에 나선 것이었다. 조조가 죽이려는 사람은 대체 누구일까? 이 암살 계획은 환관 집안 출신인 조조에게 어떤 영향을 끼쳤을까? 이날 이후 청년 조조는 어떻게 벼슬길에 올랐을까?

실패는 또 다른 성공

우두머리 제거 작전의 목표는 사례교위 이응도 건드리지 못한 동한 말기 최고 권력자, 환관 장양이었다. 당시 권세가 하늘을 찌르던 장양은 유가 사대부들이 가장 이를 갈며 증오하는 권신權臣이었다. 이 말은 장양이 깊은 황궁에서 살고 외출할 때는 삼엄한 최고 등급 경호가 따라붙는다는 뜻이다. 따라서 장양 암살은 말처럼 쉬운 일이 아니었다. 하지만 조조는 전혀 두렵지 않았다.

하룻강아지 범 무서운 줄 모른다는 속담처럼 혈기왕성한 젊은이였고 무엇보다 무예 실력에 자신이 있었다. 동진東晉의 손성孫盛이 쓴 《이동잡어》異同雜語를 인용해 주해한 배송지본 《삼국지》 기록을 보면, 조조가 암살에 사용한 무기는 수극手戟이었다고 한다. 수극은 격투용 무기로 끝부분은 뾰족한 창이고 아랫부분에 칼날이 있어 상대를 찌를 수도 있고 벨 수도 있어 살상력이 높았다. 수극은 한 손으로 잡을 수 있을 만큼 작고 가벼운 단병기短兵器이기 때문에 휴대하기가 좋았다.

조조는 장양이 한동안 궁 밖에 마련한 대저택에 머무를 계획이라는 정보를 입수했다. 달빛이 없고 바람이 강한 어느 날 밤, 조조는 수극을 가지고 장양의 대저택에 몰래 잠입했다. 담을 뛰어넘고 용마루를 지나 장양의 침실 문 근처에 숨어 기회를 노렸다.

장양은 무예를 전혀 모르지만 횡포를 일삼던 다른 권력자들처럼 제 목숨은 매우 아꼈다. 더구나 여러 번 암살 시도가 있었기 때문에 위험 상황에 극히 민감했다. 그날 밤, 장양은 왠지 모를 불안함에 잠이 깼다. 주위를 둘러봐도 별다른 이상이 없었지만 계속 심장이 두근거리고 불안했다. 만에 하나 문제가 있을 수도 있으니, 헛소동이 되더라도 호위를 부르는 것이 낫겠다 싶었다. 장양은 날카롭게 비명을 질렀다.

"자객이다!"

장양의 비명에 호위가 전부 달려 나와 자객을 찾는다고 한바탕 소동을 벌였다. 조조는 상황이 불리하게 흘러가자 일단 작전이 실패했다고 판단했다. 당장은 목숨을 건지는 것이 급선무이니 삼십육계 줄행랑으로 노선을 변경했다. 오직 살아야겠다는 일념으로 수극을 휘둘러 길을 트고 경공 실력을 발휘해 가볍게 담을 뛰어넘어 무사히 달아났다. 당나라 시인 이백李白이 쓴 《협객행》俠客行에 '열 걸음에 한 사람씩 죽이고 천 리를 가도 가로막는 사람이 없다.'十步殺一人, 千里不留行라는 시구가 있는데, 조조가 장양 암살에 실패하고 열 걸음에 한 사람씩 죽이지는 못했지만 다치지 않고 무사히 빠져나갔으니 최소한 '천 리를 가도 가로막는 사람이 없다' 정도의 실력은 보여준 셈이다. 조조의 무예 실력은 확실히 수준급이었다.

여기까지 보면 황제에게 상소를 올린 것과 장양 암살 계획 모두 실패로 끝난 셈이다. 상소를 올렸지만 영제가 거들떠보지도 않았으니 실패이고, 장양 집에 잠입했다가 살아 돌아왔지만 장양을 죽이지 못했으니 이 또한 실패였다.

그러나 전술의 실패가 전략의 성공이 될 수도 있다. 관점을 달리하면 두 계획 모두 조조가 의도한 목표에 부합했다. 사실 조조가 세운 두 계획은 결과가 크게 중요하지 않았다. 당고의 화에 대한 재조사나 장양 암살은 목적이 아니라 수단일 뿐이었다. 조조의 진짜 목적은 사회 여론과 관심을 집중시킬 일을 벌여 사대부에게 인정받고, 동시에 환관의 손자이지만 절대 환관과 한통속이 아니라 정의로운 사람임을 널리 알리는 것이었다. 또한 장양 암살 기도를 통해 환관 세력과 철저히 선을 그었다. 이러한 목적은 확실히 모두 성공했다.

명사의 호평

조조는 두 차례 자기 어필로 사회 여론의 호평을 얻는 데 성공했다. 과거 조조를 무시했던 유명 인사들이 자발적으로 조조를 대변하는 목소리를 내기 시작했다.

먼저 명사 하옹이다.

하옹은 당고의 화를 직접 겪은 당사자로 환관의 블랙리스트에 오른 수배범이자 태학생들의 우상이었다. 그는 원소가 주도했던 분주지우의 핵심 회원이기도 했다. 하옹은 '한나라가 망한다면 천하를 안정시킬 자는 조조밖에 없다.'라고 평했다.《후한서》〈하옹전〉何顒傳)

한나라 황실과 조정이 위태로워 사대부가 구하려고 노력했지만 결국 실패했다. 망국의 기운을 되돌릴 수 없으니 장차 누가 천하를 구할 것인가? 훗날 역사 흐름으로 보아 하옹의 예견은 아주 정확했다.

다음 명사는 하옹보다 훨씬 대단한 인물이다. 훗날 태위까지 오른 교현橋玄이다.

교현은 납치 사건 일화로 유명하다. 납치범들이 교현의 10살 된 막내 아들을 유괴해 몸값을 요구했다. 교현이 고위 관리였기에 나라가 발칵 뒤집혔고, 모든 공권력이 총출동해 납치범을 포위했다. 그러나 교현의 아들이 인질로 잡혀 있으니 함부로 움직일 수 없어 멀리서 소리만 지를 뿐이었다.

"너희는 이미 포위됐다. 무기를 버리고 투항하라!"

이때 교현이 의연하게 나섰다.

"내 아들을 살리려고 범죄 행위를 용납할 수는 없다!"

그는 아들의 목숨은 신경 쓰지 말고 일단 납치범들을 체포하라고 재촉했다. 한바탕 난리가 벌어졌고, 결과는 예상대로였다. 납치범은 모두 생포했지만 교현의 아들은 납치범들에게 피살됐다.

아들을 잃고 비통함에 빠진 교현은 황제에게 상소를 올려 법률을 고쳐야 한다고 주장했는데, 대략 이런 내용이었다. 첫째, 앞으로 납치 사건이 생겼을 때 몸값을 주는 방식을 절대 금지해야 한다. 둘째, 앞으로 납치 사건이 생겼을 때 인질의 안전을 고려하지 않아야 한다. 범죄 행위를 처벌하고 근절하는 것이 최우선 목표가 되어야 한다. 이 법률이 통과되자, 돈 한 푼 건질 수 없을지 모를 일에 목숨을 거는 위험천만한 납치 범죄를 저지르려는 자들이 싹 사라졌다. 납치는 인질의 생명이 걸려 있어 해결하기 까다로운 범죄인데 동한 시대에서만큼은 확실히 자취를 감췄다.

이 일화를 통해 교현이 얼마나 의지가 강한지, 얼마나 과감하고 냉철한지 알 수 있다. 또한 사상적으로 법가 색채가 매우 짙음을 확인할 수 있다. 교현과 조조가 처음 인연을 맺었을 때, 교현은 이미 예순이 넘었고 조조는 겨우 십대 소년이었다. 교현은 법가 성향이 강한 조조의 사상을 알아보고 매우 마음에 들어 했다. 두 사람은 첫눈에 서로를 알아보고 망년지교忘年之交를 맺었다. 교현은 장차 크게 어지러워질 세상에서 조조가 대단한 역할을 할 것임을 예견하고 조조에게 후사를 부탁하기도 했다.

"나중에 내가 죽으면 우리 아이들을 돌봐주게."

물론 진지한 유언이라기보다 인사치레 수준이었지만 조조의 능력을 인정한 것만은 틀림없다. 조조가 실제로 교현의 자식들을 돌봤는지는 알 수 없지만《삼국연의》에 이 말과 관련된 에피소드가 있다.

교현의 두 딸 대교大喬와 소교小喬는 경국지색이란 말이 아깝지 않을 대단한 미녀였다. 대교와 소교는 혼란한 동한 말기에 강동江東에서 지내다가 손책과 주유의 아내가 되었다. 그 후 조조가 갑자기 교현의 유언을 받들어 "내가 교현의 두 딸을 직접 보살피겠다."라며 적벽대전赤壁大戰을 일으켰다. 후대 시인이 지은 '봄 깊은 동작대에 강동 이교 갇혔으리.'銅雀春深鎖二喬 (출처: 두목杜牧의 시 〈적벽〉赤壁)라는 시구처럼 손책孫策과 주유 품에 안긴 두 미녀를 뺏어 오고 싶었던 것일까?

이것은 당연히 소설가의 예술적 상상일 뿐, 정사에 기록된 내용은 아니다. 역사 자료를 살펴보면 대교, 소교, 교현은 모두 교喬씨가 아니라 교橋씨인데《삼국연의》에서는 교喬씨라고 나온다. 역사 자료에 대교大橋와 소교小橋의 아버지 교공橋公이 등장하지만 이름에 대한 기록은 전혀 없다. 시기적으로 볼 때 교공과 교현이 동일인일 가능성은 거의 없다. 교현은 184년에 75살의 나이로 죽었다. 이때 대교와 소교의 나이가 아무리 어리다고 해도 최소한 20살은 넘었을 것이다. 손책이 강동을 지배한 것이 대략 15년 후인데, 그때는 두 사람 모두 중년 부인이었으니 경국지색이라 하기에는 무리가 있다. 하지만 《삼국연의》 이야기와 훗날 심흠한沈欽韓이 《후한서소증》後漢書疏證에서 교공을 교현이라고 명시하는 바람에 이 이야기를 사실로 받아들이는 사람이 많은 듯하여 특별히 설명을 덧붙였다.

난세의 간웅, 검증 완료

하옹과 교현은 왜 그렇게 조조를 후하게 평가했을까? 추측하건대, 두 사람은 아주 특별하고 뛰어난 조조의 두 가지 자질에 주목했을 것이다. 이 자질은 그 시절 일반적인 유가 사대부나 태학생이 절대 가질 수 없는 것이었다.

첫째, 실행력이다.

당시 태학생들은 신랄하게 세태를 비판하며 부패한 자들을 쓸어버리고 천하를 바로잡는 것이 우리의 소임이라고 공공연히 떠들어댔지만 실제로 문제를 해결할 능력이나 용기가 없었다. 그런데 조조는 정반대였다. 그는 공허한 이론가가 아니라 실행파였다. 문무를 겸비한 조조는 직접 칼을 들고 적을 죽이러 나섰다. 다른 태학생들이 결코 흉내낼 수 없는 자질이다. 다른 이들이 어떻게 조정의 문제를 들춰내고 비난할 것인가에 몰두한 반면 조조는 어떻게 문제를 해결할 것인가에 초점을 맞췄다.

둘째, 책략 능력이다.

태학생은 대부분 흠잡을 데 없는 도덕 자질을 갖췄지만 잔혹한 정치 투쟁 앞에서는 한없이 순진한 바보였다. 권모술수에 능한 환관이 살짝만 건드려도 지레 꼬리를 내리곤 했다. 그러나 조조는 어려서부터 법가와 병가 서적을 탐독해 권모술수에 통달했다. 정치 투쟁과 군사 작전을 막론하고 조조의 권모술수는 최고 중의 최고였다.

이런 두 가지 이유로 하옹과 교현이 조조의 자질을 높이 평가하고 훗날 천하를 호령할 인재라고 인정했을 것이다. 특히 교현은 한발 더 나아가 조조에게 거물급 명사를 추천했다.

"자네가 정말 이름을 날리고 싶다면 나 하나만으로는 부족하네. 난 뒷방 늙은이에 불과해서 내 말은 큰 효과가 없어. 내가 한 사람을 추천해 주겠네. 이 사람 말 한마디는 세상의 만 마디를 이길 수 있지. 이 사람에게서 좋은 평판을 얻는다면 하루아침에 명망을 높일 수 있을 거야."

이 사람이 누구일까? 앞 장에서 잠시 소개했던 허소이다. 허소가 주도한 월단평은 명성이 자자했다. 조조는 얼마 전까지 허소의 시야에 존재하지도 않았고 월단평에 오를 만한 이력이나 계기가 전혀 없었다. 하지만 교현의 추천으로 확실한 발판이 마련됐다. 조조는 소위 '비사후례'로 허소를 공략했다. 비사卑辭란 상대의 환심을 얻기 위해 듣기 좋은 말을 하는 것이고 후례厚禮란 큰 선물이란 뜻이다. 아첨과 뇌물, 두 가지 방법으로 허소를 설득할 생각이었다.

하지만 허소는 성품이 매우 올곧은 사람이라 조조의 방법이 전혀 먹히지 않았다. 오히려 무시하며 거들떠보지도 않았다. 조조의 됨됨이를 하찮게 여겨 평가 자체를 거부했다.

'나한테 이런 뇌물을 보내다니, 대체 나를 뭐로 보는 거야? 너 같은 놈한테는 호평은커녕 악평 한마디도 아깝다.'

허소가 이렇게 나온 데는 나름의 이유가 있었다. 기본적으로 조조와 급이 다르다고 생각해 조조를 별 볼 일 없는 놈으로 무시했지만 결정적인 이유는 조조가 환관 집안 출신이기 때문이었다. 고고한 선비는 더러운 소인배와 섞일 수 없는 법이니까.

허소에게 거부당한 조조는 유협 정신과 강경한 법가 사상이 더해진 타고난 반항 기질을 드러냈다.

'좋아. 허소 당신이 경배주를 거부하다면, 내가 직접 벌주를 먹여주지. 예의가 통하지 않으면 힘으로 밀어붙일 수밖에.'

역사는 이 부분을 '조조가 기회를 노려 허소를 위협했다.'라고 기록했다. 하지만 구체적으로 어떻게 위협했는지에 대한 내용은 없다. 조조의 성품과 어린 시절 유협 경험으로 보아 무력을 동원했으리라는 추측만 가능하다. '나한테 좋은 평가 안 해줄 거야? 당신이 안 해주면, 나도 당신이랑 가족들 안전을 장담 못 해.'라는 식으로.

어쨌든 허소는 반강제로 조조에 대한 평가를 남겼다. 이때 허소가 '그대는 태평성세라면 뛰어난 대신이겠지만 어지러운 세상에서는 간악한 영웅이다.'라고 한 평가는 손성의 《이동잡어》를 인용해 주해한 배송지본 《삼국지》에 나온다. 조조는 이 말을 듣고 큰 웃음을 터트리며 기분 좋게 돌아갔다고 한다.

그런데 《후한서》는 허소의 평가를 조금 다르게 기록했다.

'세상이 평화로우면 간악한 도적이고 세상이 어지러우면 영웅이다.'

현재 많은 역사가가 《후한서》 기록을 허소의 원래 평가라고 보지만 필자의 생각은 다르다. 필자가 《이동잡어》를 인용해 주해한 《삼국지》 기록이 진짜라고 생각하는 이유는 다음의 세 가지 때문이다.

난세의 리더 조조

첫째, 《이동잡어》는 동진 시대, 《후한서》는 남조 시대에 지어졌으니 《이동잡어》가 먼저 세상에 나왔다. 다른 명확한 증거가 없다면 기본적으로 저술 시기를 따라야 한다.

둘째, 허소는 올곧은 기개로 유명한 사람인데 과연 조조의 무력에 무릎을 꿇었는지 의문이다. 조조의 위협으로 어쩔 수 없이 평가를 했지만 그 내용만큼은 사실에 가까웠을 것이다. 목숨을 구걸하기 위해 아첨했을 가능성은 크지 않다. 허소가 발언할 때는 이미 세상이 어지러워지기 시작했으므로 '난세의 영웅'은 아첨이나 다름없다. 따라서 '난세의 간웅'이라는 중립적인 표현이 허소의 성품에 더 가깝다.

셋째, '태평성세에는 뛰어난 대신이고, 난세에는 간악한 영웅이다.'라는 평가가 조조의 사상에 훨씬 잘 부합된다. 서구 역사 관점으로 쓴《캠브리지 중국사》를 참고하면 동한의 사상가는 세 부류가 있었다.

첫 번째 부류는 정통 유가 사상가이다. 이들은 태평성세에 치국평천하를 강조하고 난세에 몰락해서도 변함없이 이론만 파고들며 끝까지 유가의 정체성을 지켰다.

두 번째 부류는 유가 기반의 도가 사상가이다. 이들은 태평성세에 천하를 살피지만 난세에는 자기 한 몸만 살피는 부류이다. 나라에 도가 바로 서면 관직에 나가고 나라에 도가 무너지면 관직을 버리고 떠난다. 난세를 대하는 태도가 가장 소극적이다.

세 번째 부류는 유가 기반의 법가 사상가이다. 조조가 가장 대표적인 사례이다. 이들은 태평성세에 유가 사상의 치국평천하를 실천하는 뛰어난 대신이지만 세상이 어지러워지면 바로 태도를 바꿔 법가를 받드는 난세의 간웅이 된다. 조조의 사상은 이 부류와 정확히 일치한다.

아무튼 조조는 결국 3대 명사 하옹, 교현, 허소의 호평을 얻어 단숨에 이름을 크게 알렸다. 태학생 3만 명을 가볍게 제치고 인생의 첫 번째 전환점을 맞이했다.

효렴孝廉은 결국 돈과 권력이다

조조는 20살에 태학을 졸업하고 바로 효렴에 천거됐다. 효렴은 원래 효심이 극진하면서 청렴한 관리를 가리키는 말이다. 효자의 '효'와 청렴의 '렴'을 합한 말이다. 효렴은 매우 큰 영예이자 한나라 관리 선발 제도에서 가장 큰 영향을 끼치는 항목이었다. 효렴 자격을 얻으면 벼슬길은 탄탄대로였다. 효렴으로 벼슬길에 오른 조조는 이후 치열한 노력과 투쟁을 이어 가며 수많은 기적을 만들어냈다.

일례로, 원래 동한 조정에는 승상이란 관직이 없어진 지 오래였다. 다시 말해 조조가 승상에 봉해진 일은 그야말로 파격적인 인사였다. 이뿐이 아니다. 한나라 국법에는 '유씨가 아니면 왕이 될 수 없다.'라는 규정이 있다. 아무리 큰 공을 세워도 황실 종친이 아니면 제후나 친왕이 될 수 없었다. 하지만 조조는 전례를 깨뜨리고 위왕魏王에 봉해졌다. 조조의 관직 인생을 빛나게 한 수많은 영예, 그 시작이 바로 효렴이었다. 효렴 천거는 조조 인생에서 매우 중요한 전환점임이 틀림없다.

그런데 이 시기 역사, 특히 동한의 관리 선발 제도를 자세히 살펴보면 조조의 효렴 천거는 명백한 위법이었다.

효렴 천거 제도는 한나라 무제 때 동중서의 제안으로 시작되어 수백

난세의 리더 조조

년 동안 이어졌다. 이론상 일반 백성이나 말단 관리라도 효심이 깊고 품행이 바르면 누구나 효렴에 천거될 수 있었지만 현실은 그렇지 못했다. 가장 큰 이유는 치열한 경쟁률, 즉 효렴의 정원 수가 매우 적었기 때문이다. 요즘 시대에 국가시험 경쟁률이 100대 1이라는 말을 종종 듣는데, 이 정도면 꽤 치열한 경쟁률이다. 그렇다면 효렴에 천거될 확률은 얼마나 됐을까? 대략 20만 명에 한 명꼴이었다. 그리고 동한 시대에는 나이 기준이 추가됐다. 만으로 40살이 되어야만 효렴 천거 자격이 주어졌다. 이 나이 기준은 대충 아무렇게나 정한 것이 아니다. 《논어》에서 언급한 불혹의 나이, 최소한 마흔이 넘어야 어리석음에 빠지지 않는다는 구절에서 착안한 것이었다. 원래의 효렴 선발 기준은 이러했지만 동한 말기에는 전혀 지켜지지 않았다.

동진의 갈홍葛洪이 《포박자》抱朴子에 기록한 동한 말기 동요를 살펴보자.

> 수재가 된 사람이 글을 모르고, 舉秀才, 不知書
> 효렴이 된 사람이 부모를 모시지 않네. 舉孝廉, 父別居

수재와 효렴은 한나라의 주요한 관리 선발 방법이었다. 수재는 학문이 뛰어난 사람을, 효렴은 도덕 자질이 뛰어난 사람을 선발하는 제도이다. 그런데 이 동요는 글도 제대로 모르는 사람이 수재가 되고, 아버지를 쫓아낸 불효자가 효렴이 됐다는 내용이다.

실제로 동한 말기 청주青州 지역에 조선趙宣이라는 이름난 효자가 있었다. 조선의 효심은 훌륭한 정도가 아니라 온 세상이 경이로워할 정도였

포박자抱朴子

동진 시대 도가 학자 갈홍의 저서로 내편과 외편이 있다. 내편은 주로 신선, 방술, 단약 등 양생과 불로장생에 대한 내용이고 외편은 한나라, 위진, 남북조 시대의 풍속을 기록해 귀중한 사료로 인정받고 있다.

다. 한나라 시대에 부모가 세상을 떠나면 자식이 부모 무덤 옆에서 3년 동안 시묘를 지내는 법도가 있었다. 하지만 실제로 3년을 채우는 경우가 많지 않아 3년만 다 채워도 효자 소리를 들었다. 경이로운 효자 조선은 어떻게 했을까? 그는 무려 20년 동안 시묘했다. 시묘 기간만 놀라운 것이 아니었다. 일반적으로 시묘를 할 때면 부모 무덤 옆에 움집을 짓고 지냈다. 그런데 조선은 무덤 안쪽으로 통로를 파고 그곳에서 지냈다. 무려 20년 동안 온종일 컴컴한 무덤 안에서 살면서 밖으로 나온 일이 거의 없었다.

이 정도면 시대와 장소를 불문하고 특종감이다. 조선의 이름이 널리 퍼지자 여러 지방 정부에서 앞다퉈 영예로운 칭호를 붙였고 하급 관부에서는 조선이 타의 모범이 되는 인물이니 표창해야 한다고 상급 관부에 추천하기도 했다. 당시의 청주 자사刺史는 앞서 등장했던 천하를 깨끗이 청소하겠다던 진번이었다. 그런데 진번이 조사를 한 결과 20년 동안 무덤 안에서 지냈다던 조선이 그동안 자식을 다섯이나 낳았다는 사실을 알아냈다. 남의 눈을 속이고 향락을 즐긴 효자 조선의 실체가 20년 만에 드러난 것이다.

효렴 천거는 도덕이 뛰어난 군자를 모범으로 삼아 널리 알리기 위해 시작되었으나 동한 말기에 이르러서는 조선과 같은 제도적 폐해가 나타났다. 왜 그렇게 됐을까?

첫째, 이익이 도덕을 앞섰다.

이것은 제도 자체의 태생적인 모순이다. 효렴 천거 제도는 원래 도덕이 뛰어난 사람을 장려하는 데 목적이 있었다. 그런데 시간이 흐를수록 효렴이 목적이고 도덕은 수단으로 전락해 보여주기가 됐다. 이익을 위한 도덕은 유가 사상에서 추구하는 도덕이 아니므로 반드시 도덕과 이익을 구별

해야 한다.

둘째, 도덕은 수치로 환산할 수 없다.

이것이 효렴 제도의 가장 큰 단점이다. 천거를 하려면 일단 도덕성을 잘 살피고 평가해야 하는데 객관적으로 수치화할 수 없으니 주관적인 조작이 가능했다. 원래 도덕이란 우열을 가리는 것이 아니라 기본을 지키는 것이다. 20만 명 중 도덕성이 가장 뛰어난 사람을 어떻게 찾아야 할까? 현실적으로 불가능한 일이다. 제도의 목적이 아무리 훌륭해도 현실적으로 실행이 불가능하면 결국 조작될 수밖에 없다.

셋째, 치열한 경쟁이 기형적인 도덕관념을 낳아 인간성을 상실시켰다.

20만 명 중에서 돋보이려면 반드시 남과는 뭔가 달라야 했다. 단순히 부모를 봉양하는 것만으로는 부족했다. 그래서 온갖 비상식적인 기행이 판을 치기 시작했다. 어머니에게 효도하기 위해 자식을 땅에 묻고, 온몸으로 얼음을 녹여 잉어를 잡고, 부모 병을 고치려 허벅지살을 베어 먹이고, 심지어 무덤 안에 들어가 시묘살이를 했다. 크게 소문이 나려면 이 정도는 해야 했다. 진번이 조선의 실체를 알고 꾸짖을 때도 이렇게 말했다고 한다.

"성인聖人이 정한 예법은 보통 사람의 도덕, 즉 인간의 본성과 도리를 지키는 것이다."

효렴 천거 제도가 무분별한 도덕 경쟁을 야기해 오히려 인간의 본성과 도리에서 벗어나게 만든 셈이었다. 애초에 도덕을 장려하기 위해 만든 효렴 천거 제도가 결국 부도덕의 원흉이 되고 말았다.

다시 조조 사례로 돌아가 어떤 문제가 있었는지 살펴보자. 첫째, 동한 말기 효렴 천거 기준에 40살이 넘어야 한다는 조항이 있었다. 그런데 20살인 조조가 어떻게 효렴에 천거됐을까? 둘째, 효렴의 기본 조건이 효성과 품행 단정이었다. 그러나 현존하는 역사 자료 어디에도 조조의 효성이 지극했다는 내용은 없다. 반면 어려서부터 허구한 날 아버지를 속였다는 증거가 차고 넘친다.

이런 조조가 어떻게 규정을 뛰어넘어 효렴에 천거됐을까? 일단 하옹, 교현, 허소와 같은 명사의 추천이 큰 영향을 끼쳤을 것이다. 그러나 필자는 조조의 집안 배경이 결정적인 역할을 했다고 본다.

조조 집안은 많은 관리와 고위 환관을 배출해 패국 초현에서 막대한 영향력을 행사했다. 이런 조씨 집안의 큰 도련님이 태학을 졸업하고 일자리를 찾는다고 하니 지방 관리 입장에서는 조씨 가문에 잘 보일 수 있는 절호의 기회를 놓칠 리 만무했다. 덕분에 20만 분의 1의 기회가 조조에게 주어졌다. 모르고 보면 단순히 운이 좋은 줄 알겠지만 사실은 돈과 권력이 만들어 낸 결과였다.

이것만 보더라도 한나라가 제도적으로 얼마나 부패했는지 알 수 있다. 사실 조조는 부패한 구제도의 수혜자이자 피해자였다.

조조는 인물 평가에 열광하는 사회 분위기를 이용해 명성을 높였고 집안 배경을 이용해 낙하산으로 효렴이 됐다. 하지만 이 상황을 뒤집어 보면 그럴 수밖에 없는 상황이었다. 능력이 뛰어나도 공정한 경쟁을 통해 당당하게 인정받지 못하는 사회이다 보니 잔꾀와 편법을 이용할 수밖에 없었다. 다시 말해 진짜 뛰어난 인재도 잔꾀와 편법을 사용하지 않고는 인정받기 어려운 비정상적인 사회였다는 뜻이다.

이것은 조조 한 사람에게만 국한된 문제가 아니었다. 예나 지금이나 이런 불합리한 일을 겪는 사람이 한둘이 아닐 것이다. 이런 상황에 처하면 보통 공정하지 못한 사회와 잘못된 관행을 원망하고 탓한다. 하지만 한

바탕 불평불만이 끝난 후 대부분 불공정한 사회에 순응해 이미 정해진 게임의 법칙을 따른다. 그중 일부는 물 만난 고기처럼 불공정한 사회 체제에 잘 적응해 기득권 세력이 된다. 구박받던 며느리가 시어머니가 되어 자기 며느리를 더 구박하듯이 기득권 세력이 된 사람들은 불공정한 관행을 최대한 이용해 사리사욕을 채우고 아랫사람을 괴롭힌다.

그렇다면 조조는 어땠을까?

그의 선택은 아주 독특했다. 이익에 밝은 조조는 자신이 구체제의 혜택을 많이 받은 만큼 그 문제점이 무엇인지 누구보다 잘 알았다. 구체제에 대한 명확한 인식에 꾸준한 사고와 연구가 더해져 훗날 정치와 법률 제도의 전면 개혁을 단행하는 중요한 밑거름이 됐다. 이것이 조조가 평범을 뛰어넘어 최후의 승리를 거머쥔 요인 중 하나일 것이다.

아무튼 20살 조조는 한나라 제도가 정한 기준보다 20년이나 빨리 효렴이 됐다. 그리고 그해에 수도 낙양 북부의 치안을 책임지는 낙양북부위洛陽北部尉에 임명됐다. 조조 인생의 첫 관직이었다. 자신만만하게 관리 인생을 시작하려는 그때, 어떤 대단한 인물이 낙양북부위 관할 구역에서 보란 듯이 범법행위를 저질렀다. 조조는 관리 인생의 첫 시험에 어떻게 대처했을까?

4장

권문귀족 때려잡기

조조는 20살에 태학을 졸업하고 인생의 첫 관직으로 낙양북부위에 임용됐다. 그런데 관직 세계에 힘차게 첫발을 딛자마자 대단한 인물이 조조 관할 구역에서 대놓고 위법을 저질렀다. 조조 관리 인생의 첫 시험 무대였다. 공공연히 위법을 저지른 대단한 인물이 대체 누구일까? 조조는 이 난제를 어떻게 해결했을까? 조조는 이 사건을 통해 '새로 부임한 관리는 세 개의 햇불처럼 기세등등하다.'라는 속담을 증명했다.

뜻대로 안 되는 사마방司馬防

조조는 20살에 태학을 졸업하고 효렴에 천거됐다. 그리고 그해에 수도 낙양 북부의 치안을 책임지는 낙양북부위에 임명됐다. 조조 인생의 첫 관직이었다. 조조는 효렴 천거를 통해 불공정한 제도의 단맛을 경험했지만 낙양북부위가 되면서 불공정한 제도의 쓴맛을 봤다. 가문의 영향력 덕분에 199,999명의 경쟁자를 누르고 효렴에 낙점됐지만 곧 입장이 바뀌어 급이 더 높은 자에게 눌리는 신세가 됐다.

여기에 등장한 급이 더 높은 자는 바로 원소이다.

분주지우의 리더였던 원소는 여남 원씨 후손으로, 동한 시대의 젊은 세대 중 가장 주목받는 인재였다. 조조보다 조금 먼저 관직 생활을 시작한 원소의 생애 첫 관직은 복양현을 관할하는 복양령濮陽令이었다. 복양현은 동한에서 손꼽힐 정도로 상업이 발달한 지역이고 낙양과 아주 가까웠다. 복양령은 녹봉 1천 석에 해당하는 직급이었다.

승부욕이 강한 조조는 겉으로 드러내지는

석

무게 단위로, 봉록을 식량으로 지급했기 때문에 그 양으로 관직 서열을 매겼다. 최고가 1만 석을 받는 삼공이고 말단 관리는 1백 석이었다.

않았지만 늘 원소를 경쟁상대로 생각했다. 기본적으로 원소가 대단한 집안 배경에 비해 능력이 너무 평범하다고 생각했다. 유협 놀이를 즐기던 시절, 원소는 혼비백산해서 오줌을 지릴 뻔한 적이 있고 여러 번 지혜와 용기를 겨뤄봤는데 대부분 조조가 이겼다.

'능력이 그것밖에 안 되는데 복양령이 됐단 말이지? 우리 집안 배경이 너보다는 못하지만 재능과 무예 실력은 내가 훨씬 뛰어나다. 게다가 하옹, 교현, 허소의 호평으로 명예를 높였고 20살에 효렴이 됐어. 이 정도면 집안 배경의 부족함을 메우고도 남지 않겠어? 내 관직이 너보다 낮을 리는 없겠지?'

사실 조조가 바란 생애 첫 관직은 낙양령洛陽令이었으나 기대에 못 미치는 낙양북부위가 됐다. 원소와의 관직 차이가 시사하는 바는 명확했다. 복양령은 녹봉 1천 석에 해당하는 복양현 최고 관직이다. 이에 비해 낙양북부위는 녹봉 4백 석에 해당하고 낙양현의 치안 담당자에 불과했다. 효렴 천거 후 낙양북부위에 임용됐으니 시작만 요란했던 셈이다. 조조의 실망은 이루 말할 수 없이 컸다.

당시 상황을 보면 환관 세력이 조정을 좌지우지하고 있었으니 조조의 가문도 대단한 영향력이 있었다. 조조의 할아버지가 원로 환관이었으니까. 암묵적 관행으로 손쉽게 효렴이 됐는데 관직 임용에서는 왜 난관에 부딪혔을까? 효렴에 천거된 자가 관직에 임용될 때면 반드시 조정 고위 관리의 추천을 거쳤기 때문이다. 조정 고위 관리가 한번 관직을 정하면 그대로 배정됐다. 그런데 조조를 낙양북부위에 배정한 관리가 아주 강직하고 올곧기로 유명해 절대 자기 뜻을 굽히지 않는 사람이었다.

그 주인공은 바로 당시 경조윤京兆尹이었던 사마방이다. 아마도 사마방이라는 이름이 낯선 사람이 많을 테니 다른 방법으로 소개해 보겠다. 그는 사마의司馬懿의 아버지이고, 사마소司馬昭의 할아버지이고, 서진의 개국 황제 사마염司馬炎의 증조부이다.

조조의 빛나는 관직 인생의 첫 시작을 열어준 사람이 사마방이었던 셈이다. 하지만 조조가 초석을 다진 위나라 종묘사직이 결국 사마씨 3대에게 강탈당하면서 '빌린 돈은 반드시 갚아야 한다.'라는 우스갯소리를 낳기도 했다.

다시 원래 이야기로 돌아가자. 조조는 낙양북부위에 임명되자 크게 실망했다. 수십 년 후 큰 성공을 거두고 위왕에 봉해진 후에도 이 일을 잊지 않았다. 생각할수록 화가 났다.

'나는 처음부터 재능이 뛰어났는데 왜 원소보다 관직이 낮았던 거야? 왜 내가 낙양북부위밖에 안 돼?'

아무리 생각해도 이해할 수 없어 사마방에게 직접 물었다.

"당신 생각에는 내가 여전히 낙양북부위 정도밖에 안 되는가?"

사마방은 조조가 아직도 예전 일을 마음에 두고 있음을 알고 정말 속이 좁은 인간이라고 생각했다. 그나저나 어떻게 대답해야 할지 참으로 난감했다. '그래, 내 생각은 변함없어. 내 눈에 넌 낙양북부위밖에 안 돼. 그냥 인정해. 넌 딱 그 정도야.'라고 말할 수는 없었다. 위왕이 된 조조의 체면을 대놓고 깎는다면 결국 죽음을 자초하게 될 테니까. 그렇다고 '송구하옵니다. 영웅을 몰라본 제 불찰입니다. 위왕이 될 인재인 줄 진즉에 알아봤어야 하는데 말입니다.'라고 말도 안 되는 아부를 할 수도 없었다. 강직한 사마방 입에서는 절대 이런 말이 나올 수 없었다. 《조만전》을 인용해 주해한 《삼국지》〈무제기〉 기록을 보면 사마방은 교묘한 대답으로 위기 상황을 넘겼다.

"지난날 위왕을 추천할 때는 낙양북부위가 제격이었을 뿐입니다."

'지금은 모르겠지만 아무튼 그때는 딱 낙양북부위 수준이었다. 그러니 케케묵은 옛날 일을 자꾸 들추지 말고 앞을 내다봐라.'라는 뜻이었다.

조조는 어쩔 수 없이 일단 낙양북부위로 부임했다. 하지만 부임한 지얼마 지나지 않아 낙양북부위도 만만한 자리가 아님을 깨달았다. 알다시피 낙양은 동한의 수도이다. 동한 말기의 낙양은 행정 부패가 심하고 범죄율이 높았다. 범죄율이 높다는 사실은 어떻게 보면 조조가 실력을 발휘할 기회가 될 수 있었다. 낙양북부위가 해야 할 일이 치안 유지였으니까. 하지만 말처럼 쉬운 일이 아니었다.

낙양에서 범법 행위를 저질러 낙양 범죄율을 최고로 만든 원흉은 일반 백성이 아니라 외척, 환관, 권문세가, 그리고 이들의 지인과 하수인이었다. 그에 비해 낙양북부위는 녹봉 4백 석 수준의 하급 관리였다. 조조가상대하는 범죄 혐의자 중 대충 아무나 하나만 골라도 조조보다 몇 단계나관직이 높은 사람들이었다. 이 사람들 눈에 낙양북부위는 하찮은 존재에불과했다. 또한 수도 낙양은 복잡한 이해관계가 뒤얽힌 곳이다. 범죄가 발생해 혐의자를 잡아들이려 해도 이미 연줄을 대고 손을 다 쓴 후에야 조조 차례가 됐다. 사건 조사를 시작하기도 전에 윗선에서 혐의자를 풀어주라는 명령이 내려오니 무엇을 할 수 있겠는가? 보잘것없는 하급 관리가 어떻게 윗선의 명령에 맞서겠는가?

조조가 선택할 수 있는 첫 번째 방법은 특별히 공을 세우려 애쓰지 않고 다른 관리들처럼 중용을 지키며 적당히 할 일만 하는 것이다. 보고도못 본 척, 듣고도 못 들은 척 조용히 자리만 지키면 된다. 하지만 이 선택의 결과는 너무도 뻔했다. 평범한 무리에 묻혀 두각을 나타낼 수 없다. 이 방법은 조조의 성격과 맞지 않을 뿐더러 힘들게 쌓은 명성을 물거품으로 만들 것이다.

두 번째 선택지는 원칙대로 엄격하게 법을 집행하며 범죄자들과 끝까지 싸우는 것이다. 이 방법을 선택하면 지금 조정을 좌지우지하는 세력가들에게 찍힐 것이 분명하다. 운이 좋으면 관직에서 쫓겨나고 말겠지만 최악의 경우 목이 달아날 수도 있다. 어느 쪽이든 결과는 끔찍할 것이다.

관직 인생의 첫 시험 무대에서 성공을 거둘지 망신을 당할지, 많은 이들이 크게 기대하며 조조를 지켜봤다. 조조가 난세의 간웅인지, 난세의 겁쟁이인지는 우리끼리 떠들 것이 아니라 조조가 어떻게 했는지 직접 보면 알 수 있다.

약자는 어려울 때 물러서지만 강자는 어려울 때 맞서 싸우는 법이다. 조조는 강자의 길을 선택했다. 그리고 '새로 부임한 관리는 세 개의 횃불처럼 기세등등하다.'라는 속담처럼 불과 몇 달 사이에 세 개의 횃불을 높이 들어 올렸다. 이 횃불이 낙양 전체를 뒤흔들며 수많은 사람들의 뇌리에 '조조'라는 이름이 확실히 박혔다.

매우 쳐라, 죽도록 패라

첫 번째 횃불은 관부 수리 공사이다.

조조는 부임하자마자 낙양북부위 관부를 대대적으로 수리하는 공사를 시작했다. 근무 환경을 개선하는 내부 설비 공사가 아니라 관부 대문을 수리하는 외부 공사였다. 누가 봐도 보여 주기식 공사가 분명했다. 분위기를 쇄신해 내부 단합력을 높이고 사기를 진작시켜 앞으로 다가올 도전에 맞서기 위함이었다. 동시에 대외적인 입장도 확실히 표명했다.

"이제부터 한 눈을 감고 보고도 못 본 척 아무것도 하지 않던 낙양북부위는 잊어라. 나, 조조가 부임한 오늘부터 누구든 법을 어기거나 분수 모르고 날뛴다면, 절대 용서치 않을 것이다."

두 번째 횃불은 오색봉 제작이다.

조조는 목공을 불러 부하들이 사용할 새로운 무기, 즉 오색봉을 특별 제작했다. 당시 치안관이 사용하는 나무 곤봉은 검은색 한 가지뿐이었다. 조조는 크고 두꺼운 곤봉을 청, 황, 적, 백, 흑, 다섯 가지 색으로 칠한 후 낙양북부위 대문 양쪽에 걸어뒀다. 햇살이 비추면 오색찬란한 색이 눈부시게 빛났다. 오색봉의 의미는 훗날 포공包公(포청천으로 유명한 송宋나라의 청렴 관리 포증包拯)이 용머리 작두, 호랑이머리 작두, 개머리 작두를 개봉부開封府에 설치했던 의도와 같다. 일종의 경고이자 위협이었다.

'오늘부터 법을 어기는 자는 황족이든 권문귀족이든 예외 없이 이 곤봉으로 때려죽일 것이다. 절대 용서란 없다.'

조조는 일개 북부위였지만 부임하자마자 떠들썩한 일을 벌이면서 낙양 사람들의 시선을 집중시켰다. 낙양의 권세가들은 잠시 숨을 죽이고 언행을 삼가며 돌아가는 상황을 지켜봤다. 다들 법을 어기지 않도록 조심하면서 사태를 관망했다. 조조가 정말 말한 대로 행동할지, 단순히 대문 수리나 하고 허세를 부리는 것인지 아직 알 수 없었다.

이렇게 몇 달이 지나자 좀이 쑤셔 참을 수 없었던 한 사람이 결국 조조 관할 지역에서 법을 어기고 말았다. 몇 달 동안 얌전히 지내느라 손이

난세의 리더 조조

근질근질하고 답답해 미치기 일보 직전이었던 것이다. 조조는 이 기회를 놓치지 않고 가장 강력한 세 번째 횃불을 들어 올려 낙양 전체를 큰 충격에 빠뜨렸다.

어떤 일이 있었는지 당시 사건 현장으로 돌아가 보자.

174년 어느 깊은 밤, 모두가 잠든 시간이라 인적이 끊긴 지 오래였다. 낙양북부위 조조가 오색봉을 쥔 부하들을 데리고 관할 지역을 순찰하고 있었다. 잠시 후, 멀리서 사람 형체가 어른거렸다. 이 늦은 시간에 감히 대로를 활보하는 자가 누구일까? 조조는 경계를 강화하고 부하들과 함께 앞으로 달려가 그 사람을 에워쌌다.

"뭐 하는 놈이냐? 감히 이 조조의 관할 구역에서 야간 통금을 어기다니!"

옛날 사람들은 깊은 밤의 짙은 어둠이 범죄를 부추긴다고 생각했다. 오늘날처럼 과학기술이 발달하지 않았기 때문에 야간 통금이 범죄를 예방하는 최선의 방법이었다. 잠시 야간 통금에 대해 알아보자. 진한 시대의 도시 구조는 이방제^{里坊制}였다. 도시 전체를 바둑판처럼 가로세로 직선으로 나누어 네모반듯한 주거지 여러 개를 만들었는데, 이 주거지를 이방이라고 불렀다. 이방 전체를 높은 담으로 둘러싸고 이문^{里門}으로 출입했다. 매일 아침 정해진 시간에 이문이 열리면 자유롭게 출입할 수 있지만, 밤이 되면 정해진 시간에 문을 닫았다. 이문이 닫힌 후에 바깥을 돌아다니면 야간 통금을 어긴 죄로 처벌받았다. 매일 밤 치안관은 통금을 어기는 자가 없는지 성안 곳곳을 순찰했다.

야간 통금 위반죄를 범야^{犯夜}라고 했는데, 한나라 법률에서 범야를 어떻게 규정하고 어떻게 처벌했는지 살펴보자. 한나라 자료가 남아 있지 않

당률소의唐律疏議

《영휘율소》(永徽律疏)라고도 함.
당나라 고종 영휘 시대에 완성한
법전으로 현존하는 중국 최초의
법전으로 매우 완전한 형태로 전
해지고 있다.

아 당시 상황은 알 수 없으나 당나라 사례를 참고
해 추측해보자. 《당률소의》唐律疏議 〈잡률〉雜律 기록
에 따르면, 야간에 이유 없이 외출해 야간 통금
을 위반한 자는 대나무 막대기 태형 20대에 처했
다. 만약 외출한 이유가 명확하면 처벌하지 않는
다. 예를 들어 가족의 목숨이 위급한 상황이라 의원을 데리러 가야 하거나
국가가 승인한 공무 집행 중인 경우이다. 처벌 수위로 보아 범야는 비교적
가벼운 범법 행위였다.

다시 조조 이야기로 돌아가서, 조조와 부하들에게 포위당한 범야 당
사자는 갑작스러운 상황에 매우 놀랐다.

'갑자기 이 많은 사람이 어디서 튀어 나왔지? 다들 엄청 큰 곤봉을 들
고 있잖아?'

그런데 놀란 가슴을 진정시키고 보니 도적떼가 아니라 관부 사람들이
었다. 관복 색깔로 상대가 신임 낙양북부위임을 알았다. 그제야 긴장을 풀
고 조조 앞으로 걸어가 크게 소리쳤다.

"난 건씨이고 내 조카가 건석蹇碩이야. 그런데 감히 내 앞을 가로막아?"

건씨는 코웃음을 치고 어깨에 힘을 주며 관리들을 밀어냈다. 잘못을
인정하기는커녕 기고만장했다.

건씨가 말한 조카 건석은 대체 어떤 인물일까? 건석은 유명한 소황문
小黃門이었다. 소황문은 황제 바로 곁에서 시중을 드는 환관으로 관직 자체
는 높지 않았다. 녹봉이 6백 석 수준으로 낙양북부위보다 겨우 한 단계 위
였다. 하지만 건석은 그냥 소황문이 아니라 당시 영제가 가장 총애하는 환
관이었다. 역사 기록에 따르면 건석은 '몸이 건장하고 무예 실력이 뛰어나

고 군사 지식까지 갖춘 인물'이었다고 한다. 188년에 영제가 황실 경비를 털어 무장 호위대를 만들었는데, 이들을 이끈 소장파少壯派 군관을 서원팔교위西園八校尉라 불렀다. 서원팔교위의 서열 2위가 원소, 4위가 조조였고, 이 둘을 제친 서열 1위가 바로 건석이었다. 영제는 죽음을 앞두고 건석을 탁고托孤 신하로 임명해 후사를 맡기기까지 했다.

소황문 건석에 대한 황제의 총애가 이 정도였으니, 건석의 숙부가 관부에서 조사를 받을 때 조카 건석의 이름을 들먹이는 방법은 언제나 효과 만점이었다. 심문하는 관리들은 건석의 숙부라는 말에 지레 겁을 먹고 바로 풀어주곤 했다. 건석 숙부는 조조를 만난 날에도 낙양북부위고 뭐고 또다시 건석의 이름을 들먹였다.

'내가 건석의 숙부인데, 감히 날 건드리려고?'

그는 조조가 다른 사람들처럼 조용히 물러설 줄 알았다. 하지만 이 생각은 치명적인 오판이었다. 사람을 잘못 봐도 한참 잘못 봤다. 조조는 절대 이런 협박이 통할 사람이 아니었으니까. 조조는 건석이라는 이름을 듣고도 무표정하게 명령했다.

"매우 쳐라. 죽도록 패라!"

조조의 부하들은 명령이 떨어지자마자 건석의 숙부를 에워싸고 오색봉으로 흠씬 두들겨 팼다. 고요한 밤거리에 울려 퍼지는 비명이 처참하다 못해 섬뜩할 정도였다. 비명이 점점 약해지면서 간간이 신음만 들리다가 나중에는 곤봉으로 내려치는 퍽퍽 소리만 남았다. 매질을 멈추고 물러서자 피범벅이 된 시체가 드러났다. 든든한 뒷배를 믿고 안하무인이던 건석의 숙부는 겨우 야간 통금을 어긴 죄로 길거리에서 조조에게 무참히 맞아 죽었다.

관직자의 자기 어필

조조는 왜 건석의 숙부를 죽이기까지 했을까? 급기야 조조가 미친 것인가?

이 사건은 법률적인 분석만으로는 이해하기 힘들다. 법률적인 관점에서만 보면 건석 숙부의 죄는 죽을죄가 아니므로 조조의 처분이 확실히 과하고 잘못됐다. 따라서 이 사건은 법률 이외의 관점, 특히 '술'術의 관점으로 분석해야 한다.

우선 '술'이 무엇인지 알아보자. 《설문해자》說文解字에서 '술은 마을의 길이다.'術, 邑中道也라고 했다. 길이란 수단, 방법, 책략 등으로 확대 해석할 수 있으며 법가 전문용어 법法과 대응하는 말이다. 《한비자》에서는 '군왕의 가장 큰 무기는 법과 술이다.'人主之大物, 非法則術也라고 했다. 쉽게 말해 법은 공개적으로 확정된 법률이고, 술은 상황에 따라 바뀌는 비공개적인 수단이다. 고대 중국 사회는 법 적용이 엄격했을 것 같지만 사실 술을 이용한 사례가 많았다. 술의 이면을 이해하지 못하면 법의 정도도 이해하기 힘들다. 훗날 술의 대가가 되는 조조가 권문귀족을 때려죽인 사건을 술의 관점에서 분석하면 다음과 같은 세 가지 특징이 있다.

첫째, 가벼운 죄를 중형으로 다스렸다.

가벼운 죄를 중형으로 다스리는 방법은 법가에서 내세우는 중요한 범죄 예방법이다. 현대 법률은 죗값에 상응하는 형벌을 내리는 것이 원칙이다. 가벼운 죄는 가볍게 처벌하고 중범죄는 큰 벌로 다스리는 것이 당연한 이치이다. 그러나 법가의 관점은 다르다. 《상군서》商君書에 '형벌을 내릴 때, 경범죄를 중형으로 다스리면 가벼운 죄가 생기지 않으니 중범죄도 생기지

난세의 리더 조조

않는다.'라는 말이 있다. 가벼운 죄를 중형으로 다
스린다는 말은 가벼운 죄를 지어도 큰 죗값을 치
러야 한다는 뜻이다. 대다수 범죄자는 범죄를 계
획하면서 처벌 수위로 위험 부담을 가늠하기 마
련이다. 만약 처벌 수위가 높은 범죄라면 위험 부
담이 크기 때문에 상식적으로 범죄를 저지르지
않을 것이다. 살인과 같은 중범죄는 이미 사형이

상군서商君書

전국 시대 법가의 대표 인물 상앙
과 그 제자들의 글을 모아 편찬한
법가의 대표 저서. 경제, 정치, 군
사, 법률 등 국가의 중요 문제를
다뤘다. 유비가 임종 직전 태자
유선에게 필독서로 권한 책 중 하
나라고 한다.

라는 가장 큰 벌로 다스리고 있으니 더 무거운 벌을 내릴 수 없다. 그래서
법가에서는 경범죄를 중형으로 다스려 위험 부담을 높였다. 경범죄를 미
연에 방지하면 중범죄도 사라진다고 본 것이다. 건석의 숙부가 야간 통금
을 어긴 것은 경범죄에 해당하지만 그 자리에서 맞아 죽었다. 이는 조조가
'경범죄를 중형으로 다스린다.'는 법가 이론을 실천한 것이다.

둘째, 일벌백계一罰百戒의 목적이다.

당시 낙양은 수많은 이해관계가 뒤얽혀 온갖 범죄가 성행했지만 조
조 혼자 싸우는 데는 한계가 있었다. 더구나 이때는 대다수가 저지른 죄
는 묻지 않는다는 말이 통용되는 사회였다. 너무 많은 사람을 처벌하면 반
발심이 커져 오히려 조조의 입장이 불리해질 수도 있었다. 그래서 법가의
술에 해당하는 일벌백계를 활용했다. 상징적인 본보기를 보여주면 비슷한
사건의 반복을 막을 수 있다. 문제는 어떻게 '일벌'해야 최상의 '백계' 효과
를 얻을 수 있느냐이다. 고대 병서 《육도》六韜에 '죽이려면 신분이 높은 자
를 죽이고, 상을 내리려면 신분이 낮은 자에게 내려라.'라는 말이 있다. 신
분이 가장 낮은 자가 상을 받았으니 신분이 높은 자도 당연히 상을 받으리
라 기대하기 때문에 전체의 사기를 진작시킬 수 있다. 신분이 높은 자를 벌

하면 신분이 낮은 자들은 알아서 조심하기 때문에 처벌의 효과가 훨씬 높아진다. 신분이 낮은 자에게 상을 주고, 신분이 높은 자를 벌하는 방법은 법가와 병가의 대표적인 '술'이다. '죽이려면 신분이 높은 자를 죽여라.'에 딱 들어맞는 인물이 바로 건석의 숙부였다. 이 자는 늘 공공연히 범죄를 저질러 온 터라 이미 많은 사람이 주목하고 있었다. 이 산을 넘지 못하면 권문귀족들은 대놓고 조조를 무시할 것이고 낙양북부위의 위엄도 바닥에 떨어질 터였다. 조조 입장에서는 이번 기회에 확실한 본보기를 보여야 했다. 그토록 대단한 뒷배가 있는 건석의 숙부가 길에서 맞아 죽을 정도이니 나머지 사람들은 위법을 저지르기에 앞서 자기 처지를 생각하지 않을 수 없었다.

셋째, 자기 어필의 목적이다.

이미 말했듯 조조는 환관의 손자이지만 태학에 들어간 후 환관 무리와 확실히 선을 긋고 이미지를 쇄신하기로 결심했다. 이렇게 보란 듯이 건석의 숙부를 때려죽였으니 자신의 의지를 확실히 알린 셈이었다. 자기 어필은 병가와 법가에서 사용하는 술의 하나로, 미디어가 발달한 현대 사회에서도 통용되는 법칙이다. 일찍이 강태공姜太公은 말했다.

'미치지 않으면 그 이름을 드러낼 수 없다.'
_《주서》周書를 인용한 《태평어람》太平御覽의 기록

평범해서는 유명해질 수 없으니 이름을 떨치려면 특이하고 남다른 모습을 보여줘야 한다는 뜻이다. 대중의 이목을 끌어 유명해지려면 미친 행동도 불사해야 한다. 조조는 미쳤나 싶을 만큼 과감하게 법을 집행함으로

난세의 리더 조조

써 환관 세력에 저항하는 영웅, 권문세가에 굴하지 않는 투사의 이미지를
제대로 각인시켰다.

하지만 다른 관점에서 보면, 공을 세우는 데 급급한 나머지 악독하고,
목적을 위해 수단과 방법을 가리지 않는 조조의 부정적인 성격을 고스란
히 드러냈다. 또한 법과 제도를 무시한 채 가혹한 형벌을 서슴지 않는 모습
에서 법과 제도보다 권모술수를 우선시했던 조조 사상의 부정적인 면도
엿볼 수 있다. 이런 부정적인 모습은 지위가 올라가 일거수일투족에 시선
이 집중되면서 더욱 많이 부각됐다. 훗날 조조에게 쏟아진 비난은 대부분
이런 모습에서 기인했다.

조조가 건석의 숙부를 때려죽인 사건은 결과적으로 3가지 효과가 있
었다. 첫째, 낙양 사람들이 조심스럽게 행동해 범죄를 저지르지 않았다.《조
만전》을 인용해 주해한《삼국지》〈무제기〉기록) 덕분에 낙양의 범죄율이 크게 줄
어 치안 상태가 매우 좋아졌다. 둘째, 이름을 널리 알려 낙양에서 조조를
모르는 이가 거의 없을 정도였다. 셋째, 환관 세력이 조조에게 이를 갈기
시작했다. 동한의 역사 이래 환관은 늘 괴롭히는 쪽이었지, 당하는 쪽이
아니었다. 그런데 조조라는 애송이 녀석이 그들 머리 위에 올라앉으려 하
니 도저히 참을 수 없었다. 이에 환관들도 반격을 준비했다.

하루아침에 큰 명성을 얻은 조조는 이 사건에 무서운 대가가 도사리
고 있음을 아직 인지하지 못했다.

삼기삼락三起三落의 서막

조조가 건석의 숙부를 때려죽였으니 건석이 속한 환관 세력이 조용히 넘어갈 리 없었다. 늘 그래왔던 것처럼 보복을 준비했다. 그런데 막상 조조의 뒷조사를 해 보니 너무 당황스러웠다. 일단 조조의 아버지가 사례교위 조숭이었다. 사례교위는 간단히 무시해버릴 관직이 아니었다. 더욱 놀라운 것은 조조의 할아버지가 그들의 대선배라는 사실이었다. 환관들은 매우 난처했다. 보복하고 싶기는 한데 조씨 집안의 반응을 걱정하지 않을 수 없었다. 어찌 보면 자기 사람이나 마찬가지인데 이렇게 적진으로 밀어낼 수는 없지 않은가? 그렇다고 그냥 가만있자니 도저히 분을 삭일 수가 없었다. 또한 환관들 모두 낙양에 사는 친척과 지인이 많았는데, 이 중 상당수가 범죄 기록이 있었다. 건석의 숙부가 맞아 죽었으니 다들 언제 자기 차례가 될지 몰라 하루하루 불안해 죽을 지경이었다. 어떻게 해야 할까?

　　환관들은 머리를 맞댄 끝에 어쩔 수 없이 한발 물러서는 방법을 선택하고 영제에게 이렇게 고했다.

　　"최근 낙양북부위 조조가 엄정하게 법을 집행해 훌륭한 모범이 되었으니, 전례를 깨고 중히 등용하길 바라옵니다."

　　환관들은 이 말을 하면서 피가 거꾸로 솟았을 것이다. 한편 영제는 일이 재미있게 돌아간다고 생각했다.

　　"낙양북부위 조조의 일은 짐도 들었소. 건석의 숙부를 때려죽였다지. 그런 자를 승진시키라니 그대들도 참 대단하오. 그렇다면 그자에게 어떤 관직을 줘야겠소?"

　　환관들은 분을 참으며 대답했다.

　　"뭐든 상관없고, 낙양에 두지만 않으면 됩니다. 낙양에서 멀면 멀수록 좋습니다."

　　　　　　　　　　　　　　　　　　　　　　　　　난세의 리더 조조

"이렇게 하지. 둔구頓丘현에 마침 현령 자리가 비었으니, 조조를 둔구령에 임명하라."

조조는 23살 되는 해에 낙양북부위에서 둔구령으로 승진했다. 이는 모두가 원한 결과였다. 환관 세력은 자신들을 못 잡아먹어서 안달 난 저승사자가 사라져 너무 기뻤다. 낙양이 다시 환관 천하가 되어 마음껏 나쁜 짓을 저질러도 트집 잡을 사람이 없게 되었다. 조조는 더욱 기뻤다. 드디어 현령이 되어 현 전체를 쥐락펴락할 수 있게 됐으니까. 젊은 나이에 뜻을 이루어 득의양양했지만 결과적으로 보면 김칫국부터 마신 셈이었다. 20살에 벼슬길에 오른 조조는 이때부터 등용과 좌절을 반복하며 파란만장한 삼기삼락 관리 인생을 경험한다. 효렴 천거와 낙양북부위를 거쳐 둔구령으로 승진한 것까지는 그야말로 순풍에 돛 단 격이었다. 하지만 이것은 조조의 굴곡진 관직 인생에서 첫 오르막이었을 뿐이다. 그렇다면 곧 다가올 첫 내리막은 어떻게 시작됐을까?

공교로운 사건에 휘말려 다시 원점으로

178년에 조조의 친척이 모함을 당해 큰 화를 당했다. 이 사건이 조조에게까지 영향을 끼쳐 둔구령에 부임한 지 얼마 되지 않아 관직을 내놓아야 했다. 대체 어떤 친척의 어떤 사건에 연루된 것일까? 이 이야기는 꽤 복잡해서 머리가 아플 수도 있지만 차분하게 읽어보길 바란다.

조조의 아버지 조숭, 조숭의 남자 형제의 딸, 즉 조조에게 사촌 여동생이 있었다. 이 사촌 여동생 남편의 이름이 송기宋奇이고, 송기의 여동생 송씨의 남편이 황제 영제였다. 다시 말해 송씨는 한나라의 황후였다. 여기에 한 사람 더, 송씨의 고모가 발해渤海 왕비였다. 즉 고모의 남편이 환제의 동생인 발해왕 유리劉悝이다. 인물 소개가 끝났으니 본격적으로 이야기를 풀어 보자.

환제 시대에 발해왕이 잘못을 저질러 봉지가 삭감된 일이 있었다. 봉지가 줄면 당연히 주머니 사정이 빠듯해진다. 그래서 유리는 당시 권세가 가장 대단한 환관 왕보王甫를 찾아가 봉지와 수입을 원상 복구해 주면 오천만 전을 주겠다고 약속했다. 하지만 막강한 권력을 쥔 왕보는 돈이 아쉬운 형편이 아니었던 터라 별로 신경을 쓰지 않았다.

그런데 환제가 임종 직전에 봉지 삭감으로 힘들게 살고 있을 동생을 떠올리고 가련한 마음이 들어 봉지를 회복시키라는 유언을 남겼다. 이 소식을 들은 왕보가 손 안 대고 코 풀 욕심에 유리에게 돈을 받아오라고 사람을 보냈다. 유리는 '이게 네 놈이랑 무슨 상관인데? 무슨 낯짝으로 감히 돈을 달래?'라며 단칼에 거절했다. 돈을 받지 못한 왕보는 '감히 환관을 무시해?'라며 크게 분노해 곧장 영제를 찾아가 유리를 모함했다.

"선제께서 승하할 당시 유리가 장안에 쳐들어와 황제가 되려는 야심을 품었습니다. 반드시 반역죄로 엄히 다스려야 합니다. 살려 두면 큰 후환이 생길 것입니다."

이로 인해 유리는 결국 스스로 목숨을 끊고 왕비와 후궁 11명, 자녀 70명, 시녀 24명이 옥중에서 죽었다.

발해왕 부부가 죽은 후 왕보는 오히려 불안해졌다. 영제와 한 이불을 덮고 자는 송 황후가 발해 왕비의 조카딸이기 때문이다. 매일 영제와 붙어 있는 송 황후가 베갯머리송사로 자신을 황천길로 보내버릴 수 있으니 잠시도 마음을 놓을 수 없었다. 쇠뿔도 단김에 빼랬다고 왕보는 언제 터질지 모를 시한폭탄을 미리 제거하기로 결심했다.

한나라 시대에 남자를 모함하는 가장 좋은 죄명은 반역죄이고 여자를 모함하는 가장 좋은 죄명은 무고巫蠱였다. 무고란 무술巫術로 누군가를 저주하는 것이다. 저주는 형체나 흔적이 없으니 말을 지어내 모함하기 딱 좋은 죄명이다. 왕보는 영제와 송 황후 사이가 벌어진 틈을 놓치지 않고 재빨리 상소를 올렸다.

"믿을 만한 소식통 정보에 따르면 송 황후가 몰래 폐하를 상대로 무술을 부리고 있다고 합니다."

송 황후와 사이가 좋지 않은 데다 황후의 고모까지 처형했으니 영제도 송 황후를 곁에 두기 찜찜했다. 곧 조서를 내려 송 황후를 폐위시키고 냉궁冷宮으로 보냈다. 얼마 뒤 불운의 폐황후는 냉궁에서 죽음을 맞이했다.

그 후 송 황후의 아버지, 형제까지 줄줄이 처형됐다. 이때 조조의 사촌 매부 송기가 죽고 조조도 이 일에 연루됐다. 결국 조조는 둔구령에서 파면되어 평범한 백성이 됐다.

만약 여러분이 조조라면 억울하지 않겠는가? 억울하다 못해 어이없고 황당했을 것이다. 고대 역사에 이런 연좌죄가 빈번하긴 했지만 발해왕에서 시작된 역모죄가 발해왕의 아내 송 왕비, 송 왕비의 조카 송 황후, 송 황후의 오빠 송기, 송기의 아내 조씨를 거쳐 조씨의 사촌 오빠 조조까지 연루시킨 것은 너무 멀리 간 것이 아닐까? 이 사건은 좀처럼 이해하기 어렵다. 한마디로 정리하면 무망지재無妄之災, 즉 뜻하지 않은 재난인 셈이었다.

《주역》에 총 64괘가 나오는데, 63괘는 어떤 형세에 어떻게 대처해야 하는지 설명해 주지만 딱 하나 예외인 아주 특별한 무망괘라는 것이 있다. 무망괘는 아무리 최선을 다하고 온갖 방법을 다 동원해도 전혀 상상할 수 없는 문제가 일어나 결국 화를 당할 수밖에 없는 상황을 뜻한다. 이것은 본인의 내부 요인으로 발생하는 것이 아니기 때문에 미리 예측하고 예방할 방법이 없다. 그래서 본인과 전혀 상관없는 일로 화를 당하는 경우를 무망지재라고 한다.

무망지재에 대처하는 방법이 전혀 없지는 않다. 《주역》에서는 무망지재를 당하면 본인의 문제가 아니므로 정도를 유지해야 한다고 말한다. 무조건 실패로 단정 짓고 실패를 교훈 삼는다는 명목으로 방향을 수정하지 말라는 뜻이다. 그러므로 무망지재를 당했을 때는 섣부른 생각이나 행동을 삼가고 기존 방법을 유지하며 잠시 멈추는 것이 기본이다. 무망지재일 때는 어디로 가든 무엇을 하든 무망지재를 벗어날 수 없다.

이 무망지재가 조조에게 닥쳤다. 아무리 똑똑하고 철두철미해도 사돈의 팔촌 때문에 관직이 날아가리라고는 상상도 못했을 것이다. 하지만 어찌 보면 이번 좌절은 필연적이기도 했다. 조조가 건석의 숙부를 때려죽이면서 환관 세력의 미움을 샀지만 결과적으로 보복은커녕 오히려 관직이 올라갔다. 그런 결과 자체가 매우 비정상적이었다. 세상에 절대 공짜는 없다. 어느 날 하늘이 갑자기 행운을 안겨 줬다면 언젠가 무망지재가 찾아와 이자까지 붙여서 운을 빼앗아가는 법이다. 환관 세력이 처음에는 트집 잡을 방법이 없어 일단 낙양에서 쫓아내려고 조조를 승진시켰던 것인데 발해왕 역모죄에 송 황후 무고죄까지 엮으니 조조가 아무리 먼 친척이라도 피해 갈 수 없었던 것이다. 이것이 조조가 관직 인생에서 처음으로 겪은 좌절이다.

어쨌든 결승점에 도달하지도 못하고 다시 원점으로 돌아갔다. 24살에 관직에서 파면당해 의기소침해진 조조는 초라하게 고향 초현으로 돌아갔다. 10년 만에 빈손으로 고향에 돌아왔으니 아깝게 청춘만 낭비한 셈이었다.

자고로 인생은 마음대로 되지 않을 때가 훨씬 많은 법이다. 불행은 스스로 자초하기도 하지만 하늘이 내리기도 한다. 조조의 첫 번째 좌절은 하늘이 내린 불행이었다. 하지만 위기가 기회라는 말이 있다. 지금까지 조조의 인생은 너무 순탄하기만 해서 인생에 대해 깊이 생각해 볼 기회가 없었다. 선대가 닦아 놓은 길을 본인의 능력인 줄 알고 세상을 우습게 생각했다. 이런 상황이라면 한번 좌절을 겪어볼 필요가 있다. 일찍이 맹자^{孟子}는 하늘이 내린 불행에 대해 '하늘이 이 사람에게 큰일을 맡기려는 것이다.'라고 말했다. 이 좌절은 결국 조조를 시험하고 단련시키는 계기가 되었다. 조조의 인생은 갈면 갈수록 날카로워지는 칼과 같았다.

5장

삼기삼락

조조는 둔구령에서 파면된 후 다시 조정에 등용됐다. 그러나 좋은 시절은 오래가지 못하고 몇 년 후 다시 관직을 잃었다. 지략이 뛰어나고 정치 야망이 컸던 조조의 벼슬길은 왜 이렇게 험난했을까? 조조는 잔혹한 현실 앞에서 무엇을 깨달았을까? 원래 본분에 충실한 관리였던 조조는 왜 한나라 조정에 반기를 들고 결국 난세의 간웅이 되었을까?

부패 척결, 청렴한 관리의 피가 흐른다

조조의 관직 인생 삼기삼락 중 한 번의 등용과 한 번의 좌절이 지나갔다. 그다음 두 번째 등용은 영제 덕분이었다. 이쯤에서 영제가 어떤 인물인지 자세히 알아보자.

영제의 이름은 유굉劉宏, 12살에 황위에 오르고 34살에 사망했다. 그리 길지 않은 인생에도 백성에게 끊임없는 고통을 안겨 주어 중국 역사에 길이 남을 혼군의 전형이 되었다.

중국의 혼군들은 다들 취미 생활을 즐겼다. 송나라 휘종徽宗은 서화를 좋아해 수금서瘦金書의 대가가 되었다. 남당南唐 후주後主 이욱李煜은 시와 사詞를 좋아했는데, 특히 사의 대가로 꼽힌다. 그렇다면 한나라 영제는 어떤 대단한 취미가 있었을까? 영제의 취미는 장사였다. 영제는 후궁에 시장을 만들고 궁녀에게 생산자와 소비자를 연기하게 하고 본인은 장사꾼 역할을 맡아 가격을 흥정하고 물건을 사고 팔았다. 오늘날 라이프 시뮬레이션 게임의 시조였던 셈이다. 영제는 이 취미를 놀이로만 즐기지 않고 장사꾼 기질을 발휘해 실제로 황실 수익을 증대시켰다. 대체 어떤 방법으로 수익을 올렸을까? 답은 매관매직이다.

매관매직은 중국 역사에 아주 흔한 일이었다. 진나라부터 청나라까지 돈과 값나가는 물건, 혹은 기부를 통해 공식적으로 낮은 관직을 살 수 있었다. 이 외에도 나라 재정 상태가 좋지 않을 때 실권이 없는 한직閑職을 팔기도 했다. 돈으로 관직을 산 사람은 당연히 학식이 낮고 능력도 없었다.

그러나 영제 시대의 매관매직은 아주 특별했다. 지방 현령은 물론 삼공에서 구경九卿까지 조정의 모든 관직에 정확히 가격을 책정해 놓았다. 황제만 빼고 나머지 관직은 모두 사고 팔았다. 중국 역사를 통틀어 이렇게 특별한 상품을 취급하는 상점은 어디에도 없었다. 이 상점은 일시불 현금 외에 할부 거래도 가능했다. 사정이 여의치 않아 지금 당장 관직을 살 현금을 마련하지 못해도 문제없었다. 일단 선금만 납부하고 관리로 부임한 후 백성을 착취하면 나머지 금액에 이자까지 쳐서 갚을 수 있었다.

이런 황제가 나라를 다스리고 있으니 백성들의 삶이 어땠을까? 일일이 다 말할 수 없으니 가장 대표적인 사례만 소개하겠다.

'하내군河內郡과 하남군河南郡에 아내가 남편을 먹고 남편이 아내를 먹는 참극이 발생했다. _《후한기》〈영제기〉

하내군과 하남군은 사례교위 관할 범위에 속해 수도 낙양에서 가깝고 비교적 풍요로운 편이었다. 이런 곳에서 식인食人 참극이 벌어졌으니 다른 지역 상황은 말할 것도 없으리라.

중국 역사를 보면 기록적인 대기근 시대에 간혹 식인 문제가 발생하곤 했다. 역사 기록에 '뼈를 쪼개 불을 피우고 자식을 바꿔 잡아먹는다.'는 말이 있다. 아이는 약자인 데다 일할 능력이 없어 양식만 축내기 때문에 가장 먼저 잡아먹었다. 하지만 양심상 도저히 자기 자식을 먹을 수 없으니 다른 집 아이와 바꿨던 것이다. 영제 시대의 식인 참극은 한술 더 떠서 부부가 서로를 잡아먹는 지경에 이르렀다. 아내가 남편을, 남편이 아내를 잡아먹는다면 자식은 이미 다 잡아먹었다는 뜻이다. 흔히 도탄에 빠진 백성을 비유할 때 수심화열水深火熱(물이 깊고 불이 뜨겁다)이라는 성어를 사용하는데 수심화열과 비교도 안 될 만큼 처참한, 그야말로 지옥 그 자체였다.

영제는 대단한 혼군이지만 망국亡國 군주가 되고 싶지는 않았다. 이욱이 〈망강남〉望江南에서 '수레는 흐르는 물처럼, 말은 용처럼 길게 늘어서고 꽃 피고 달 밝은 봄이었네.'車如流水馬如龍, 花月正春風.라고 노래한 것처럼 혼군은 흥청망청 즐기면 그만이다. 하지만 망국 군주는 '끝없는 강산이여, 떠나긴 쉬워도 다시 보긴 어렵구나.'無限江山, 別時容易見時難.라는 이욱의 〈낭도사〉浪淘沙 시구처럼 꿈에서 지난날의 즐거움을 그리워하는 신세가 된다. 영제는 본인이 살아있는 동안에만 나라가 망하지 않으면 그뿐, 자기가 죽은 후에 하늘이 무너지든 땅이 뒤집히든 상관없었다.

그래서 영제는 180년에 조서를 내렸다.

'짐이 인재 네 명을 선발할 것이다. 이 넷은 각각 《상서》尚書, 《시경》, 《춘추좌씨전》春秋左氏傳, 《춘추곡량전》春秋穀梁傳에 능통해야 한다. 이들을 의랑議郎에 등용해 짐의 곁에서 어려운 문제를 해결하도록 할 것이다.'

책만 읽고 학문이 뛰어난 사람으로 기울어가는 나라를 일으킬 수 있을 것이라고 생각했다니, 정말 고리타분하고 순진하기 짝이 없다.

한편 조조는 영제의 순진한 조서 덕분에 재기의 기회를 얻었다. 이 기회를 제대로 잡고 의랑이 되어 삼기삼락의 두 번째 등용에 성공했다.

그런데 의랑은 어떤 관직일까? 《후한서》〈백관지〉百官誌에 따르면 의랑은 '고문顧問에 응대應對하는 사람'이라 했다. 기본적으로 늘 황제 곁을 지켜야 했고, 황제가 어려운 문제에 맞닥뜨릴 때 질문하면 해답을 내놓아야 했다. 녹봉이 6백 석이니 체계상 그리 높은 관직은 아니었다. 녹봉이 4백 석인 낙양북부위보다 조금 높고 1천 석인 둔구령보다 훨씬 낮았다. 하지만 의랑은 기본적으로 표현의 자유가 있다. '말하는 자는 죄가 없고 듣는 자가 경계로 삼는다.'라는 말처럼 국정 운영에 필요한 의견을 최대한 많이 제시할 수 있도록 어떤 말에도 책임을 묻지 않았다.

조조는 바로 이 점이 마음에 들었다. 혈기왕성한 정치 신예 조조는 나름 혼란스러운 조정에 대한 통찰과 견해를 축적한 상태였다. 그래서 의랑이 되자마자 당당하게 관직을 내걸고 조정에 필요한 의견을 끊임없이 내놓았다. 하지만 조조의 의견은 대부분 소 귀에 경 읽기였다. 수백 년 이어온 한나라의 복잡한 체제를 한낱 의랑 따위가 어떻게 바꿀 수 있겠는가? 하지만 조조는 크게 개의치 않았다. 황제가 듣든 말든 본분을 다해 열심히 의견을 제시했다. 어쩌면 하나쯤은 통할지도 모르니까.

역시 노력은 배신하지 않는 법이다. 조조가 꽤 규모가 큰 탐관오리의 부패 사건을 고발했는데, 이것이 통했다. 영제가 조조의 의견을 높이 평가한 것이다. 그러나 결과적으로 조조는 이 일로 큰 절망감을 느꼈다. 대체 무슨 일이 있었던 것일까? 먼저 이 부패 사건의 전말을 알아보자.

동한 말기 나날이 관리가 부패하자 백성들이 탐관오리를 풍자하는 민요를 만들었다. 그중에 사천 지역의 관리 윤씨를 풍자하는 동요가 널리 퍼졌다.

'강도를 만나면 도망갈 수 있지만 윤 대인을 만나면 도망갈 수 없다. 칼을 들

고 스스로 목숨을 끊을 수밖에 없다.'_《후한서》〈남만전〉^{南蠻傳}

요즘처럼 미디어가 발달하지 못했으니 옛날에는 이런 민요가 입에서 입으로 퍼져 나갔을 것이다. 그만큼 민요는 민간의 실상을 있는 그대로 보여준다. 달리 민심을 드러낼 방법이 없었으니 고대 군주는 민요 수집을 통해 민심을 파악하곤 했다. 한나라 때 채풍采風 제도가 있었는데 풍風이란 지역 상황을 반영한 민요를 의미한다. 보통 정기적으로 각 지역에 관리를 파견해 민요를 수집한 후 문장으로 정리해 곡을 붙이고 궁에서 부르도록 했다. 그리고 이 내용을 국정 운영에 참고했다.

영제는 '강도를 만나면 도망갈 수 있지만 윤 대인을 만나면 도망갈 수 없다. 칼을 들고 스스로 목숨을 끊을 수밖에 없다.'라는 민요를 듣자마자 조서를 내렸다.

'백성들 민요에 등장한 관리가 누구인지 샅샅이 조사해서 명단을 올려라. 짐은 이런 탐관오리를 모두 파면할 것이다.'

여기까지만 보면 아주 좋은 것 같지만 당시 한나라 조정은 이미 썩을 대로 썩은 상태였다. 일찍이 안제安帝 시대에 흠차관欽差官 8명에게 마차를 준비해 주고 지역의 부정부패 상황을 순시하도록 했다. 이 중 7명은 마차를 타고 순시를 떠났는데 마지막 한 명 장강張綱이 도끼로 수레바퀴를 내리찍었다. 사람들이 왜 그러냐고 묻자 장강이 정색하며 대답했다.

"가장 큰 탐관오리가 낙양에 있는데 지방을 순시해봤자 무슨 소용이 겠소?"

안제 시대에도 그랬으니 영제 시대는 어땠겠는가? 더하면 더했지 덜할 리 없었다. 안제 때는 장강처럼 강직한 인물이 있었으니 그나마 다행이었다. 영제의 조서를 받고 민요 수집과 부정부패 조사를 담당한 책임자는 바로 태위와 사공이었다. 이 두 사람은 한나라에서 가장 높은 관리이자 대표적인 탐관오리였다. 이런 사람들을 책임자로 임명했으니 결과는 불 보듯 뻔했다.

체제가 이미 썩은 상황에서 반부패 투쟁을 해봤자 또 다른 부패를 야기할 뿐이다. 태위와 사공은 이것을 기회 삼아 또다시 뇌물을 받아 주머니를 불릴 궁리를 했다.

"백성들이 지은 민요에 누가 등장했는지는 중요하지 않아. 돈을 넉넉히 내는 사람은 명단에서 이름을 지워 주겠다."

탐관오리는 당연히 돈이 많았고 관직만 유지하면 돈은 다시 벌 수 있었다. 그래서 아깝기는 하지만 태위와 사공에게 거금을 바쳤다. 문제는 그다음이었다. 탐관오리 이름을 지우고 나니 명단에 적을 이름이 없었다. 황제에게 빈 명단을 올릴 수는 없지 않은가? 하지만 태위와 사공에게는 전혀 문제가 되지 않았다. 이들은 가난한 작은 마을의 청렴한 관리를 찾아 명단에 적었다. 가난하고, 청렴하고, 뒷배가 없는 관리의 이름을 명단에 적고 이들이 백성들의 민요에 등장한 탐관오리라고 황제에게 보고했다.

황제를 제외하고 한나라에서 가장 높은 자리에 있는 태위와 사공이 대놓고 부정부패를 저지른 셈이었다. 조조는 탄핵을 담당하는 의랑으로서 당연히 보고만 있을 수 없었다. 삼공 중 나머지 한 명인 사도 진탐陳耽은 태위, 사공과 달리 정직한 인물이었다. 조조는 진탐과 함께 태위와 사공의 비리와 범죄 행위를 고발하는 상소문을 올렸다.

태위와 사공은 자기 사람이면 부정부패를 저질러도 명단에 올리지 않았습

　　　　　　　　　　　　　난세의 리더 조조

니다. 오히려 청렴하고 훌륭한 관리들만 잡아들이고 부패한 관리는 그대로 놔뒀습니다. _《후한서》〈유도전〉劉陶傳

이 상소문은 사도 진탐이 함께 참여했기 때문에 영제에게 전달되는 데는 문제가 없었다. 그 후에 어떻게 되었을까? 일단 영제가 태위와 사공을 불러 훈계했다. 그러나 조조와 함께 상소문을 올렸던 진탐은 목숨을 잃었다. 태위와 사공이 훈계를 듣고 나오자마자 바로 진탐에게 복수할 계획을 세웠고 이들에게 모함당한 진탐은 옥에 갇혀 고문을 당하다가 죽었다. 조조는 어떻게 됐을까? 고작 녹봉 6백 석을 받는 의랑 따위는 눈에 들어오지도 않았다. 덕분에 조조는 큰 화를 면했다. 하지만 이 사건으로 큰 깨달음을 얻었다.

《위서》를 인용해 주해한 《삼국지》 기록에 따르면, 조조는 이 사건 이후 바로 잡을 수 없는 문제에 대해서는 의견을 내지 않았다고 한다. 한나라 체제가 이미 썩을 대로 썩어 내부 자정이 불가능했고 황제가 일부 신하의 말만 귀담아듣기 때문에 의랑으로서 보좌할 방법이 없음을 깨달았기 때문이다. 더 이상 황제에게 열정을 낭비하고 싶지 않았다.

이것은 훗날 문무 모든 방면에서 크게 이름을 떨친 조조의 찬란한 인생 중 아주 작은 사건에 불과하고 사료에서도 가볍게 언급하고 지나가는 일이다. 그러나 젊은 시절의 경험은 한 사람의 인생에 큰 영향을 끼치는 법이다. 사실 조조가 태어날 때부터 난세의 간웅이었던 것은 아니다. 세상이 깨끗하고 공정했다면 그 역시 정상적으로 훌륭한 신하가 되었을 것이다. 물론 조조의 인생은 그 자신이 선택한 결과였지만 모든 선택은 그에 합당한 배경이 있기 마련이다. 위의 상소문 사건은 조조의 인생에 있어 또 하나의 중요한 전환점이었다.

홋날 조조는 황제를 등에 업고 권력을 장악한 후 꼭두각시 황제를 내세워 제후를 제압하려 했다. 그 결과 '승상의 탈을 쓰고 한나라를 집어삼키려는 도둑놈'이라는 악명을 얻었다. 조조는 왜 황제를 보좌해 세상을 바꾸려 하지 않았을까? 상소문 사건으로 황제를 보좌하는 것 자체에 실망하고 한나라 체제에 완전히 절망했기 때문이다. 이때가 182년, 조조의 나이 28살이었다.

조조는 황제와 조정에 실망하고 지방으로 시선을 돌렸다. 황제와 멀리 떨어진 곳의 태수가 되어 그 지역만이라도 평안하게 만들고 싶었다. 그러나 의랑은 녹봉 6백 석이고, 지방 태수는 녹봉 2천 석 고위직이니, 한 단계 한 단계 올라가는 방법으로 어느 세월에 태수가 되겠는가? 무언가 파격적인 방법이 필요했다. 한나라 시대에 가장 빨리 승진하는 방법은 전쟁에서 공을 세우는 것이었다. 전쟁에서 이름을 날리기만 하면 태수가 아니라 그 이상도 가능했다.

아쉽게도 당시 동한 체제가 썩을 대로 썩었지만 세상은 평화로운 편이었다. 서북 국경에 가끔 강족이 침입해 작은 분쟁이 있을 뿐이라 전공을 세울 기회도 없었다. 그런데 이때 하늘이 조조를 도왔다.

피할 수 없는 운명, 하늘 아래 황제의 땅 아닌 곳이 없다

1977년 안휘성 박현亳縣 원보촌元寶村에서 조등을 포함한 조조 가문의

난세의 리더 조조

무덤군이 발견되었다. 그중 170년에 만든 무덤에서 '창천내사'蒼天乃死(푸른 하늘이 죽었구나.) 네 자를 새긴 비석이 발견됐다.

그로부터 14년 후인 184년, 수심화열에 시달리던 백성들이 더 이상 참을 수 없어 노란색 두건을 머리에 두르고 '푸른 하늘이 죽었으니 이제 노란 하늘이 일어선다.'라는 구호를 외치며 각지에서 대규모 무장 투쟁에 나섰다. 이것이 바로 그 유명한 '황건적의 난'이다. 작은 불씨조차 초원을 태우는 법인데, 시작부터 불길이 거셌던 황건적의 난은 순식간에 맹렬하게 타오르며 천하를 뒤흔들었다.

위기에 몰린 한나라 조정에서 반란을 진압하기 위해 군대를 파견했다. 조조는 원래 문관이라 군사적 재능을 과시할 기회가 없었는데 우연히 기도위騎都尉에 임명되어 군대를 이끌고 반란 진압에 나섰다. 어려서부터 탐독한 병서 지식과 타고난 군사적 재능을 발휘해 연승을 거두며 큰 공을 세웠다. 덕분에 조조는 반란 진압 후 논공행상을 통해 바라던 대로 제남濟南 국상國相에 임명됐다.

제남은 제후국 중 하나였다. 한나라의 행정구역은 크게 군과 국으로 구분했고, 군의 최고관리자가 태수였다. 국의 최고관리자는 원래 황제의 숙부나 형제 등 유씨 종친으로 작위를 받은 제후나 왕이어야 한다. 하지만 동한 말기의 제후와 왕은 대부분 거둬들인 세금만 축내며 살아갔다. 국의 실권은 조정에서 임명한 국상에게 일임해 국의 정무를 대신하도록 했다. 한마디로 제남 국상은 군의 태수와 같은 존재였고, 녹봉도 같은 2천 석이었다. 오늘날과 비교하면 지방정부의 수장에 해당한다. 6백 석 의랑과 2천 석 제남 국상의 위상은 하늘과 땅 차이였다. 이렇게 하루아침에 벼락출세할 수 있었던 이유는 조조가 '시대가 낳은 영웅'이기 때문이다.

그렇다면 조조가 부임할 즈음 제남국은 어떤 상황이었을까? 조조의 발자취를 따라 제남국에 대해 알아보자.

제남국은 온 백성이 가난에 허덕이고 관부 재정도 텅 빈 상태였다. 제남국의 돈은 다 어디로 갔을까? 제남국은 모든 돈을 사당과 불당 짓는 데 쏟아 붓는 특이한 곳이었다.

당나라 시인 두목의 시 중에 다음과 같은 시구가 있다.

남조의 사찰 수가 사백 팔십 개, 그 많은 누각이 안개비에 휩싸였네.

南朝四百八十寺, 多少樓臺烟雨中

남조 전체에 480개면 많은 것도 아니다. 그보다 훨씬 작은 제남에 사당과 불당이 600개가 넘었다고 하니까. 더구나 이 수많은 사당과 불당에서 받드는 존재는 유가의 공자도, 도가의 태상노군도, 불가의 부처도 아닌 어디서 듣도 보도 못한 토속신과 귀신이었다. 이는 유가의 전통 제례에 어긋나는 불법 행위였다. 한나라는 불법 제례 활동은 물론 이와 관련된 모든 사당과 불당을 음사淫祠로 규정해 금지했다. 여기에서 음淫은 불필요한 혹은 쓸데없는 것이란 의미이다. 결국 음사는 정규 제례에서 벗어난 불법 행위인 것이다.

대체 음사는 어떤 신, 어떤 귀신에게 제사를 지냈을까? 이해하기 쉽도록 《풍속통의》風俗通義에 기록된 구체적인 사례를 들어 보겠다.

한 남자가 야생 동물을 잡으려고 그물을 쳤다. 사슴 한 마리가 그물에 걸렸는데 마침 지나가던 생선 장수가 옳다구나 하며 가져가버렸다. 그래도 남의 물건을 가져가는 것이 양심에 찔렸는지 생선 한 마리를 그물에 넣

난세의 리더 조조

어뒀다. 나중에 남자가 그물을 확인하러 왔다가 생선을 보고 깜짝 놀랐다. 부근에 강이나 하천이 없고 마른 땅에 그물을 쳐놨았는데, 어떻게 생선이 잡혔을까? 더구나 잘 손질하고 절인 생선이었나. 남자는 결국 이 생신이 신령님의 선물이라고 생각했고 온 동네에 소문을 퍼뜨렸다.

풍속통의風俗通義

동한 말기 응소(應劭)가 지은 책. 사물, 제도, 풍속, 전설에 대한 고증을 기록한 책. 특히 한나라 시대에 유행한 미신과 풍속, 기담과 괴담에 대한 잘못된 인식을 바로잡는 내용이 많아 당시 관습과 풍속을 알 수 있다.

그날 이후 마을 사람들은 나쁜 일이 생기거나 병이 났을 때 생선 신을 찾아가 기도했는데 신기하게도 효과가 있었다. 생선 신의 영험한 기운이 한 사람, 열 사람, 백 사람 입을 거쳐 현 전체로 퍼져 나갔다.

그러자 사람들은 돈을 모아 생선 신을 모시는 휘황찬란한 사당을 짓고 무당을 수십 명씩 불러 정기적으로 성대한 제사를 지냈다. 그때마다 수많은 백성들이 모여 향을 피우고 기도를 올렸다. 몇 년 후, 생선 장수가 다시 이 마을을 지나다가 사당에 높이 모셔둔 생선을 보고 실소를 금치 못했다.

"이건 내가 놔둔 생선이잖아. 세상에 생선 신이 어디 있어?"

그러고는 그 생선을 가져가버렸다.

《풍속통의》의 저자 응소應劭는 조조와 동시대 사람이니 이 이야기를 통해 당시 유행한 '음사'가 어떤 것인지 대략 이해할 수 있을 것이다.

양털이 양의 몸에서 나오듯, 600개가 넘는 사당과 불당을 지으려면 결국 백성의 고혈을 쥐어짤 수밖에 없다. 짓는 것으로 끝나는 것이 아니라 정기적으로 제사를 지내야 하니, 백성들은 그때마다 향초값 명목으로 제사비를 내야 했다. 사당과 불당의 실질 소유주 입장에서 보면 이것은 단순한 사당과 불당이 아니었다. 당시 제남국의 사당과 불당은 매일 끊임없이 논이 채워지는 자동현금인출기나 다름없었다.

조조 이전에 부임했던 제남 국상들도 부임해서 가장 먼저 사당과 불당을 허물었다고 한다. 하지만 이상하게도 아무리 허물어도 오히려 점점 더 많아져 조조가 부임할 당시에는 600개가 넘는 지경에 이르렀다. 조조는 어떻게 된 일인지 아무리 생각해도 이상했지만 일단 전임자와 마찬가지로 가장 먼저 불법 사당과 불당을 허물고 음사 행위를 단속하라고 명령했다.

조조의 명령은 제남국의 문서 체계를 거쳐 아래로 전달됐지만 어떤 반향도, 어떤 효과도 일으키지 못했다. 수하 관리들은 능장을 부리고 서로 떠넘길 뿐 실행하는 사람이 아무도 없었다. 조조는 그제야 600개가 넘는 사당과 불당을 통해 제남국 기득권의 이익 구조가 완벽한 사슬을 이루고 있음을 알았다. 관리들도 이 이익 사슬의 일부였다. 사당과 불당 등 음사를 무너뜨리려면 먼저 제남국 정치판부터 손봐야 했다.

제남국은 한마디로 한나라 조정의 축소판이었다. 황제가 채풍 명령을 내렸을 때 책임자인 태위와 사공이 사리사욕을 채우기 위해 부정을 저질렀듯, 국상 조조가 사당과 불당을 허물고 음사를 단속하라고 명령했지만 제남국 관리들은 자신의 이익을 위해 얼렁뚱땅 넘어가려 했다. 그런데 조조가 한나라 조정에서는 한낱 의랑이라 힘이 없었지만 이제 제남국에서는 어엿한 국상이며 최고 관리자가 아닌가?

문제의 핵심을 정확히 파악한 조조는 바로 다음 단계로 넘어가 제남국 관리의 8할을 파직시키고 제남 관부에 새로운 피를 수혈했다.

관리를 대거 교체하자 상황이 돌변했다. 얼마 지나지 않아 600개가 넘는 사당과 불당이 무너졌다. 그제야 그 뒤에 숨어 있던 최종 보스가 서서히 모습을 드러냈다. 제남국 탐관오리는 제일선에서 돈을 거둬들이는 역할을 담당하며 이익 사슬의 가장 밑바닥에 있는 똘마니에 불과했다. 이들이 챙긴 몫은 아주 일부였고 대부분은 낙양에 있는 최종 보스에게 전달되었다. 최종 보스가 과연 누구였을까? 조조에게 있어 떼려야 뗄 수 없는 망령과도 같은 존재, 바로 환관 세력이었다.

조조는 제남에 부임할 때, 어차피 천하를 바꿀 수는 없으니 제남국이라도 바꿔보자고 생각했었다. 중앙 조정과 수도 낙양은 고관대작 천지라 뜻대로 할 수 없지만 국상이 되면 최소한 군국 하나 정도는 풍요롭게 만들 수 있다고 자신했다. 조조는 그제야 이 생각도 틀렸음을 알았다. 환관 세력은 이미 한나라 방방곡곡, 아주 먼 구석구석까지 손을 뻗치고 있었다.

하늘 아래 모든 곳이 황제의 땅이었다. 제남국은 국상이 다스리는 독립국이 아니라 엄연히 한나라의 일부였다. 이 작은 땅 하나 바꿔봤자 아무 소용없었다. 제남을 바꿔보려 했던 생각은 그저 자기기만일 뿐이었다.

조조는 이 시점에서 그동안 자신이 노력해왔던 일들을 돌이켜봤다. 장양을 암살하려 했던 일, 권문세가 가족을 때려죽인 일, 영제에게 상소를 올렸던 일, 탐관오리를 고발하고, 제남국을 개혁하는 일까지, 모든 일이 환관과의 싸움이었다. 하지만 구정물이 가득한 장독에 떨어진 이슬 한 방울처럼 아무것도 바꾸지 못했다. 딱 하나 바뀐 것이 있다면 조조 자신뿐이다. 이 순간 그는 아무리 노력해도 작은 물결조차 일으킬 수 없다는 깊은 절망에 빠졌다.

눈앞의 현실은 더욱 암담했다. 제남국에 뻗어있던 환관 세력의 이익 사슬을 끊어버렸으니 환관들이 가만히 있을 리 없다. 어떻게든 조조를 쳐

내려 할 것이다. 생각할수록 걱정스러운 점이 한둘이 아니었다. 결국 자신을 지키고 집안의 안위를 위해 스스로 관직을 내려놓고 고향으로 돌아갔다.

이것이 조조 삼기삼락의 두 번째 하락이다. 이 선택은 얼핏 충동적인 것 같지만 절대 그렇지 않다. 조조는 매우 이성적으로 심사숙고한 끝에 '20년 은거'를 선택했다. 《위무고사》魏武故事를 인용해 주해한 《삼국지》에서는 이를 '이에 20년 동안 천하가 바뀔 기다렸다.'라고 기록했다.

만약 정말 그렇게 됐다면 동한 말기에서 삼국에 이르는 찬란한 역사는 아마도 절반 이하로 줄었을 것이다. 하지만 역사는 조조가 그렇게 마음대로 조용히 살도록 내버려 두지 않았다.

조조가 돌아왔다

조조는 고향에 돌아간 후 장기간 은거할 준비를 했다. 지금은 세상이 너무 어지러우니 20년 후 어느 정도 안정됐을 때 다시 세상에 나갈 생각이었다. 그래서 초현 중심에서 50리 떨어진 교외에 새로 집을 짓고 은거했다. 모든 사교 활동을 거절한 채 여름과 가을은 경전과 사서를 두루 읽어 지식과 교양을 쌓으며 보냈고 겨울과 봄에는 말을 달리고 활을 쏘며 신체와 정신을 단련했다. 사람은 한창 뜻을 펼칠 때는 너무 바쁜 나머지 지치고 힘이 든다. 그러다 시련에 부딪혀 은거하면 오히려 자신을 돌아보며 여유와 자유를 누릴 수 있는 법이다. 이 시절 조조는 큰 좌절을 느꼈지만 어느 때보다 자유로웠다.

난세의 리더 조조

조조는 은거 생활에 만족했지만 조조가 은거하면 안 된다고 생각하는 두 사람이 있었다.

먼저 조조의 아버지 조숭이다. 아들 조조는 관리 생활을 하며 수차례 좌절을 겪었지만 아버지 조숭은 오히려 승승장구했다.

마침 영제의 매관매직이 한창 대방출 중이었고, 조숭은 뭐 하나 잘하는 것이 없었지만 가진 게 돈뿐이라 1억 전을 들여 태위 관직을 샀다. 이렇게 해서 조숭은 어엿한 삼공이 됐다. 높은 자리에 오르니 좌절한 아들이 집에 틀어박혀 있는 모습을 보고만 있을 수 없었다.

다음은 어린 시절 유협 놀이의 단짝이었던 원소이다. 조조가 한창 유협에 빠져 있던 시절, 함께 활동했던 분주지우의 리더였던 원소가 드디어 다시 등장한다. 한참 잊고 있던 원소는 그동안 어떻게 지냈을까?

원소는 사세삼공 가문의 귀공자이지만 관직 생활의 시련은 조조 못지 않았다. 원소는 첫 관직인 복양령에 부임할 때만 해도 원대한 포부를 이루겠다며 패기가 대단했다. 그런데 얼마 지나지 않아 어머니가 세상을 떠났다. 한나라 법도에 따르면 어머니가 세상을 떠나면 사직하고 삼년상을 치러야 했다. 한나라는 효를 근본으로 나라를 다스렸기에 부모상을 치르지 않고 관직을 이어가는 것을 예의에 어긋난 매우 비도덕적인 행위로 간주했다. 원소는 어쩔 수 없이 관직을 내려놓고 고향으로 돌아가 삼년상을 치렀다. 그는 3년을 채운 후 다시 진지하게 벼슬길을 도모했다.

원소의 관직 생활은 애초에 출발점이 높았다. 가문이라는 배경 덕분에 첫 관직을 복양령으로 시작했다. 그런데 3년을 그냥 흘려보내는 바람에 훅 뒤처지고 말았다.

'어차피 늦은 거 3년 더 늦어도 상관없잖아. 이참에 아버지 삼년상까

지 치르자.'

사실 원소의 아버지는 이미 오래전에 죽었지만 다시 삼년상을 치렀다. 한나라 사회는 효를 매우 중시했기 때문에 오래 전에 죽은 아버지 상을 치르는 일은 이목을 집중시켜 명망을 얻기 좋은 방법이었다. 원소는 이 점을 이용해 명예를 높이고 자신의 존재를 확실히 알리기로 했다.

6년 후, 원소는 수도 낙양으로 이사했지만 관직에 나가지 않았다. 물려받은 어마어마한 재산 덕분에 일하지 않고 물 쓰듯 돈을 뿌리며 다양한 영웅호걸과 사귀었다. 심지어 조정에 밉보여 수배자가 된 사람과도 몰래 교류했다.

원소는 능력도 있고 야심도 큰 인물이었다. 사세삼공 여남 원씨 명문가에서 태어난 그는 이 영광스러운 가문의 전통을 반드시 이어가야 한다고 생각했다. 그렇기에 반드시 삼공이 되어야 했다. 하지만 천하와 조정의 법도가 무너져 온통 환관이 판치는 세상이었다. 가문의 전통과 영광을 회복하려면 일단 환관부터 없애야 하지만, 그 세력이 너무 강해서 당연히 혼자 힘으로는 불가능했다. 당시 상황에서 환관에 맞설 만한 세력은 외척뿐이었다.

한편 영제는 송 황후를 폐한 지 2년 만에 하何 황후를 맞이했다. 하 황후의 오라비 하진何進은 원래 백정 출신인데 동생 덕분에 대장군이 되어 외척의 우두머리 역할을 하고 있었다. 그래서 원소는 의도적으로 하진 수하에 들어가 대장군부 모사가 되었다. 하지만 환관 세력을 쳐내기에는 여전히 역부족이었다. 이때 자연스럽게 어린 시절 단짝 친구이자 책략이 뛰어났던 조조가 떠올랐다.

옛말에 '나무는 고요하고자 하나 바람이 그치지 않네.'라고 했다. 조

난세의 리더 조조

조는 애초에 20년 은거를 결심했으나 조숭과 원소가 합작해서 들쑤시는 바람에 2년도 채우지 못하고 다시 세상에 나갔다. 이번에 조조가 맡은 관직은 금위군에서 한 대대를 지휘하는 전군교위典軍校尉였다. 이것이 삼기삼락의 세 번째 등용이다.

물론 조숭과 원소라는 든든한 배경이 큰 도움이 됐지만, 조조가 관직 인생에서 수차례 넘어지고도 다시 일어설 수 있었던 진짜 이유는 늘 준비된 인재였기 때문일 것이다.

일례로 첫 번째 좌천 당시 사촌 매부 일에 연루되어 억울하게 관직을 박탈당해 낙향했지만 자포자기하지 않고 경전 공부에 매진했다. 그 결과 영제가 학문이 뛰어난 인재를 구할 때 경전에 능통했던 덕분에 의랑으로 복귀할 수 있었다. 그런데 영제가 의랑을 등용하기 위해 천하 인재를 구하기는 했지만 조조가 어떻게 여기에 들 수 있었는지는 확실히 의심해볼 만하다. 뭔가 비리가 있지 않았을까? 분명히 조씨 집안에서 여러 방면으로 손을 썼을 것이다. 물론 어디까지나 추측일 뿐이다. 하지만 인맥으로 무대에 올랐더라도 제대로 실력을 발휘하는 사람도 있다. 특히 혈연관계는 한 사람을 단숨에 정상 혹은 모두가 주목하는 자리에 올려놓을 수 있다. 이것이 현실이다. 일단 무대에 오른 후 이 사람이 시대 흐름에 휩쓸려 사라질지, 시대의 영웅이 될지는 실력으로 결정될 것이다.

조조는 은거하겠다고 큰소리쳤을 뿐 사실 '여름과 가을에는 경전과 사서를 읽고 겨울과 봄에는 말을 달리고 활을 쏘며' 문무 능력을 더욱 깊이 갈고 닦았다. 여기에 조숭과 원소의 도움이 더해져 바로 복직할 수 있었다. 귀인의 도움에도 조건이 필요한 법이다. 그 자신이 무능한 아두阿斗(유비의 아들 유선劉禪의 아명)가 아니라 항상 준비된 아만(조조의 아명)이어야 한다.

기회는 준비된 자의 것이라는 말이 바로 그것이다. 조조는 조숭과 원소의 도움으로 몇 년 만에 다시 낙양에 입성했다. 드디어 '나 조조가 돌아왔노라!'며 당당하게 외칠 수 있게 됐다.

이번의 낙양 입성은 예전과는 달랐다. 이전에는 혼자 힘으로 환관 세력에 맞섰지만 이번에는 대장군 하진이 이끄는 외척과 사례교위 원소가 속한 사대부가 한편이고 조씨 집안의 대표이자 아버지인 조숭이 태위 자리를 지키고 있었다. 그야말로 태산처럼 듬직한 뒷배였다.

그럼에도 불구하고 또다시 처참한 실패가 기다리고 있었다. 이번에는 관직 박탈뿐 아니라 범죄자로 몰려 도망쳐야 할 처지가 됐다. 이 과정에서 직접 한 집안을 멸문시키는 참극을 빚기도 했다. 조조는 인생의 큰 전환점이 된 이번 좌절로, 이후 오랫동안 수많은 비난을 한 몸에 받으며 험난한 가시밭길을 걸었다.

대체 낙양에서 어떤 큰 사건이 있었기에 3대 세력의 강력한 지지를 받던 조조가 범죄 수배자가 됐을까? 조조가 일으킨 멸문 참극의 진실은 무엇일까?

6장

착방조捉放曹의 진실

조조는 동탁을 암살하려다 실패하고 지명수배범이 되어 도망자 신세가 되었다. 도망치던 중 조조의 칼끝에 한 집안이 몰살당하는 참극이 벌어졌다. 이 멸문 사건의 진실은 무엇일까? 간신을 제거하고 백성을 구하겠다던 소년 영웅이 무고하고 힘없는 목숨을 잔인하게 죽이다니, 대체 어떤 마음이었을까?

역사상 가장 멍청한 꾀

　조조는 세 번째 등용에서 대장군 하진, 사례교위 원소와 한편이 되었다. 하진은 하 황후의 오라비로 외척 세력의 우두머리이고, 원소는 하진의 모사이자 사대부 세력의 대표였다. 하진과 원소는 환관 세력에 대항하기 위해 통일 전선을 구축했다.

　189년에 영제가 죽고 하 황후가 낳은 유변劉辨이 황제로 즉위했다. 유변의 나이가 어려 동한의 정치 관례에 따라 태후가 된 하 태후가 섭정하며 정권을 잡았다. 이와 함께 대장군 하진도 위상이 올라가 조정 최고의 권력자가 됐다. 원소는 조정의 권력 구도 변화로 위협을 느낀 환관 세력이 움직일 것에 대비해 미리 환관 제거 계획을 세워둘 필요가 있다고 생각했다. 그래서 하진에게 수차례 환관 제거 계획을 제안했다.

　그러나 백정 출신 하진은 생각이 짧아 정치 능력이 부족하고 큰일을 도모할 과감한 용기와 결단력도 없었다. 환관 제거 계획은 중대한 기밀 사안인데 환관의 소굴인 황궁에 입궁해 여동생 하 태후와 상의했다. 더구나 하 태후는 환관 제거에 결사반대했다. 과거에 환관에게 큰 도움을 받은 일이 있었기 때문이다.

사실 영제는 생전에 왕 미인美人을 총애했다. 왕 미인이 회임하자 성격이 불같은 하 황후가 질투에 눈이 멀어, 훗날 자신에게 위협이 될 수 있는 왕 미인과 태아를 제거하기 위해 어의를 매수했다. 왕 미인의 아들 유협은 무사히 태어났지만 왕 미인은 결국 독살 당했다. 영제가 이 사실을 알고 크게 노해 하 황후를 폐하려고 했지만 환관들이 나서서 사정한 덕분에 그냥 넘어갈 수 있었다.

정치판의 잔혹한 생리를 잘 알지 못하는 하 태후는 지난 일을 떠올리며 환관에게 호감을 표했다.

"환관이 궁에서 시중을 드는 것은 한나라의 법도이고 이미 수백 년 동안 그렇게 해 왔습니다. 환관을 일거에 없앤다니, 그것이 정말 가능하겠습니까? 더구나 나는 황궁에 매인 아녀자이기에 환관이 없으면 위아래로 말을 전할 수가 없어요. 환관을 전부 죽이면, 나보고 직접 조정에 나가 사내들을 상대하란 말입니까? 세상에 그런 법도가 어디 있습니까?"

하진은 하 태후의 말에 일리가 있다고 생각하며 황궁을 나오자마자 원소를 불렀다.

"태후가 환관을 죽이지 말라는데 어떻게 해야겠는가?"

이때 원소가 아주 어리석은 방법을 알려줬다. 동한 말기~삼국 역사상 가장 어리석은 책략을 꼽으라면 바로 이것일 것이다.

"대장군, 별일 아닙니다. 당근이 통하지 않으면 채찍을 써야지요. 태후가 반대하는 이유는 진짜 위협을 겪어보지 않았기 때문입니다. 대장군이 각지의 맹장들에게 낙양으로 군대를 끌고 와 황제에게 간언하라는 명령을 내리십시오. 환관을 죽여 군주의 곁을 깨끗이 한다는 명분으로 태후를 위

　　　　　　　　　　　난세의 리더 조조

협하세요. 환관을 죽이는 데 동의하지 않으면 우리가 반란을 일으킬지도 모른다고. 태후는 분명히 겁을 먹고 우리 말을 들을 겁니다."

하진은 원소의 말에 일리가 있다고 생각하며 다시 물었다.

"그럼, 자네 생각에는 누구를 불러들이면 좋겠는가?"

"평소 군기가 문란하지만 사납고 잘 싸우기로 유명한 군대가 좋겠습니다. 제가 듣기로 서북 지역에 동탁董卓이라는 자가 성질이 사납고 조정의 명령을 수차례 어겼다고 합니다. 부하 중에 강족이 많아 평판이 좋지 않으니, 그자가 안성맞춤입니다."

원소와 하진이 이런 대화를 주고받으며 환관 제거 계획에 푹 빠져 있는데 옆에서 가만히 듣고 있던 조조가 저도 모르게 풋 웃음을 터트리자 하진이 화를 냈다.

"이렇게 중요한 이야기를 하고 있는데 자네는 어떻게 웃음을 터트리는가? 어찌 된 일인지 해명해 보게."

조조의 설명은 이러했다.

"환관이란 것은 동한 말기에 처음 생긴 것도 아니고 갑자기 하늘에서 뚝 떨어진 것도 아닙니다. 자고로 환관이 없던 왕조가 있었습니까? 그러니 문제는 환관, 그 자체가 아니란 말입니다. 문제의 핵심은 황제가 환관에게 강한 권력을 주지 않도록 하는 것이지요. 지금처럼 이렇게 통제할 수 없는 지경에 이르지 않도록 해야 합니다. 당장 환관을 없애고 싶다면 포리들을 보내 환관 우두머리들을 끌어내면 그만입니다. 뭐 하러 밖에 있는 군대까지 동원합니까?"《위서》를 인용해 주해한《삼국지》기록)

여기에서 조조와 원소의 생각이 크게 갈렸다.

원소는 환관이란 전혀 쓸모없는 것들이고 밟아도 밟아도 다시 일어나니 아예 싹을 뽑아버려야 한다고 생각했다. 하지만 조조는 환관 자체가 문제가 아니라 환관에게 최고의 권력을 쥐어주지 않는 것이 중요하다는 입장이었다. 어쨌든 지금은 환관이 가장 큰 권력을 쥐고 있으니 일단 핵심을 공격해야 한다고 생각했다. 가장 큰 권력을 휘두르는 환관 우두머리 몇 명만 제거하면 되는데 굳이 환관 전체를 궁지로 몰아 살육할 필요는 없다는 것이다.

원소가 생각하기에는 태후도 문제였다. 당장 환관 세력을 무너뜨려야 하는데 태후가 환관 편이기 때문이다. 태후가 입장을 바꾸도록 위협하려면 군주의 곁을 깨끗이 한다는 명분으로 사나운 동탁 군대를 끌어들여 겁을 줘야 한다. 이것이 제도 안에서 합법적으로 문제를 해결하는 방법이라고 생각했다. 반면 조조는 한낱 부녀자인 태후는 신경 쓸 것 없고 당장 포리를 보내 환관을 잡아들이면 된다는 입장이었다. 환관 세력이 워낙 대단해 온 나라에 손을 뻗치고 있지만, 실제로 무력을 행사하는 것은 그들의 하수인이었다. 그러니 우두머리 환관만 제거하면 저절로 조직이 무너질 터였다.

조조의 주장을 정리해보면, 대규모 유혈 정변이 일어나지 않도록 문제의 성격을 정치에서 사법으로 바꾸어 사법 제도로 문제를 해결하자는 것이다. 그래서 조조는 마지막에 이렇게 덧붙였다.

"두 사람은 은근슬쩍 모든 환관을 죽여 없애고 싶겠지만 그건 불가능하오. 손바닥으로 하늘을 가릴 수 없고 행동이 너무 크면 발각되기 쉬운 법이오."《위서》를 인용해 주해한《삼국지》기록)

하진은 이날 유독 의지가 확고했다. 조조와 원소의 논쟁 중에 과감히 원소의 어리석은 주장을 선택했다. 그리고 동탁은 물론 다른 맹장들에게

난세의 리더 조조

'당장 낙양에 입성해 군주에게 간언하라! 태후가 환관을 제거하도록 군대의 힘을 보여줘라!'라는 명령을 전했다. 하진의 명령을 받은 장군들은 즉시 군대를 이끌고 낙양으로 향했다.

한편 환관들은 각지에서 군대가 몰려온다는 소식을 듣고 크게 당황했다. 궁중 암투라면 단연 고수였지만 군대를 다루는 일에는 전혀 문외한이었다. 이들은 한참 상의한 끝에 일단 하진을 떠보기로 하고 하진의 집에 찾아가 납작 엎드려 사죄하고 살려달라며 애원했다.

"우리가 잘못했습니다. 모두 대장군 뜻대로 하십시오."

원소는 환관들의 반응을 보고 크게 기뻐하며 하진에게 그들을 모두 죽여버리라고 권했다. 하지만 하진은 그렇게 모질고 과감하지 못했다. 막상 무릎 꿇고 애원하는 환관들을 보니 마음이 약해져 갈팡질팡하다가 결국 이렇게 말했다.

"각지의 군대가 낙양에 입성한 이유는 너희들을 죽이라고 간언하기 위함이다. 목숨을 구하고자 한다면 어서 관직을 내려놓고 고향으로 돌아가지 않고 무엇 하는 것이냐?"

환관들은 그러겠다고 대답한 후 물러갔다. 하지만 이들은 절대 관직을 내려놓으면 안 된다는 사실을 잘 알았다. 지금 관직을 지켜야 최후의 일격이라도 가할 수 있을 테니까. 관직을 내려놓는 순간 바로 목이 날아갈 것이다. 황궁에 돌아온 환관들은 하 태후를 가장해 하진을 황궁으로 불러들였다. 한나라 제도에 따르면, 황제가 부르지 않는 한 누구도 함부로 황궁을 드나들 수 없었다. 그래서 하진은 수하를 대동하지 못하고 혼자 입궁해야 했다.

권력 다툼이 한창인데 홀로 궁에 들어가다니 맨몸으로 적진에 뛰어든 것이나 다름없었다. 황궁은 그야말로 환관 천하였고 하진은 바로 사로잡혔다.

"한나라가 이 꼴이 된 게 다 우리 환관 책임이라고? 황궁 밖을 봐라. 세상에 깨끗한 놈이 몇이나 있어? 왜 만날 우리만 물고 늘어지는 거야? 우리가 사정사정하지 않았으면 하 황후는 애초에 폐위됐어. 지금 하씨들이 떵떵거리고 사는 게 다 누구 덕분인데? 그런데 이제 와서 은혜를 원수로 갚아?"

환관들은 욕을 퍼붓고 하진을 죽여버렸다. 그리고 하 태후를 가장해 원소를 사례교위에서 파면하라는 명령을 내렸다.

황궁 밖에서 명령을 받은 관리들은 어안이 벙벙했다.

'하진과 원소가 어떤 사인데? 하 태후가 정말 그런 명령을 내렸다고?'

반신반의한 관리들은 명령을 집행하지 않고 일단 하진을 찾았다.

"대장군을 나오라 하십시오. 직접 물어봐야겠소."

환관들이 날카롭게 외치며 잘린 머리 하나를 내던졌다.

"대장군? 그래, 여기 있다."

하진이 죽었다는 소식이 전해지자 원소도 눈이 뒤집혔다. 맹장의 간언도, 군대를 끌어 모아 태후를 겁주려던 계획도 다 소용없게 됐다. 당장 하진의 수하를 모두 이끌고 황궁에 쳐들어가 환관들과 한바탕 전투를 벌였다.

치열한 전투가 끝나고 죽은 환관의 수를 헤아려보니 전체 환관의 120%였다. 어떻게 120%가 나왔을까? 대체 20%는 어디서 나왔을까? 이와 관련해 《삼국지》〈원소전〉에 '눈이 뒤집혀 궁에 쳐들어간 하진 수하들이 수염이 없고 희멀겋게 생긴 사람을 닥치는 대로 죽였다.'라는 기록이 있

난세의 리더 조조

다. 아마도 억울하게 죽은 사람이 수두룩했을 것이다. 일부 머리가 빨리 돌아가는 자들은 얼른 바지를 내려 보이고 목숨을 건졌다고 한다.

그 난리통에 장양과 고위 환관들은 소제少帝를 데리고 궁 밖으로 도망쳤다. 황하에 이르러 길이 가로막히자 더 이상 도망칠 곳이 없었다. 장양은 황제에게 "폐하, 옥체 보전하소서."라고 머리를 조아린 후 강물에 뛰어들어 누런 황하물에 뒤섞인 채 물고기 밥이 됐다.

이렇게 해서 동한 말기 어마어마한 권력을 누렸던 양대 정치 파벌, 외척과 환관의 수장이 모두 참혹하게 죽었다. 마치 평생의 라이벌이었던 무림의 고수가 최후의 일격으로 함께 죽음을 맞이하는 것처럼.

원소가 모든 상황을 정리하고 나서야 동탁이 군대를 이끌고 도착했다. 동탁은 애초에 하진과 원소의 요청에 따라 사례교위 관할 구역인 관중에 들어왔다. 그리고 다시 명령에 따라 낙양에서 가까운 교외에 머물렀다. 정변이 일어난 날 밤, 동탁은 황궁 방향에서 불길이 치솟는 것을 보고 이때다 싶어 성안으로 진격해 뒷정리에 참여했다.

옛말에 귀신을 부르기는 쉬워도 보내는 것은 어렵다고 했다. 그런데 지금 원소가 딱 그 상황이 됐다. 하진의 잔당을 고스란히 흡수해 낙양 정권을 장악한 후 천하를 호령하려는 순간 동탁이 등장했다. 원소는 제멋대로인 동탁 수하 장수들이 매우 거슬렸다. 군대 규모가 정확히 어느 정도인지도 모르는데 언제 갑자기 날뛸지 몰라 불안했다.

사실 동탁이 끌고 온 군대는 3천 명에 불과했다. 당시 원소의 세력만으로 충분히 쫓아낼 수 있었는데 동탁의 계략에 속았던 것이다. 동탁의 병사들은 야밤에 몰래 성을 빠져나갔다가 다음날 한낮에 보란 듯이 성안으로 들어왔다. 이렇게 여러 번 반복하니 동탁의 지원군이 끊임없이 모여드는 것처럼 보였다. 크게 대단한 계략도 아닌데 천하의 조조와 원소가 깜빡 속아 넘어갔다.

동탁은 낙양에 입지를 굳힌 후 소제 유변을 폐하고 왕 미인이 낳은 유협을 새 황제로 세웠다. 이 황제가 동한의 마지막 황제, 헌제이다. 소제 폐위를 논할 때 동탁이 형식적으로 원소의 의견을 물었다. 원소가 반대하자 동탁이 불같이 화를 내며 소리쳤다.

"새파랗게 어린놈이! 천하의 일이거늘, 감히 내 의견에 반대해? 지금 내가 하겠다는데, 감히 따르지 않겠다는 것이냐?"

원소는 차분하게 한마디로 대꾸했다.

"천하의 영웅이 어찌 동공뿐이겠소?"

다시 말해 나도 영웅이란 뜻이었다. 원소는 이 말만 하고 자리에서 일어나 얼굴이 벌겋게 상기된 동탁에게 예를 취한 뒤 칼을 쥐고 낙양을 떠났다. 당당하게 소매를 휘날리며 떠나는 그 모습만큼은 기개와 멋스러움이 넘치는 영웅 그 자체였다.

원소가 떠난 후 하진의 막후 인재들은 모두 뿔뿔이 흩어졌다. 조조는 이때부터 떠돌이 신세가 됐다. 원소는 낙양을 떠난 후 동탁을 토벌하기 위해 사세삼공 여남 원씨의 이름으로 천하의 인재를 끌어 모았다. 반면 동탁에게 쫓기던 조조는 아주 기막힌 사건의 주인공이 됐다. 이 이야기는《삼국연의》에 자세히 묘사되어 널리 알려졌고 훗날 경극 작품으로 각색되어 〈착방조〉가 탄생했다.

조조의 도망 과정은 여러 복잡한 상황이 뒤얽혀 중국 역사상 가장 미스터리한 수수께끼로 꼽힌다. 지금부터 짙은 안개에 휩싸인 역사를 파헤쳐 당시 사건을 논리적으로 재현해 보겠다.

난세의 리더 조조

멸문 사건의 3가지 판본

정사를 논하기 전에 먼저 《삼국연의》에서 묘사한 내용을 살펴보자.

동탁이 소제를 폐한 후, 마음대로 전횡을 휘두르자 낙양 백성들은 하루도 마음 편한 날이 없었다. 이즈음 도덕과 힉식을 갖춘 사대부들이 사노 왕윤에게 모여들었다. 조조도 그중 한 명이었다. 어느 날 조조는 왕윤의 요청으로 칠성보도七星寶刀를 품고 동탁 암살을 시도했다. 놀러간 척 동탁 집에 방문해 기회를 노리다 등 뒤에서 칼을 뽑아 찌르려 했다. 그는 동탁의 정면에 거울이 있을 줄은 꿈에도 몰랐다. 거울을 통해 칼을 뽑는 조조를 본 동탁이 재빨리 돌아서며 소리쳤다.

"뭐 하는 짓이야!"

조조는 빠르게 머리를 굴렸다. 일촉즉발 위기의 순간이지만 임기응변을 발휘해 칼을 높이 받쳐 들었다.

"최근 칠성보도라는 아주 귀한 칼을 얻어 장군에게 바치러 왔습니다."

아주 귀한 칼을 얻은 동탁은 크게 기뻐하며 조조에게 말 한 마리를 선물했다. 조조는 그 말을 타고 바로 도망쳤다.

동탁은 나중에서야 조조의 목적을 알고 크게 분노했다.

"칼을 바치러 온 것이 아니라, 날 죽이러 온 것이로구나! 바치러 왔으면 오자마자 내놓았어야지. 하필 내가 등을 돌리고 있을 때 조용히 칼을 꺼냈단 말이지. 그러다 들키니까 바치는 거라고 둘러대? 어떻게 이럴 수가 있느냐!"

멍청한 동탁은 뒤늦게야 사실을 알아차리고 급히 수배령을 내렸다. 자객 조조를 잡기 위해 현상금을 걸어 전국에 몽타주를 뿌리게 했다.

동탁이 눈치챘을 때 조조는 벌써 낙양을 빠져나와 중모中牟현에 들어섰다. 같은 시각 현상금이 걸린 조조의 수배령도 중모현에 도착했다. 사람들은 행동거지가 수상한 조조를 붙잡아서 관아에 넘겼다. 중모령 진궁이 수하를 내보내고 은밀히 자초지종을 물었다. 홀로 동탁을 죽이려 했다는 말을 듣고 조조의 패기에 크게 탄복한 진궁은 낮에 잡아들인 조조를 그날 밤에 놓아주었다. 심지어 진궁은 관직마저 버리고 조조를 따르기로 하면서 함께 도망길에 나섰다.

중모현을 벗어나 성고成皋현을 지날 무렵 사람과 말이 모두 지치고 배도 너무 고팠다. 조조는 문득 성고현에 농장이 있는 아버지 조숭의 의형제 여백사呂伯奢가 생각났다. 두 사람은 여백사 집에서 하룻밤 묵고 내일 다시 길을 재촉하기로 했다. 여백사는 조카 조조를 보고 크게 기뻐하며 가족에게 정성껏 대접하라고 당부한 뒤 직접 술병을 챙겨 당나귀를 타고 마을에 술을 사러 갔다.

저녁 무렵 갑자기 옆방에서 칼 가는 소리가 들렸다. 조조가 귀를 바짝 세우고 상황을 살폈다.

"묶어서 죽이자."

자라 보고 놀란 가슴 솥뚜껑 보고 놀란다는 말이 딱이었다. 크게 긴장한 조조는 서둘러 진궁을 깨운 뒤 문을 박차고 나가 눈에 보이는 족족 칼로 베었다. 술을 사러 나간 여백사를 제외하고 여씨 가족 8명이 조조와 진궁의 칼에 몰살당했다. 마당이 온통 피로 물들고 여기저기 시체가 널브러졌다. 두 사람은 부엌까지 쳐들어갔다가 묶여 있는 돼지를 보고서야 어떻게 된 일인지 알게 됐다. 묶어서 죽이자고 했던 것은 자신들이 아니라 돼지였고 두 사람에게 대접할 돼지를 잡으려고 칼을 갈았던 것이다.

난세의 리더 조조

사람을 잘못 죽이고 말았다. 하지만 다른 방법이 없었다. 조조와 진궁은 지옥으로 변해버린 살인 현장을 뒤로 한 채 다시 도망쳤다. 도망가는 길에 당나귀를 타고 술을 사오는 여백사와 마주쳤다. 여백사가 두 사람에게 어디에 가는 길이냐고 묻자 조조가 끝을 보려는 듯 두말없이 칼을 휘둘러 단칼에 여백사를 죽여버렸다. 진궁이 크게 놀라며 조조에게 따졌다.

"조금 전 살인은 어쩔 수 없는 오해였소. 이미 큰 실수를 저지른 마당에 어떻게 또 무고한 사람을 죽일 수 있소?"

조조는 단호하게 답했다.

"죽이지 않았다면 집에 돌아가 가족이 죽은 것을 보고 관부에 고했을 겁니다. 우리 행적이 드러나면 둘 다 잡힐 겁니다."

그리고 역사에 길이 남을 유명한 변명을 남겼다.

"내가 천하를 버릴지언정, 천하가 날 버리게 하지 않겠다."

다시 말해 나는 남에게 잘못하더라도 남이 나한테 잘못하는 꼴은 못 본다는 뜻이다.

진궁은 돼지 한 마리가 촉발한 참극을 통해 조조가 어떤 사람인지 확실히 깨달았다.

'강한 권력에 도전하는 의로운 사람인 줄 알았는데, 눈 하나 깜짝하지 않고 무고한 사람을 죽이는 악마일 줄이야.'

그날 밤, 진궁은 오랜 고민 끝에 조조가 잠든 사이 조용히 그의 곁을 떠났다.

이것이 《삼국연의》에서 묘사한 착방조 이야기이다. 문학적인 관점에서 보면 인물 묘사가 입체적이고 이야기 전개가 흥미진진해 아주 재미있는 일화라고 할 수 있다. 그런데 한 번쯤 의심해볼 만한 부분이 있다. 착방조 이야기가 과연 사실일까? 아마도 일부는 사실이고 일부는 허구일 것이다. 어디까지가 진실인지 정사를 통해 알아보자.

《삼국연의》의 착방조 이야기는 세 부분으로 나눌 수 있다.

첫 부분은 동탁 암살 내용인데, 이것은 확실히 허구이다. 하지만 완전한 허구는 아닐 것이다. 아마도 조조가 어린 시절 유협 놀이를 즐기고 과거에 장양을 암살하려 했던 이야기에서 모티브를 얻었을 것이다.

두 번째는 진궁이 조조를 체포한 부분이다. 착방조 사건 자체는 분명한 사실이지만 등장인물은 다를 수 있다. 역사상 착방조의 주인공은 당연히 조조이지만 조연은 진궁이 아니라 이름 모르는 단역이었다.

《위진세어》魏晉世語를 인용해 주해한 《삼국지》에 다음과 같은 기록이 있다. 조조가 중모현으로 도망쳤지만 거동이 수상해 현지 백성에게 붙잡혀 관아에 끌려갔다. 이때 중모현 관아에도 조조를 체포하라는 동탁의 수배령이 도착해 있었다. 중모현의 2인자 공조功曹가 현령을 설득했다.

"대인, 지금 천하가 어지러우니 장차 누가 천하를 거머쥘지 모릅니다. 그러니 동탁 명령에 무조건 따를 필요는 없습니다. 제 생각엔, 조조 또한 영웅이니 훗날 동탁보다 뛰어난 위인이 될 수도 있습니다. 훗날을 생각해 그냥 풀어주시지요. 나중에 출세하면 은혜를 갚지 않겠습니까?"

조조는 이렇게 풀려났지만 공조의 이름이 무엇인지는 기록에 없다. 여기에 딱 한 번 등장하고 뒤에는 나오지 않는다. 공조가 진궁과 같은 인물이라는 증거 자료는 어디에도 없다.

마지막으로 세 번째 부분에 큰 차이점이 있다. 착방조와 여백사 멸문 사건의 시간 순서가 반대라는 사실이다. 지리적으로 보아, 조조가 낙양에서 출발해 동쪽 진류陳留로 도망가는 길이었으니 중모현에 도착하려면 반드시 먼저 성고현을 지나야 한다. 시간 흐름상 성고현에서 여백사 멸문 사건이 먼저 일어난 후 중모현에서 착방조가 발생했다고 봐야 한다. 그래야 조조가 중모현에 도착했을 때 누구나 의심할 정도로 잔뜩 긴장하고 거동이 수상했던 이유가 설명이 된다. 동탁이 수배령을 내린 범죄자일 뿐 아니라 일가족 8명을 죽인 살인범이기 때문이었다.

그렇다면 이 시점에서 가장 큰 의문은 착방조 이야기의 핵심인 여백사 멸문 사건이 대체 어떻게 일어났는가하는 것이다.

여백사 멸문 사건이 왜 가장 큰 의문일까? 동한 말기~삼국 역사의 가장 중요한 사료인 《삼국지》와 《후한서》에 관련 기록이 전혀 없기 때문이다. 오늘날 확인할 수 있는 이 사건의 단서는 모두 남조의 배송지가 주해한 《삼국지》에서 나온 것들이다. 배송지는 이 부분에서 세 증인이 내놓은 세 가지 증언을 인용했다. 문제는 이 증언이 서로 모순된다는 사실이다. 일단 세 증인의 증언을 살펴보자.

증인 1: 왕침王沈

증언 출처: 《위서》

왕침의 증언에 따르면, 조조가 지인 여백사 집에 들렀을 때 여백사는 집에 없었다. 여백사 아들들이 조조가 탄 말이 크고 좋은 데다 돈이 많은 것을 보고 재물에 눈이 멀어 공범을 모아 훔치려 했다. 조조는 어쩔 수 없는 상황에 몰리자 정당방위로 상대를 모두 죽이고 바로 도망쳤다.

여기서 주목할 점은 두 가지이다. 첫째, 여백사가 조조 아버지 친구라는 내용은 없고 단지 조조의 '지인'이라고 했다. 그러나 여백사 아들들이 강도짓을 했다면 여백사는 확실히 조조 아버지뻘일 것이다. 둘째, 몇 명을 죽였는지에 대한 언급이 없다. 이것이 첫 번째 판본이다.

증인 2: 곽반郭頒

증언 출처: 《위진세어》

곽반도 조조가 여백사 집으로 도망갔을 때 여백사가 집에 없었다고 했다. 그러나 여백사의 다섯 아들은 강도짓을 하지 않고 성의껏 조조를 대접했다. 그런데 조조의 심각한 의심병이 도졌다.

'이 사람들, 나한테 왜 이렇게 잘해주지? 이유 없이 잘해주는 건 사기꾼 아니면 도적이라고 했어. 이것들이 날 죽이려는 거 아니야?'

결국 바로 칼을 뽑아 여백사 가족 8명을 죽이고 도망갔다. 여기는 죽은 사람 수를 구체적으로 언급했다. 이것이 두 번째 판본이다.

증인 3: 손성

증언출처: 《잡기》雜記

손성은 조조가 여백사 집에서 머물던 중 한밤중에 옆방에서 식기 부딪히는 소리를 들었다고 말했다. 고대 식기는 모두 금속으로 만들었기 때문에 그릇인지 무기인지 구분하기 힘들었을 것이다. 의심 많은 조조는 당장 뛰어나가 사람을 죽였다. 죽이고 나서야 잘못 죽인 것을 알고 괴로워했다. 그리고 '내가 천하를 버릴지언정, 천하가 날 버리게 하지 않겠다.'라는 명언을 남기고 도망갔다. 여기에는 살인 동기와 오해의 원인은 나와 있지만 살인 과정에 대한 설명은 없다. 이것이 세 번째 판본이다.

한밤중에 일어난 살인사건, 세 증인의 말이 모두 다르다. 이렇게 보면

난세의 리더 조조

여백사 멸문 사건은 정말 미스터리하다. 하나뿐인 진실, 그 하나가 대체 어느 것일까? 멸문 사건은 분명히 일어났는데 문헌 기록이 서로 달라 결국 미스터리가 됐다.

그렇다면 배송지가 인용한 세 가지 기록 중 어떤 것이 역사 사실에 가장 가까울까? 1,800년 전 사건 현장에서 대체 무슨 일이 벌어졌을까? 조조의 진짜 살인 동기는 무엇일까? 가장 사실에 가깝다는 정사 《삼국지》에는 왜 이 멸문 사건에 대한 기록이 없을까?

1,800년 만의 진실

하나뿐인 역사 사실을 두고 사료마다 기록이 다른 상황은 역사 연구에서 흔히 겪는 문제이다. 사료 연구의 기본 규칙에 따라 하나하나 기록을 파헤쳐 가장 진실에 가까운 결론을 모색해내는 것, 그것이 역사학자가 해야 할 일이다.

일단 위의 세 가지 증언은 크게 두 가지 견해로 정리할 수 있다.

세 가지 증언을 잘 살펴보면 증언 2와 3은 상호 보완적이고 증언 1은 나머지 증언과 모순적이다. 다시 말해 어느 한쪽은 거짓이다.

왕침은 증언 1(이하 견해 A)에서 정당방위라고 말했다. 여백사 가족이 강도짓을 벌이자 신변 위협을 느낀 조조가 폭력에 맞서 방어하다가 상대를 죽음에 이르게 했으니 형사 책임이 없는 정당방위라는 것이다.

상호 보완적인 증언 2와 3(이하 견해 B)은 고의 살인이라고 말했다. 조조가 개인적인 판단 오류로 공격당할 것이라고 착각해 과잉방어를 하는 바람에 8명을 죽이고 말았다. 오늘날 중국의 형법 관점에서 보면 가상 방위 imaginative defense에 해당하는데, 가상 방위는 엄연한 형사 책임 대상이다. 증언 2와 3을 하나로 묶은 이유는 역사학 관점에 따른 것으로, 증언 3은 증언 2에서 파생된 것이다.

《세설신어》주해 내용에 따르면, 증언 2를 말한 곽반이 삼국과 가까운 서진 시대 사람이고, 그가 쓴《위진세어》는 내용이 매우 상세해 사료적 가치가 높았다. 그래서 손성이 글을 쓰면서《위진세어》를 많이 참고했다. 다시 말해 손성의 견해는 곽반에게 들은 것이나 다름없다. 오늘날 범죄 수사 관점에서 보면 곽반의 증언이 원본이고 손성의 증언은 복사본에 해당한다.

안타깝게도 손성의《잡기》를 인용했던 배송지의《위씨춘추이동》魏氏春秋異同은 유실되어 존재하지 않는다. 하지만 북송北宋 시대에 쓴《태평어람》중에《위씨춘추》의 착방조 이야기를 인용한 기록이 있다. 이 기록을 보면 배송지가 확실히 곽반과 손성의 이야기를 인용했다. 결국 곽반과 손성의 견해는 같은 맥락으로 봐야 할 것이다.

이제 문제가 간단해졌다. 정당방위를 언급한 A와 고의 살인을 언급한 B 중, 어느 것이 이 사건의 진실일까?

다음 단계는 논리적인 추론이다.

역사 자료가 부족한데 그 내용이 모순적이라면, 논리적으로 추론하는 것이 일반적인 역사학 연구 방식이다. 고증학考證學에서는 이것을 이치에 맞게 증명한다는 뜻으로 이증理證이라고 한다.

여백사는 조조의 오랜 친구이다. 여백사가 집에 없었던 건 그렇다 치고, 여백사 아들들은 왜 까닭 없이 조조를 공격했을까? 어쨌든 여백사는

난세의 리더 조조

성고현의 부유한 지주였고 집안 형편도 넉넉했다. 그런데 아들들이 재물에 눈이 멀어 아버지의 옛 친구에게 강도짓을 할 이유가 있었을까? 이것이 첫 번째 의문점이다.

다음으로 여백사의 아들들이 정말 조조의 재물을 뺏으려고 마음먹었다면, 상식적으로 생각할 때 충분히 준비했어야 한다. 여백사 아들들 입장에서는 홈그라운드에서 싸우는 것이고 더구나 공범까지 불러 모았으니 수적으로 훨씬 유리했다. 반면 조조는 어려서부터 유협을 즐기고 무예 실력이 뛰어나긴 했지만 관우나 장비처럼 독보적인 실력은 아니었다. 불시의 공격을 받았는데 혼자 힘으로 8명을 순식간에 해치우고 상처 하나 없이 멀쩡하게 도망칠 수 있었을까? 이것이 두 번째 의문점이다.

이것으로 보아, 고의 살인에 무게를 둔 견해 B가 조금 더 사실에 부합한다고 생각한다. 조조가 애초에 살인을 목적으로 불시에 칼을 뽑았고 무방비 상태의 여백사 가족을 몰살시켰을 것이다. 여백사 가족이 집단으로 강도짓을 벌이다 반격하던 조조에게 죽임을 당했을 가능성은 적다. 이 정도면 견해 A는 거짓이라고 봐도 무방할 것이다. 이쯤에서 또 다른 의문이 든다. 왕침은《위서》에서 왜 거짓 이야기를 꾸며냈을까?

논리 추론의 마지막 세 번째 단계는 세 가지 증언의 기본 성향을 분석하는 것이다.

왕침은 위나라 관리였다.《위서》는 왕침이 조조의 자손인 조비와 조예曹叡의 명을 받들어 쓴 책이다. 즉《위서》는 국가가 편찬한 현재 왕조의 역사였다. 이런 상황이니 조조가 초기에 저지른 잘못을 사실 그대로 기록할 수 없었을 것이다. 이는 고대 역사 기록의 관례이기도 했다. 당나라 역사가 유지기劉知幾는 그의 저서《사통》史通에서 왕침의《위서》를 이렇게 평가했다.

유지기劉知幾

당나라 역사가. 당시 부패한 사관들과 의견이 맞지 않아 홀로《사통》을 저술했다.《사통》은 선진 시대에서 당나라에 이르기까지 일관된 관점으로 서술한 세계 최초의 체계적인 역사학 개론으로 평가되고 있다.

'시대의 제약으로 많은 진실을 숨겼다. 중요하고 민감한 문제에서는 신뢰하기 힘들다.'

반면 곽반은 서진, 손성은 동진 사람이기 때문에 동한 말기~삼국 역사를 말하는 데 있어 크게 조심스러울 것이 없었다. 또한《위진세어》와《잡기》는 개인이 편찬했기 때문에 표현도 훨씬 자유로웠다. 그래서 조조의 과거를 과감하게 폭로했을 것이다. 사료의 기본 성향 관점에서 보면 착방조 이야기는 곽반의《위진세어》와 손성의《잡기》쪽이 훨씬 믿을 만하다.

마지막으로 네 번째 증인을 모셔볼까 한다. 바로《삼국지》의 저자 진수이다.

《삼국지》에 이 사건에 대한 언급이 전혀 없다고 했는데, 무슨 일인가 싶을 것이다. 바로 그것이다. 이미 널리 알려진 이 이야기가《삼국지》에서 전혀 언급되지 않았다는 점, 그것이 너무 이상했다. 진수는 역사상 매우 뛰어난 역사가이므로《삼국지》저술 당시 위에 소개한 두 가지 견해를 모두 알고 있었을 것이다. 그런데 왜 한마디도 언급하지 않았을까?

이유는 아주 간단하다.《삼국지》는 서진 시대 작품이고, 서진은 위나라 황제가 황위를 선양해 세워진 나라이기 때문이다.

중국 고대 왕조의 건립 방식은 크게 반란과 선양禪讓, 두 가지로 나뉜다. 반란으로 전 왕조를 무너뜨렸다면 전 왕조를 부정해야 현 왕조의 정통성을 확립할 수 있다. 그러나 선양으로 시작된 왕조는 전조의 정통성을 그대로 이어받게 된다. 즉 위나라의 정통성이 곧 서진의 정통성인 것이다. 진수가《삼국지》를 쓸 당시 서진 황제의 관심이 지대했기 때문에 위나라의 정통성을 지키기 위해 존엄함을 깎아내리는 말을 피해야 했다.

만약 왕침의 증언대로 조조가 정당방위였다면, 진수는 당당하게 기록을 남겼을 것이다. 혼자 힘으로 범죄 집단을 무찌르다니, 이 얼마나 명예로운 일인가! 그러나 진수는《삼국지》에서 이 사건을 전혀 언급하지 않았다. 언급을 회피했다는 것 자체가 여백사 멸문 사건이 사실이라는 방증일 것이다.

지금까지의 추론 결과를 정리해 보자.

조조는 살인의 의도가 있었다.

진수는 진실을 은폐했다.

왕침은 위증했다.

곽반과 손성의 기록이 진실이다.

추론 결과를 토대로 정리한 최후의 결론은 다음과 같다. 1,800년 전 어느 깊은 밤, 성고현 교외 여백사 집에서 미친 듯이 살육을 저지른 살인마가 있었다. 범인은 피바다가 된 마당에 시체 8구가 널브러진 후에야 칼을 멈췄다. 희미한 불빛이 비추는 가운데 범인이 천천히 고개를 돌렸다. 서서히 드러나는 살인마의 얼굴은 바로 조조였다.

깨끗이 잊고 새로운 삶을 시작하다

여백사 멸문 사건은 중국 역사 전체로 보면 정말 작고 하찮은 일이다. 훗날 파란만장한 조조의 생애를 평가할 때 사람들은 대부분 이 일을 크게 신경 쓰지 않았다. 조조 손에 죽은 사람이 많아도 너무 많으니 역사의 한

귀퉁이에서 죽어간 여씨 일가가 대수겠는가?

　하지만 역사는 신의 관점이나 후대의 관점으로 바라볼 것이 아니라 동시대인의 관점으로 역사 인물의 마음을 읽어야 그 흐름을 제대로 알 수 있다. 후대인의 객관적인 시선으로 보면 이 사건은 조조 인생에서 아주 작은 에피소드에 불과하다. 그러나 조조 개인으로 보면, 뒤도 돌아보지 않고 도망쳐야 했던 시절의 이 사건이 그의 심리 상태에 적잖은 영향을 끼쳤을 것이다.

　당시 조조는 아직 젊다고 할 수 있는 35살이었고 훗날의 조조만큼 모질거나 노련하지 않았다. 더구나 직접 자기 손으로 사람을 죽이기는 처음이었다. 그것도 죄 없는 사람을, 한꺼번에 8명이나 죽였다. 조조는 누구도 건드릴 수 없는 깊은 무의식 속에 이 일을 묻었을 것이다. 여백사 멸문 사건은 도망길의 조조에게 어떤 영향을 끼쳤을까?

　조조의 인생 전체 관점에서 보면 이 시기는 확실히 특별한 의미가 있다. 그는 낙양을 탈출하는 순간 구제도와 구사상의 속박에서 완전히 벗어났다.

　조조는 15살에 태학에 들어가고 20살에 효렴에 천거되면서 운명의 주도권을 타인에게 넘겼다. 당시 사회에 인물평론이 크게 유행하자 좋은 평판을 얻기 위해 여러 명사들을 찾아가 비위를 맞췄다. 매관매직이 유행할 때, 입으로는 올바른 길이 아니라고 비난하면서도 집안 배경을 업고 흐름에 편승했다. 불과 얼마 전까지 조조의 운명은 혼군 영제와 졸장부 하진의 손에 좌우됐다. 변화무쌍한 관료사회에서 삼기삼락을 겪는 내내 구제도 안에서 이리저리 떠밀리며 그럭저럭 참고 견뎌왔다.

　옛말에 삼십이립三十而立이라 했다. 30살은 삶의 기반이 확고해지는 나

난세의 리더 조조

이란 뜻이다. 여기에서 기반이란 단순히 경제적인 의미가 아니라 독립적인 인생 가치를 실현할 수 있는 기반이다.

35살 조조는 낙양을 탈출하면서 한나라의 구제도에서 탈출했다. 이제야 자신의 미래와 인생을 명확히 인식하고 독립적으로 결정할 수 있게 됐다.

이때부터 스스로 모든 것을 일구기 시작했다. 자신의 운명을 남에게 맡기지 않고 스스로 개척했다. 구사상을 뒤엎고 새로운 제도를 만들었고, 결국 누구보다 찬란한 인생을 완성했다. 그래서 필자는 이렇게 말하고 싶다. 조조는 무시무시한 칼로 무고한 생명을 죽였지만 동시에 과거의 자신을 단호하게 끊어낸 것이라고. 묵은 때를 피로 씻어내고 새로운 삶을 시작해 드디어 삼십이립을 실현했다.

조조는 낙양을 탈출해 진류로 도망친 후, 재산을 털어 군대를 모집했는데 그 수가 대략 5천이었다. 이즈음 동탁에 반대해 일어난 의병 군대가 낙양 동쪽 지역에만 열 개가 넘었다. 이들이 하나로 뭉쳐 기세등등한 반동탁 연합군이 탄생했고 원소를 맹주로 추대했다. 이것이 바로 《삼국연의》의 소제목으로 유명한 '18로 제후가 동탁을 토벌하다'이다.

자신감 넘치는 정의의 사도와 온갖 악행을 저지르는 악마의 대결. 과연 정의가 이길 것인가, 악마가 이길 것인가? 조조는 다가올 거대한 피바다를 겪으며 또 어떻게 성장해 갈까?

7장

거주徐州 복수기

193년, 서주와 연주 경계 지역에서 또 하나의 멸문 사건이 발생했다. 이 사건의 피해자는 조조 집안이었다. 조조의 아버지와 동생 등 일가족이 피살됐다. 조조 가문에 칼을 휘두른 범인은 대체 누구일까? 범인의 목적은 무엇이었을까? 비보를 접한 조조는 어떻게 복수했을까?

동상이몽, 각자의 길로

조조는 군대를 이끌고 원소의 반동탁 연합군에 합류했지만 금방 후회했다.

위풍당당한 기세를 뽐내며 원소 휘하에 모인 정의의 사도들이 하는 일이라곤 딱 두 가지였다. 허구한 날 회의를 열어 어떻게 동탁을 무너뜨릴지, 어떻게 황제를 구해낼지 토론하고, 토론하고, 또 토론했다. 회의가 끝나면 술자리가 이어졌다. 이 많은 군벌이 한자리에 모이기는 쉬운 일이 아니라다들 이 기회에 친목을 도모하느라 정신이 없었다.

조조는 이런 행태가 마음에 들지 않아 몇 번이나 당장 동탁을 치자고건의했지만 원소는 매번 반대했다.

명색이 동탁을 토벌하기 위해 모인 연합군인데, 원소는 왜 반대했을까? 사실 원소는 본인의 계획이 따로 있었다. 일단 동탁 군대는 서북 변경에서 이민족과 전투를 벌이며 수년간 실력을 쌓아온 진짜 군대이고 특히동탁 자체가 뛰어난 명장이다. 그에 비해 연합군은 기세 높게 뭉치긴 했지만 제대로 전투를 치러본 사람이 거의 없는 오합지졸이었다. 병사들 대부분이 좀도둑이나 잡으러 다닌 포리나 군졸이라 목숨을 걸고 싸울 용기는 없을 터였다. 동탁 군대와 진짜 전투를 벌일 경우, 이길 자신이 없었다. 결국 원소의 목적은 군사 쪽이 아니었다.

그런데 정치 분야는 다르다. 정치 담판이라면 진짜 칼을 휘두르지 않고 술잔을 주고받으며 상대를 제압할 수 있다.

원소는 낙양을 떠나기 직전까지 세상 사람들에게 강렬한 이미지를 남겼다. 하진 대장군부의 최고 모사였던 그는 환관 제거 계획을 세우면서 교묘하게 양측이 서로 칼을 겨누게 만들어 동한의 수백 년 역사를 좌우했던 외척과 환관 세력을 한 번에 무너뜨렸다. 그 후 동탁이 낙양을 점령했을 때 모두가 보는 앞에서 용감하게 동탁에게 맞섰다. 결국 통하지 않았지만 칼을 들고 위협적으로 인사를 한 후 당당하게 낙양을 떠났다. 이 일로 원소는 지략이 뛰어나고 강자를 두려워하지 않는 확실한 정치 리더의 이미지를 만들었다. 여기에 사세삼공을 배출한 집안 배경과 황제를 구하기 위한 반동탁 연합이라는 명분이 더해져 단숨에 천하 군벌의 맹주 자리를 꿰찼다.

원소는 회의할 때 토론을 주도하고 다 함께 술을 마실 때 상석에 앉음으로써 맹주 자리를 지키고 권위를 높일 수 있으면 그만이었다. 목숨 걸고 진짜 전투를 벌이는 것이 아니라 사교 활동만으로 충분했다.

'싸우고 싶으면 자네나 가서 싸우게. 나는 자네처럼 멍청한 짓 할 생각이 전혀 없네.'

조조는 원소의 요지부동에 별수 없이 혼자 싸우기로 했다. 얼마 되지 않는 본인 군대만 이끌고 출정해 동탁의 대군과 전투를 벌였다. 결과는 뻔했다. 극명한 수적 열세를 극복하지 못하고 낙엽처럼 우수수 떨어져 나가

난세의 리더 조조

며 처참하게 패했다. 원소가 우쭐해하며 조조에게 큰소리쳤다.

"내가 뭐라고 했나? 그러니까 섣불리 나가 싸우면 안 된다고 했잖아!"

그 후로도 회의와 술판이 계속 이어졌다.

한편 낙양을 차지한 동탁도 괴롭기는 마찬가지였다. 십만 대군이 낙양 성을 포위한 채 싸우지도, 물러가지도 않고 매일 호시탐탐 자신을 노리고 있으니 밥이 목구멍으로 넘어가지 않았다. 항상 고도의 경계 상태를 유지 하느라 신경이 곤두서 죽을 맛이었다. 그렇다고 경계를 늦추자니 혹여 진 짜 쳐들어오면 어쩌나 싶어 이러지도 저러지도 못했다.

한나라의 주요 통치 범위는 함곡관函谷關을 경계로 크게 관중關中과 관 동關東으로 나뉜다. 낙양을 둘러싼 관동 지역은 동한 통치의 핵심이었다. 100년 이상 동한 정치의 중심지로 자부심이 높았던 터라 원소가 동탁을 토벌하고 황제를 구한다는 명분을 내세웠을 때 수많은 제후 세력이 달려 왔다. 장안을 중심으로 한 관중은 서한 통치의 핵심이었으나 서한에서 동 한으로 넘어가는 동안 수차례 전란을 겪으며 폐허가 됐다. 이에 동한의 개 국 황제 유수가 낙양으로 수도를 옮기자 관중은 강족羌族 등 서북 소수민 족과 끊임없이 분쟁이 일어나는 최전방으로 전락해 매우 황량해졌다. 동 탁은 오랫동안 이민족과 전투를 치러왔기 때문에 관중의 기반이 탄탄했 다.

그래서 관동 제후 연합군에게 위협받던 동탁은 낙양성을 불태워버리 고 장안으로 천도한다는 명분을 내세워 헌제 유협과 대신들을 인질로 삼 아 자신의 근거지, 관중으로 돌아갔다.

동탁이 낙양성에 불을 지르고 장안으로 도망가자 원소는 연합군이 승리했다고 생각했다. 그런데 이 승리가 오히려 연합군을 분열시켰다.

연합군은 애초에 동상이몽에 빠진 오합지졸이었다. 동탁이라는 공동의 적을 목표로 각기 다른 생각을 숨기고 잠시 함께했던 것뿐이다. 그 공동의 적이 도망가 버리자 연합군의 목표도 사라졌다. 동탁을 뒤쫓는 이는 아무도 없고 다들 이 기회에 자기 세력을 강화하고 기반을 넓힐 궁리만 했다. 결국 동탁이 도망간 후 바로 내분이 일어났다. 더 많이 가지려 서로 뺏고 뺏기를 반복하며 모래성 무너지듯 뿔뿔이 흩어졌다.

이 과정에서 조조는 두 가지 사건을 통해 원소의 실체를 확실히 알았다.

첫째, 황제 옹립 사건이다.

동탁이 낙양에 입성했을 때 소제 유변을 폐하고 유협을 황제로 옹립했었다. 원소는 동탁에 반대한다는 명분으로 군대를 일으켰으니 동탁이 세운 가짜 황제의 정통성을 인정할 수 없었다. 더구나 황제가 동탁에게 잡혀 있으니 본인의 정치 입지가 불리할 수밖에 없다. 그래서 동탁이 천도하는 것을 보고 계획을 수정했다. 처음 계획은 역적 동탁을 제거하고 황제를 구하는 것이었다. 그런데 지금 황제는 어차피 동탁이 세운 가짜 황제이니 구할 필요가 없어졌다. 차라리 새 황제를 세워 동탁에 맞서기로 했다.

원소는 한나라 종친 중 당시 동북 변경 군정 장관인 유주목幽州牧 유우劉虞를 점찍었다. 유우는 능력도 있고 요직을 두루 거쳐 정치적 명망이 높았다. 원소가 보기에는 유우가 헌제보다 훨씬 나았다. 그러나 확신이 서지 않아 조조를 찾아가 상의했다.

"맹덕, 유우를 황제로 옹립하는 게 어떻겠나? 내가 보기에 유우가 유협보다 훨씬 낫거든."

조조는 강하게 반대하며 이렇게 말했다.

"아무리 동탁이 옹립한 황제지만 그래도 하늘 아래 황제는 단 한 명이네. 만약 자네가 유우를 황제로 세운다면 백성들은 누구를 따라야 할지 헷갈릴 걸세. 민심이 흔들리면 천하가 혼란스러워져. 게다가 자네는 천하 제후 세력의 수장으로 본보기가 되어야 하네. 만약 자네가 다른 황제를 옹립하면 다른 제후들도 각자 다른 황제를 옹립하려고 하겠지. 자네로 인해 용머리가 사라지고 천하가 사분오열되고 말걸세."

그리고 마지막에 냉정하게 몇 마디 덧붙였다.

"그래도 유우를 황제로 세우겠다면 말리지는 않겠네. 자네는 유주로 가서 유우를 황제로 세우게. 난 혼자서라도 장안에 가서 황제를 구할 테니까."

조조가 강력히 반대하니 원소도 어쩔 수 없었다. 얼마 뒤 유우 역시 원소의 꼭두각시로 반란의 주범이 되고 싶지 않다는 뜻을 명확히 밝히면서 이 일은 흐지부지 됐다.

둘째, 옥새 사건이다.

원소는 어디서 구했는지 옥새를 가지고 있었다. 어느 날 연합군 제후들이 또 술판을 벌였다. 원소는 마침 조조 옆에 앉아 있었는데 주위를 살피더니 품에서 몰래 꺼낸 옥새로 조조의 팔꿈치를 툭 쳤다.

원소의 행동이 무슨 뜻이었을까? 고대의 옥새는 최고 권력의 상징이었다. 원소의 행동은 일종의 암시였다.

'맹덕, 잘 보라고. 옥새가 내 손에 있어. 내가 이미 최고 권력을 쥐고 있는데 그래도 날 받들지 않을 거야? 끝까지 따르지 않을 셈이야?'

또한 이 행동은 더 이상 신하의 도리를 지키지 않겠다는 뜻이기도 했다.

조조는 이 순간 원소가 매우 야비하고 옹졸하다고 생각했다.

'이것이 공개적으로 떠벌릴 수 없는 생각임을 본인도 잘 알고 있으니 이렇게 몰래 표현하는 것이겠지. 하지만 이 조조를 뭐로 보는 건가? 내가 너처럼 옹졸한 인간을 따를 것 같아?'

역사 기록에 따르면, 이때 조조는 크게 웃으며 농담처럼 이렇게 말했다고 한다.

"난 자네 명령 안 따를 건데?"

겉으로는 웃으며 이렇게 말했지만 속으로는 이미 원소를 무척 경멸하게 되었을 것이다.

조조는 이 두 사건을 통해 원소에 대한 생각이 예전과 크게 달라졌다.

소년 조조는 패국 초현을 떠나 낙양의 태학에 입학했을 당시, 작은 시골 마을 환관 집안 출신이라는 생각 때문에 열등감이 상당했었다. 태학에서 고상하고 기품이 넘치는 귀족가문 자제들을 볼 때마다 자신이 너무 초라하고 부끄러웠다. 특히 사세삼공의 후손인 원소는 용모가 훌륭하고 사교 능력도 뛰어났다. 조조와 동년배인 원소는 그때 이미 신세대 사대부의 리더였다. 조조는 그런 원소를 크게 존경해 적극적으로 친구가 되었고, 분주지우의 일원이 되어 원소를 큰형님으로 받들었다. 조조의 소년 시절을 돌아보면 원소 큰형님 덕에 분주지우에 들어갔고, 원소 큰형님을 따라 새로운 세상을 배웠고, 세상의 멸시와 괴롭힘을 막아준 것도 원소 큰형님이었다.

이후 두 사람은 각자 관리의 길을 걷다가 몇 차례 뜻을 모으기도 했다. 원소가 하진 수하에서 환관 제거 계획을 세울 때, 동탁을 치기 위해 관동 의병을 일으킬 때, 조조는 원소가 부르면 당장 달려가 의리를 지켰다.

어찌 보면 말 잘 듣는 착한 동생 같았다.

그런데 가까워질수록 원소의 큰형님 이미지가 사라졌다. 조조 눈에 비친 사세삼공 명문 귀족 출신 도련님인 원소는 보통 사람과 비교하면 확실히 뛰어나지만, 자신과 비교하면 아무리 봐도 크게 나을 것이 없었다. 특히 하진과 환관 제거 계획을 세울 때 동탁을 끌어들여 태후를 위협하자는 어리석은 방법을 내놓았다. 이것은 이후 동탁의 행보로 확실히 증명됐다. 동탁을 끌어들인 방법이 원소의 어리석음을 증명했다면, 이번 반통탁 연합군의 맹주 역할은 원소의 이기심과 비열함을 여실히 드러냈다.

이제 조조는 원소의 훤칠한 외모에 숨겨진 비열한 본성을 확실히 알게 되었다. 그는 더 이상 갓 상경한 풋내기 태학생이 아니었다. 삼기삼락을 겪으며 자신의 능력에 점점 더 확신이 생겼다.

'사세삼공? 원소 따위는 내 위에 앉아 있을 자격이 없어. 원소뿐 아니라 이 세상 어떤 누구도 내 머리를 숙이게 할 사람은 없어. 나 조조는 내 힘으로 세상에 우뚝 설 것이다!'

다시 말해 조조가 태어날 때부터 자신감 넘치는 야심가였던 것은 아니다. 그의 자신감은 오랫동안 겉만 번지르르한 명문 귀족, 권문세가 사람들을 상대하면서 만들어진 것이다.

그러나 조조는 그 어느 때보다 이성적이었다. 원소가 본인의 능력은 대단치 않지만 어쨌든 집안 배경이 좋고 대외적으로 명성이 훌륭하니 누가 봐도 제후 연합군의 맹주감이었다. 반면 지금의 조조는 실력을 키우지 못해 공개적으로 원소에 맞설 상황이 아니었다. 지금은 원소와 맞설 때가 아니라 일단 원소 세력을 이용해 힘을 길러야 했다.

조조는 원소와 정식으로 갈라지기 전에 마지막으로 한 번 더 대화를 나눴다. 이 대화가 향후 10년의 화북 세력 판도를 결정했다.

"맹덕, 자네가 간다면 굳이 붙잡지 않겠네. 그런데 여기를 떠나면 자네 혼자 어쩔 생각인가?"

음흉한 조조는 먼저 원소의 생각을 떠보려고 대답 대신 거꾸로 질문을 던졌다.

"자네는? 앞으로 어떻게 할 생각인가?"

사실 원소는 조조의 계획이 전혀 궁금하지 않았다. 이렇게 대화를 시작해 자연스럽게 자신의 웅장한 포부를 과시할 생각이었다. 영리한 조조가 자신의 의도를 눈치챘다고 생각해 신이 난 원소는 자신의 계획을 숨김없이 털어놓았다. 그는 여유롭게 창밖 세상을 가리키며 자신만만하게 입을 뗐다.

"황하를 기준으로 먼저 북쪽을 도모할 것이네. 북방 군벌과 유목 민족을 먼저 해결해야지. 북방의 전투 말과 병력 자원을 더해 남쪽으로 내려가 중원을 도모할 것이야. 이 정도면 되지 않겠나?"

조조는 원소의 뜻을 바로 이해했다.

'네가 황하 북쪽으로 진출하겠다면 난 남쪽으로 가야겠군. 어쨌든 정면충돌은 최대한 늦춰야 하니까.'

조조는 속마음을 숨기고 간단하게 대충 얼버무렸다.

"나는 천하의 모사와 장군을 모아 도덕으로 이끌어보려 하네. 그러면 안 될 일이 없지 않겠나?"

조조의 대답은 두 가지로 해석할 수 있다. 표면적으로 보면 원소의 질문에 적당히 형식을 맞춘 대답으로 예의를 차린 인사치레에 해당한다. 하지만 곰곰이 생각해보면 본인의 의지를 확실히 밝힌 셈이다. 형이하학적인

난세의 리더 조조

구체적인 전략 계획이 아니라 보통 사람이 이해하기 힘든 형이상학적인 전략이다.

진정한 야심가는 자신의 뜻을 드러내는 데 주저함이 없다. 어차피 평범한 자들은 듣는 귀가 없어 들어도 그 큰 뜻을 알아차리지 못하기 때문이다.

역시나 원소는 그 의미를 전혀 모르고 그저 헛소리라고 생각하며 한 귀로 흘려버렸다. 오랫동안 좋은 친구로 지내왔던 두 사람은 이날 이후 각자 다른 길을 걷기 시작했다. 원소와 조조는 서로 등을 돌린 채 한쪽은 황하 북쪽으로, 다른 한쪽은 중원에서 세력을 확장했다. 두 사람은 한동안 자기 일에 몰두하며 서로의 영역을 침범하지 않았다.

조조의 뜻은 명확했다.

'조만간 원소와 결전을 치르게 되리라. 최종 결전에 대비해 일단 지금은 상대할 만한 적수부터 제거하자.'

그런데 이때, 청천벽력과 같은 비보가 전해졌다. 원소를 상대할 때 그토록 냉철하고 이성적이었던 조조가 눈에 불을 켜고 살육을 시작했다. 이번에는 일가족이 아니라 수십만 명이었다.

원한의 칼과 복수의 칼

193년, 서주와 연주 경계 지역에서 멸문 참극이 벌어졌다.

멸문당한 가문은 바로 조조 집안이다. 사건 현장은 한적한 교외 저택, 조조의 동생 조덕의 시체는 대문 앞에 쓰러져 있었다. 여기에서 저항하다가 무참하게 살해당했을 것이다. 온통 피바다로 변해버린 끔찍한 정원 여기저기에 시체 여러 구가 널브러져 있었다. 뒷간에서도 시체 두 구가 발견됐다. 칼에 맞아 죽은 두 사람은 조조의 아버지 조숭과 그의 애첩이었다.

그런데 조조 가족이 왜 갑자기 서주와 연주 경계 지역에 나타났을까? 끔찍한 멸문 참극을 벌인 범인은 대체 누구일까? 범인은 조조 가족을 왜 죽였을까?

앞에서 조숭이 매관매직으로 태위가 됐다고 말한 바 있다. 후에 나이가 든 조숭은 관직을 내려놓고 고향 초현으로 돌아갔다. 동탁의 횡포가 극심할 때 가장 피해가 컸던 곳 중 하나가 초현이었다. 조숭은 초현에서 살기가 어렵다고 생각해 이사를 하기로 결정했다. 조숭이 선택한 곳은 서주 낭야琅琊군이었다. 낭야군은 동쪽으로 아주 멀리 떨어져 바다에 근접하고 아주 조용해 노년을 보내기 좋은 곳이었다. 사족을 붙이자면 제갈량이 낭야 사람이다. 조숭은 낭야로 이사한 후 바닷바람과 멋진 풍경을 벗 삼아 유유자적 지냈다.

조조는 원소와 갈라선 후 중원에서 최선을 다했다. 먼저 끊임없는 전쟁으로 인한 혼란을 틈타 연주를 손에 넣어 기반을 마련했다. 자리를 잡은 조조는 조숭에게 편지를 보냈다.

'아버지, 더 이상 남에게 신세지지 말고 이곳으로 오십시오. 이제 힘을 키웠으니 아버지를 모실 수 있습니다.'

조숭은 편지를 받고 크게 기뻐했다.

"내 아들이 역시 큰 인물이 됐어!"

그리고 바로 떠날 준비를 했다.

"집과 땅을 팔아 금과 은을 마련해라. 한 번 더 이사를 가야겠다. 이번에는 내 아들이 있는 연주로 간다!"

그 시절에는 이사 전문 업체가 없었으니, 모든 짐을 직접 포장하고 수
레에 실어 옮겨야 했다. 조숭의 이삿짐은 얼마나 많았을까? 역사 기록에
따르면, 금은보화로 그득한 수레가 100대가 넘었다고 한다. 조숭과 가족들
은 금은보화가 담긴 수레 100대를 끌고 당당하게 거리를 활보하며 연주로
향했다. 조숭은 꿈에도 몰랐겠지만 그는 이미 누군가의 목표물이었다. 그
누군가는 도적떼가 아니라 서주의 최고 관리자 서주목徐州牧 도겸陶謙의 수
하였다.

동한 말기, 지방정부에 해당하는 주가 총 13개이고, 주의 군사와 정치
를 모두 책임지는 최고 관리자가 주목州牧이었다. 고위직인 서주목의 부하
가 왜 조숭을 노렸을까?

역사 기록에 두 가지 견해가 있다.

첫 번째는 복수라는 견해이다.

《후한서》〈응소전〉 기록에 따르면, 당시 조조와 도겸은 한창 전투 중이
었다. 도겸은 조조의 적수가 아니었기에 처참한 패배를 거듭했고, 당연히
조조에게 이를 갈았을 것이다.

'네 아버지가 아직 내 구역에서 요양 중이지 않아? 내가 널 못 이긴다
고 네 아버지도 못 이기겠어?'

《위진세어》를 인용해 주해한 《삼국지》 기록은 이러하다. 그때 마침 조
숭이 집을 옮기는데, 도겸이 공식적으로는 현지 태수 응소에게 병사를 보
내 조숭을 보호하라고 명하고 뒤로 은밀하게 기병 수천 명을 파견했다. 조
숭은 태수가 보낸 호위병인 줄 알고 아들 조덕에게 대문을 열어주게 했다.
결국 조덕은 그 자리에서 즉사했다. 병사들이 정원에 난입해 닥치는 대로

사람을 죽였다. 혼비백산한 조숭은 애첩을 데리고 서둘러 후원으로 도망쳤다. 그리고 후원 담벼락 밑에 열심히 개구멍을 팠다. 그 와중에도 신사도를 발휘해 애첩을 먼저 내보내려 했는데, 통통해서 구멍을 빠져나가지 못했다. 병사들이 금방 들이닥칠 것 같아 어쩔 수 없이 뒷간에 숨어 요행을 바랐다. 하지만 결국 두 사람도 칼에 베여 죽었다. 병사들은 조숭 가족을 모두 죽인 후 금은보화를 전부 챙겨 도적 떼가 침입했던 것처럼 꾸몄다. 태수 응소가 진짜 호위병을 이끌고 도착했을 때 조숭 가족은 이미 몰살당한 후였다. 응소는 크게 당황했다.

'조조와 도 주목이 알면, 분명 내가 책임져야 할 거야.'

관직이 문제가 아니었다. 응소는 살길을 찾아 조조의 최대 적수 원소에게 투항했다.

두 번째는 재물이 목적이라는 견해이다.

'사람은 죄가 없고 옥을 가진 것이 죄다.'라는 옛말이 있다. 조숭이 금은보화가 그득한 수레 100대를 이끌고 보란 듯이 대로를 활보했으니 당연히 노리는 자가 있었을 것이다. 《후한서》에 '도겸의 주둔군에 속한 병사들이 재물을 노리고 조숭 가족을 죽였다.'라는 기록이 있다. 그러나 《오서》吳書를 인용해 주해한 《삼국지》 기록은 또 다르다.

도겸이 기병 200명을 보내 조숭 가족이 서주를 떠날 때까지 호위하도록 했다. 이때 도겸의 생각은 이러했다.

'지금 조조의 세력이 무섭게 커지고 있는데 만약 그 아비가 내 구역에서 죽기라도 하면 큰일이다. 조조가 분명히 책임을 물을 텐데, 그땐 감당하기 힘들 것이다. 차라리 내가 직접 안전하게 호위해서 무사히 지나가도록 해야겠다.'

하지만 도겸은 사람을 잘못 골랐다. 호위 책임자의 인품을 전혀 고려하지 않았던 것이다. 호위 임무를 맡은 군관은 100대가 넘는 수레에서 뿜어내는 금은보화의 유혹을 견딜 수가 없었다.

'내 평생에 언제 이렇게 많은 금은보화를 구경하겠나? 이 정도면 몇 번을 다시 태어나도 다 못 쓸 거야. 군인이 되어 목숨 걸고 싸우는 이유가 뭐야? 돈 좀 벌어보겠다는 거 아니야? 이 돈 뺏어서 아주 멀리 도망가면 되지 않겠어? 이 어지러운 세상에 뭘 하겠어? 매일 술이나 마시고 흥청망청 돈이나 쓰는 거지.'

군관은 조숭 가족을 몰살한 후 금은보화를 모두 훔쳐 감쪽같이 사라졌다.

조숭의 죽음은 복수였을까, 재물 때문이었을까? 재물이 목적일 가능성이 더 높다. 여기에는 두 가지 이유가 있다.

첫째, 도겸이 조숭을 죽일 이유가 없다.

중화민국 시대에 노필盧弼이 《삼국지》를 연구해 주석한 《삼국지집해》三國志集解에 다음과 같은 고증이 있다.

삼국지집해三國志集解

중화민국 시대 학자 노필이 기존 학자들의 연구를 기초로 진수 《삼국지》와 배송지본 《삼국지》를 다시 해석한 작품이다. 풍부한 고증, 논리적이고 상세한 분석으로 오늘날 가장 뛰어난 《삼국지》 주해본으로 꼽힌다.

조숭이 죽을 당시, 조조와 도겸은 아직 전투를 벌이기 전이고 나름 사이가 좋았다.

다시 말해 조조가 군대를 일으켜 도겸을 공격한 것은 조숭이 죽은 후였다. 조숭의 죽음이 조조와 도겸의 싸움으로 이어진 것이다. 인과관계가 뒤바뀌므로 그 반대는 성립하지 않는다. 따라서 범행 동기는 복수일 수가 없다.

둘째, 도겸은 조숭을 죽일 필요가 없다.

《조조전》의 작가 장작요^{張作燿}는 이렇게 주장했다.

당시 조조는 중원에서 무섭게 세력을 키워가는 중이었다. 도겸은 상대적으로 세력이 약했기 때문에 먼저 도발할 리가 없었다.

만약 굳게 마음먹고 먼저 조조를 칠 생각이었다면 적어도 사전에 충분히 전투 준비를 했을 것이다. 그런데 전투 상황 기록을 보면 도겸은 다급하게 전투에 나선 데다 사정없이 두들겨 맞고 아주 처참하게 패했다. 따라서 도겸이 먼저 조조를 도발하거나 조숭을 죽였을 가능성은 희박하다.

이 두 가지 이유를 종합해 보면, 도겸의 수하가 재물에 혹해 강탈했을 가능성이 가장 크다. 도겸 본인은 잘못이 없었지만 조조는 무조건 도겸에게 화살을 겨눠야 했다. 일단 진범이 도망간 후여서 잡을 방법이 없다. 그리고 어쨌든 사건이 도겸의 관할 구역에서 일어났고 범인이 그 수하이므로 도겸은 책임을 면할 수 없다. 무엇보다 도겸이 서주목이라는 사실이 가장 중요했다. 조조는 애초에 서주를 빼앗을 계획이었는데 마땅한 핑계가 없어 고민하던 참이다.

조숭의 비보를 접한 조조는 슬픔을 딛고 일어나 도겸이 부친을 살해한 진범이라는 상소문을 올린 후 대군을 이끌고 도겸을 토벌하기 위해 서주로 진격했다.

서주 전투는 규모와 내용, 후대에 미친 영향 면에서 볼 때, 훗날 벌어진

난세의 리더 조조

관도대전이나 적벽대전에 비하면 그다지 존재감이 없다. 그러나 조조를 비판하고 부정적인 면을 언급할 때 거의 빠지지 않고 등장한다. 심지어 서주 전투가 조조 인생의 최악의 만행이었다고 말하는 이들도 있다.

대체 조조는 서주 전투에서 어떤 악행을 저질렀을까? 다음의 《후한서》의 기록을 살펴보자.

조조는 전투를 개시하자마자 파죽지세로 단숨에 10개가 넘는 성을 함락하고 다음 목표인 담성郯城을 공격했다. 유비 지원군의 도움을 받은 도겸은 죽을힘을 다해 싸워 가까스로 조조의 공격을 막아 냈다. 조조는 단기간에 함락시키기 어렵다고 판단해 일단 철수하기로 했다. 그런데 돌아가는 길에 죄 없는 서주 백성에게 분풀이를 했다. 병사들에게 보이는 대로 죽이라며 극악무도한 대규모 살육을 벌였다.

또 다른 사서는 '남녀 불문하고 수십만 명을 죽이고 닭과 개까지 죽여 사수泗水가 흐르지 못했다.'라고 기록했다. 중국 고대 사서에서 말하는 '수십만'은 보통 십만 내외를 의미하지만, 글자 그대로 보면 십만 이상, 더 많게는 수십만일 수도 있다. 이 기록의 핵심은 조조 군대가 죽인 대상이 적군이 아니라 힘없는 백성이라는 사실이다. 죄 없는 백성 수십만 명에 가축까지 모두 죽여 시체가 산처럼 쌓이니 산동에서 가장 큰 강이 막힐 정도였다.

조조의 군대는 엄격한 군기로 유명했고 조조도 눈 하나 깜짝하지 않고 사람을 죽이는 동탁 같은 악마가 아니었다. 그런데 왜 갑자기 이성을 잃고 그 많은 백성을 잔인하게 죽여 영원히 씻을 수 없는 인생의 오점을 남겼을까? 혹시 이 광기 어린 살육에 알려지지 않은 다른 이유가 있을까?

실책의 결과는 적의 기회, 그리고 동지의 배신

조조가 대규모 살육을 벌인 이유를 단 두 글자로 요약하면, 바로 '복수'이다.

복수 자체는 아주 간단하다. 갑이 을의 가족을 죽이면, 을도 가족의 복수를 위해 갑을 죽인다. 그러나 고대 중국의 복수는 사상과 제도의 의미가 더해져 매우 복잡했다.

먼저 사상적인 의미를 살펴보자.

고대 중국 사회의 정통 사상은 유가이다. 유가는 고상하고 점잖은 이미지와 달리 복수를 중시했다. 특히 한나라 때 널리 읽힌 《춘추공양전》春秋公羊傳에서는 '9대가 지나도 복수를 해야 한다.'라고 했다. 예를 들어 갑국 1대 왕이 을국 1대 왕을 죽였을 때, 을국 2대 왕이 당장 복수할 능력이 없는 것은 괜찮다. 중국에는 오늘날에도 '군자의 복수는 10년을 기다려도 늦지 않다.'는 말이 있을 만큼 복수에 있어서 시기는 중요하지 않다. 1세대가 이루지 못하더라도 천천히 힘을 키워 9대에 이르러 완성하면 된다. 을국 9대 왕이 갑국을 압도하는 힘을 길러 갑국을 무너뜨리면 1대 왕의 복수가 완성되는 것이다. 9대가 지나서까지 복수

춘추공양전春秋公羊傳

공자가 엮었다고 전해지는 《춘추》는 제자들을 위한 일종의 교재였다. 공자의 제자 자하(子夏)가 제나라 사람 공양고(公羊高)에게 《춘추》를 전했고, 한나라 경제 때 공양고의 후손 공양수(公羊壽)가 대대로 연구한 내용을 엮은 것이 《춘추공양전》이다. 공양학파는 간략하게 언급한 《춘추》의 대의를 자세히 설명해 고대 중국 정치에 큰 영향을 끼쳤다. 한나라 동중서에서 청나라 강유위(캉유웨이)에 이르기까지 많은 유학자가 공양학파를 받들었다.

난세의 리더 조조

를 한다는 생각은 사실 매우 극단적이다. 그런데 여기에서 꼭 눈여겨봐야 할 부분이 있다. 《춘추공양전》에서 말한 9대에 걸친 복수는 국가 차원의 원한이다. 국가의 복수 대상은 생명이 유한한 개인이 아니라 국가 정권이기 때문이다. 개인의 복수는 당사자가 죽으면 원한 관계가 끝나야 한다. 일반적으로 후대 자손에게 책임을 묻지 않았다.

유가의 복수는 복수를 실행하는 사람과 피해자의 관계에 따라 달랐다. 사촌이 죽었다면 죽은 사촌의 친형제가 복수하기 때문에 내가 앞장 설 필요가 없다. 그저 무기를 들고 뒤에서 힘만 실어주면 된다. 그러나 친형제의 복수라면 같은 나라에 사는 원수를 절대 용납하지 않고 바로 죽여야 했다. 그중에서도 최고의 원한은 바로 부모의 원수였다. 유가의 가르침에서 부모는 가장 가깝고 가장 공경해야 하는 존재이다. 그래서 부모를 죽인 원수와는 절대 같은 하늘 아래에서 살 수 없다는 말도 있다. 부모가 누군가의 손에 죽었다면, 모든 일상을 접고 부모의 복수를 인생 최우선 목표로 삼는 것이 효자의 기본이었다. 방패를 베개 삼아 건초더미에서 잠을 청하며 늘 복수의 칼날을 갈았다. 우연히 원수와 마주쳤는데 무기가 없다면 어떻게 해야 할까? 무기를 준비하러 돌아서는 것이 아니라 맨주먹이라도 당장 달려들어 끝장을 봐야 한다.

유가 사상에도 이렇게 혈기 넘치는 면이 있다. 예로부터 중국은 이 '복수' 사상을 바탕으로 끝까지 타협하지 않고 죽기 살기로 싸워 외세 침략에 맞서왔다. 효를 실천해 조정 관리가 될 수 있었던 동한의 효렴 천거 제도에도 이 복수 사상이 영향을 끼쳤다. 부모의 복수는 효를 과장해 보여줄 수 있는 가장 효과적인 방법이었다. 그런 이유로 동한 사회에서는 복수가 성행했다.

다음은 제도를 살펴보자.

제도적으로 보면, 국법은 기본적으로 사사로운 복수를 금지했다. 갑이 을의 아버지를 죽였다고 해서 을이 갑에게 복수한다면 갑의 아들이 다시 을에게 복수할 것이다. 그렇게 대대손손 서로 죽고 죽이면 복수는 언제 끝나겠는가? 이는 사회 질서와 치안을 크게 어지럽힐 뿐만 아니라 국법의 위엄을 훼손하는 일이다. 국법은 기본적으로 사회 질서를 유지해야 하므로 사사로운 복수를 금지하는 것이 당연하다. 억울한 원한이 있다면 직접 복수할 것이 아니라 관부에 신고해 대신 살인범을 잡아 법대로 처벌하도록 해야 한다. 이것이 당시 제도 규정이었다.

다시 말해 윤리 사상으로는 직접 복수를 권장하고 법률 제도로는 개인의 복수를 금지하는 모순적인 상황이었다. 이처럼 사상과 제도가 모순적이었기 때문에 동한 시대에는 다음과 같은 일이 빈번했다. 국법에서 개인의 복수를 금지했기 때문에 사법 제도는 일단 국법에 따라 직접 복수한 자에게 사형을 선고한다. 그런 이후 여론의 향방에 따라 특별 사면을 신청해 다시 풀려나는 경우가 부지기수였다. 이런 상황이니 복수극이 점점 더 기승을 부렸다. 나중에는 복수를 자랑스럽게 여기고 직접 원수를 죽이지 못한 자는 수치스러워했다. 간혹 과잉 복수가 벌어져도 사회 여론은 찬양 일색이었다.

대표적인 사례가 영제 시대에 일어난 소부위蘇不韋 사건이다. 동한 말기, 소부위라는 소년의 아버지가 경범죄로 사례교위 이고李暠에게 잡혔다. 이고는 전에 소부위의 아버지와 시비가 있었던 터라 이 기회에 보복을 하려고 모진 고문을 가했고 소부위의 아버지는 결국 옥중에서 죽었다. 당시 18살이었던 소부위는 상급 관부에 고발하는 대신 시대 흐름에 따라 직접 복

난세의 리더 조조

수하는 길을 선택했다. 어느 깊은 밤, 소부위는 직접 땅굴을 파 이고의 침실에 잠입했다. 운이 좋았던 이고는 때마침 볼일을 보러 뒷간에 갔다. 소부위는 이고를 찾지 못하자 단잠에 빠져 있던 죄 없는 이고의 아내와 아이를 단칼에 죽였다. 여기에서 그치지 않고 소부위는 이고 아버지의 무덤을 파헤쳐 시체를 끼내 목을 잘랐다. 그리고 잘라낸 머리를 지잣기리에 내걸고 그 옆에 '이것은 이고 아버지의 머리통이다.'라고 적어놓았다.

《춘추공양전》에 기록된 유가 사상의 대의 원칙 중 '악악지기신'惡惡止其身이라는 말이 있다. 누군가와 원한을 맺어 복수할 때, 반드시 그 본인에게만 복수해야지, 무고한 사람에게 해를 끼치면 안 된다는 뜻이다. 앞에서 '9대가 지나도 복수를 해야 한다.'라고 말한 것은 국가 차원의 복수에 해당한다. 개인의 원한은 절대 당사자를 벗어나지 말아야 한다.

소부위의 복수 행위는 엄연히 《춘추》의 대원칙에 어긋난 과잉 복수였다. 하지만 소부위를 칭찬하는 호의적인 여론이 커지자 얼마 뒤 사형 판결을 받았던 소부위를 사면했다.

비정상적인 여론과 사법 제도의 영향으로 동한 말기의 복수 문화는 점점 더 기형적으로 발전했다. 정상적인 범위의 복수를 동해同害 복수라고 한다. 눈에는 눈 이에는 이, 당한 만큼 똑같이 갚아준다는 뜻이다. 하지만 동한 말기는 과잉 복수를 장려하는 분위기였다. 부모를 죽인 원수와는 같은 하늘 아래에서 살 수 없다는 말이 어떤 복수도 과하지 않다는 의미로 통했다. 네가 우리 가족 한 명을 죽였다면 난 네 가족 전부를 죽여버리겠다는 식이었다.

이렇게 비이성적이고 비정상적인 제도와 문화가 뿌리내린 상태였기 때문에 조조가 아버지의 복수를 위해 대학살을 감행할 수 있었을 것이다.

재물을 훔쳐 달아난 진범은 찾을 방법이 없고 2차 책임을 져야 할 도겸은 성안에 꽁꽁 숨어 있으니, 분노가 극에 달한 조조가 자연스럽게 서주 백성을 분풀이 대상으로 삼았을 것이다. 하지만 비정상적인 사회 통념이 존재했다고 해서 조조의 죄가 없어질 수는 없다. 우리는 모두 무엇이 정의인지 알고 있으니까.

조조는 아버지의 복수를 위해 죄 없는 백성 수십만 명을 거리낌 없이 죽였다. 이 광적인 살육은 조조 인생에 씻을 수 없는 오점을 남기는 동시에 천하를 도모하는 과정에서 수차례 심각한 위기를 초래했다. 조조의 악행은 조조 자신에게 두 가지 불리한 영향을 끼쳤다.

첫째, 적수가 공을 이룰 기회를 만들어 줬다.

원소는 애초에 조조의 맞수가 될 만한 능력이 없었다. 간웅 조조의 평생 적수는 효웅梟雄 유비이다. 조조는 스스로 말한 바 있다.

"천하에 '영웅'이란 칭호를 감당할 수 있는 자는 현덕玄德, 자네와 나, 둘 뿐이오."

혼란한 동한 말기, 유비는 시종일관 조조에 대항한다는 명분을 내세워 반조조 세력을 끌어 모은 덕분에 큰 업적을 이룰 수 있었다. 유비 스스로 늘 본인이 한나라 종친이라고 떠벌렸지만, 한나라 경제의 아들인 중산정왕의 후손으로 아주 먼 친척일 뿐이었다. 동한 말기 황실 혈통은 이미 순수성을 잃어 큰 의미가 없었다.

《삼국연의》가 현대인에게 큰 영향을 끼치면서 《삼국연의》에 그려진 인물 이미지를 실제 역사 인물로 생각하는 사람이 많다. 《삼국연의》는 작가의 관점으로 많은 역사 인물을 새롭게 그려냈는데 그중 각색이 가장 심한 인물이 바로 유비일 것이다. 《삼국연의》의 유비는 늘 너그럽고 정이 많은 군자로 우유부단하기까지 하다. 하지만 그 시절 제대로 사람 볼 줄 아는 사람들은 유비를 평가할 때 하나같이 '효웅'梟雄이라고 표현했다. 효梟가 대체 무슨 뜻일까? 효의 기본 의미는 부엉이이다. 한 둥지에 새끼를 부화시킨 어미 부엉이는 기력을 모두 소진해 새끼에게 먹일 먹잇감을 사냥할 수 없기 때문에 나뭇가지를 물고 몸을 늘어뜨린 채 새끼들이 자신의 몸을 쪼아먹게 한다. 어미 부엉이는 결국 머리통만 남은 채 덩그러니 나뭇가지에 남겨진다. 그래서 효는 나뭇가지에 매달린 새를 형상화한 글자이다.

유비는 이런 부엉이처럼 독한 인물이었다. 가난한 집안에서 태어나 젊은 시절에는 직접 짠 돗자리와 짚신을 팔아먹고 살았다. 《삼국지》에 보면 유비가 책을 좋아하지 않았다는 기록이 있다. 대신 사냥을 즐기고 요란한 음악과 화려한 의복을 좋아했다고 한다. 그래도 출세를 위해 동한 말기 대학자 노식盧植 문하에 들어가 공부했다. 하지만 본성은 바뀌지 않았고 점잖은 척하는 연기만 늘었다. 유비가 현령을 지내던 시절, 상부에서 파견한 독우督郵(지방 관리를 조사하는 감찰사)가 뇌물을 요구한 일이 있었다. 화를 참지 못한 유비가 독우의 숙소에 쳐들어가 머리채를 휘어잡고 밖으로 끌어내 나무에 묶은 후, 죽일 듯이 무섭게 채찍질을 했다. 독우가 애걸복걸하자 겨우 채찍질을 멈춘 유비는 현령 인장을 꺼내 독우 목에 걸어두고 당당하게 떠났다. 《삼국연의》 저자는 이 사건이 유비의 인의仁義 이미지를 해친다고 생각해 장비張飛의 일화라고 적었지만 사실은 유비가 한 일이었다. 유비는 이렇게 서슴지 않고 칼을 휘둘러 사람을 죽일 수 있는 효웅이었다.

유비는 동한 말기 군웅 중 세력이 가장 약해 여러 군벌에게 의탁했다. 그런데 어쩔 수 없이 의탁했던 군벌 수하에서 빠르게 핵심 세력을 흡수해 결국 주인 자리를 꿰찼다. 도겸의 서주, 유표劉表의 형주荊州, 유장劉璋의 익주

유표劉表

동한 말기 형주를 차지했던 사대
부 군벌. 성을 굳건히 지키고 문
치를 내세워 백성을 편안하게 해
난세 중에서도 가장 평화로운 지
역이었다. 청담사상을 좋아하고
진취적인 포부와 야망이 없었다.
적벽대전을 앞두고 조조가 공격
해온다는 소식에 걱정하던 유표
가 숨을 거둔 후 아들 유종(劉琮)
이 조조에게 투항했다.

荊州가 모두 그렇게 유비 손에 넘어갔다. 그 모습이 자신을 보살펴준 어미를 잡아먹는 부엉이 새끼와 영락없이 닮았다. 사람들이 유비를 '효웅'이라고 부른 데는 깊은 뜻이 있었던 것이다.

힘없는 부엉이 새끼가 인의를 내세운 너그러운 주군의 이미지로 다시 태어나는 데 가장 결정적인 역할을 한 이가 바로 조조였다.

조조가 서주에서 대살육을 하고 있을 때 유비는 존재감이 거의 없는 평원平原의 국상이었다. 도겸은 조조의 공격에 속수무책이라 다급한 마음에 각지 군벌에게 서신을 보내 지원을 요청했다.

'제발 좀 도와주시오. 불쌍한 서주 백성을 구해 주시오.'

대다수의 군벌들은 모른 척하며 꿈쩍도 하지 않았다. 이때 큰 세력은 아니지만 한걸음에 달려온 유일한 지원군이 바로 유비였다. 유비는 서주에 도착해 도겸과 함께 온 힘을 다해 조조로부터 담성을 지켜냈다. 얼마 뒤 많은 나이에 큰일을 겪은 도겸이 갑자기 세상을 떠났다. 그는 죽기 직전에 감사의 뜻을 전하며 유비에게 서주를 넘겼다.

대체 유비의 성공 비결이 무엇일까? 일단 유비 자신은 어떻게 생각했을까?

훗날 유비는 자신의 성공 비결을 이렇게 정리했다.

"조조가 엄격하면 나는 관대했다. 조조가 포악하면 나는 너그러웠다. 매사에 조조와 반대로 하는 것이 나, 유비의 성공 비결이다."

유비는 서주 전투 이전까지 10년 넘도록 열심히 뛰어다니기만 하고 좀처럼 자리를 잡지 못했다. 겨우 얻은 자리가 초라한 병졸 천 명을 거느린 이름만 거창한 평원 국상이었다. 그런데 서주 전투를 통해 조조와 싸우는 재미를 맛보았고 이 과정에서 자신이 어떤 역할을 수행해야 할지 확실히 깨달았다. 조조는 반反환관, 반동탁, 반원소라는 명분을 내세워 현재와 같은 큰 세력을 형성했다. 그러나 니체가 《선과 악의 저편》에서 '악마와 싸우다 보면 악마가 된다.'라고 말한 것처럼 일찍이 포악한 권세에 반대했던 조조 역시 무고한 백성을 해치는 포악한 권력자가 되었다. 유비가 조조와 맞선다는 명분으로 평생 조조와 대등한 대결을 벌일 수 있었던 이유가 여기에 있다. 효웅 유비가 인의의 가면을 쓰고 반조조의 깃발을 드높인 시점이 바로 서주 전투 이후였다.

여기에서 꼭 기억해야 할 인물이 있다. 조조가 미친 듯이 칼을 휘두르며 대대적인 살육을 벌이고 유비가 서주 백성을 지키려 조조에 맞설 때, 서주 낭야군에 사는 14살 소년이 조조의 잔인함과 유비의 인의를 직접 목격했다. 소년은 서주 전란을 피해 어쩔 수 없이 숙부를 따라 고향을 떠났고 형주 양양성襄陽城 외곽 융중隆中에 은거했다. 13년 후, 이 소년은 뛰어난 용모에 문무를 겸비한 인재가 되었고, 융중 초려草廬에서 폭군 조조에 함께 맞설 유비가 찾아오기를 묵묵히 기다렸다. 이 소년이 바로 제갈량이다.

둘째, 전우가 등을 돌렸다.

당시 조조에게 등을 돌린 전우는 바로 진궁이다. 앞에서 설명했듯 진궁은 착방조의 조연이 아니다. 사료에 따르면 진궁은 초창기에 조조와 함께 한 최측근이었다. 일찍이 연주목이 전사하는 바람에 연주가 무주공산이 되자 진궁이 나서서 힘 하나 들이지 않고 조조가 연주를 차지하도록 도와줬다. 조조가 서주를 공격할 당시 연주를 지키던 진궁은 전방에서 대규모 살육이 벌어졌다는 소식을 듣고 실망을 금치 못하며 주군을 잘못 선택한 것에 크게 후회했다. 이때 진궁은 조조가 여백사를 죽이는 광경을 목격했다고 각색한《삼국연의》에서의 진궁과 같은 마음이었을 것이다. 마침 저 멀리 장안에서 연주까지 달려온 불청객이 있었다. 진궁은 이 기회에 조조를 배신하고 조조의 든든한 후방이자 유일한 근거지인 연주를 이 불청객에게 바쳤다.

이성을 잃은 조조의 분노는 결과적으로 적수에게 공을 세울 기회를 주고 전우가 등을 돌리게 만들었다. 10년의 노력이 하루아침에 물거품이 된 것이다.

그런데 조조의 근거지를 뺏은 불청객이 대체 누구일까? 돌아갈 곳을 잃은 조조는 앞으로 어떻게 될까?

난세의 리더 조조

8장

황제를 등에 업다

동탁이 황제로 옹립한 헌제는 황제의 존엄이 전혀 없어 즉위 이후 줄곧 모진 고통을 겪었다. 그런데 조조는 이름뿐인 황제라도 매우 큰 가치가 있음을 알고 헌제를 허도에 데려와 완벽한 자신의 꼭두각시로 만들었다. 조조가 황제를 등에 업은 이유, 그 이면에 숨겨진 심오한 깊이는 과연 무엇일까?

힘없는 황제, 고난의 연속

조조가 서주에서 아버지의 복수를 위해 대규모 살육을 벌일 때, 장안을 출발한 불청객이 연주로 향했다. 진궁의 협조로 쉽게 연주를 손에 넣어 조조를 갈 곳 없게 만든 이 불청객은 바로 여포였다.

《삼국연의》를 읽은 사람이라면 여포를 잘 알 것이다. 역사적으로 여포는 천하제일 용장까지는 아니겠지만 무예가 매우 뛰어난 장수였다. 《삼국지》〈여포전〉呂布傳에는 여포가 말타기와 활쏘기에 능하고 힘이 남달라 포효하는 범처럼 용맹스러웠고 '비장'飛將이라 불리기도 했다고 되어 있다. 서한 명장 이광의 전용 별칭을 사용한 것으로 보아 그와 어깨를 나란히 할 만큼 힘과 기술이 모두 뛰어난 불세출의 맹장이었을 것이다.

여포는 원래 병주幷州 자사 정원丁原이 아끼는 장수였다. 하진이 원소의 어리석은 계획대로 하 태후를 위협하기 위해 천하 군벌을 낙양에 불러들였을 때, 정원도 낙양에 들어와 있었다. 후에 낙양을 점거한 동탁은 병력 규모가 비슷한 정원이 가장 위협적이라고 생각했다. 그래서 여포를 매수해 정원을 죽이고 정원의 군대를 장악했다. 여포의 무예가 마음에 든 동탁과 동탁의 권력이 탐난 여포는 서로 뜻이 맞아 부자 관계를 맺었다.

그러나 동탁과 여포 모두 인품이 수준 이하였다. 부자라는 윤리 관계로 포장했을 뿐, 수시로 인륜을 거스르니 둘 사이는 조금씩 벌어질 수밖에 없었다.

초선貂蟬

서시, 왕소군, 양귀비와 더불어 속칭 중국의 4대 미인으로 불린다. 그러나 초선은 《삼국연의》를 통해 널리 알려지긴 했지만 실존 인물이 아니다. 《한서》와 《후한서》 기록에 따르면 초선이란 황제의 시종이 머리에 쓴 모자에 달려 있던 장식이라고 한다. 담비 꼬리와 매미 날개로 만든 장식이라서 담비를 뜻하는 초, 매미를 뜻하는 선을 합해 초선이라 했다.

동탁은 성격이 포악해 툭하면 여포를 때리고 욕을 퍼부었다. 심지어 여포에게 수극을 던지기도 했다. 여포가 민첩하게 몸을 피해 다행이었지, 하마터면 죽을 뻔했다. 여포도 그다지 충성스러운 부하가 아니었다. 그는 오랫동안 동탁의 애첩과 불륜을 저질렀는데 이 애첩이 바로 《삼국연의》의 미녀 초선貂蟬의 모델이다.

한마디로 여포는 동탁을 증오하고 두려워했다. 이때 동탁을 제거할 기회를 노리고 있던 사도 왕윤이 겉보기에는 돈독한 부자지간이지만 이미 동탁과 여포의 관계가 벌어졌음을 눈치채고 과감하게 여포를 포섭했다.

"우리가 손을 잡고 장군 양아버지를 없애는 게 어떻겠소?"

일반적인 경우라면 이런 제안을 들었을 때 '감히 내 양아버지를 없앤다고? 먼저 네놈을 죽여주마!'라고 반응해야 정상이다. 그런데 여포의 반응은 모호했다.

"아무리 그래도 부자지간인데 그건 좀 그렇지 않겠습니까?"

왕윤은 가능성이 있다고 판단해 계속해서 여포를 설득했다.

"장군은 여씨이고, 동탁은 동씨인데, 그게 무슨 부자지간이오? 더구나 장군에게 수극을 던졌는데, 정말 아들이라고 생각했으면 그랬겠소?"

난세의 리더 조조

이 말에 여포는 더 이상 망설이지 않았다. 마침 애첩과의 불륜이 들통날까 봐 불안하던 차였다. 다음에는 수극을 던지는 정도가 아니라 당장 칼을 뽑아 달려들 것이다. 결국 여포는 왕윤과 함께 동탁을 제거하기로 했다. 동탁이 사라지면 애첩도 자기 차지가 될 테니까.

이렇게 해서 왕윤이 여포와 손을 잡고 정변을 일으켜 동탁을 죽였다. 기세 높은 관동 제후 연합군도 하지 못한 일을 여포가 해냈다.

상식적으로 왕윤이 동탁을 제거했으니 한나라 황실도 다시 일어날 좋은 기회를 맞이해야 했다. 그러나 왕윤은 그렇게 큰 인물이 아니었다. 동탁을 제거하기는 했지만 혼란을 수습할 능력은 없었다. 이와 관련된 일화가 있다. 당시 천하에 이름을 날린 대학자 채옹蔡邕이라는 사람이 있었다. 어느 날 왕윤과 채옹이 한담을 나누다 동탁 이야기가 나왔다. 이때 왕윤은 동탁을 제거한 지 얼마

채옹蔡邕

동한 말기 서법과 음악에 정통했던 문학가. 동탁 집권 당시 좌중랑장(左中郎將)에 등용된 적이 있어 채중랑이라고 불렸다. 채옹은 조조에게 스승이자 친구였다. 동한 여류 문학가 채문희(蔡文姬)가 채옹의 딸이다. 채문희는 흉노에 잡혀 갔다가 조조가 돈을 주고 구해왔다.

되지 않아 한창 우쭐해져 여기저기 자랑하고 다녔다. 사람들은 왕윤의 이야기를 들으면 대부분 황실을 일으켜 천하를 다시 세운 한나라의 일등 공신이라며 치켜세우고 아부하기 바빴다. 그런데 채옹은 아부는커녕 한숨을 내쉬었다. 왜 그랬을까? 사실 동탁이 역적이기는 했지만 채옹을 매우 존경했다. 채옹 입장에서 동탁은 자신의 능력을 알아준 은인이었다. 물론 채옹도 동탁이 좋은 사람이 아님을 알기에 두둔할 생각은 없었다. 그러나 아무리 나쁜 인간이라도 채옹 입장에서는 은인이었다. 동탁이 권력을 잡았을 때 열심히 아부하던 자들은 동탁이 죽자마자 하나같이 욕을 하며 침을 뱉었다. 채옹은 그런 행동이 매우 부도덕하다고 여겼다. 결국 좋은 말도

나쁜 말도 할 수 없으니 그저 한숨만 내쉰 것이었다.

권세가 하늘을 찌르는 사람을 거부하고 명성이 바닥에 떨어진 사람을 위해 한숨을 쉬는 것은 아주 큰 용기와 깨끗한 양심이 필요한 일이다.

아니나 다를까 왕윤은 채옹의 한숨에 버럭 화를 내며 삿대질까지 했다.

"동탁은 한나라의 역적이다. 그자 손에 나라가 망할 뻔했소. 이제 그자가 죽어 천하가 기뻐하고 있는데 자네는 어찌 한숨을 쉬는가?"

그리고 부하들에게 채옹을 당장 죽이라고 명했다. 채옹은 감옥에서 왕윤에게 사정했다.

"이마에 낙인을 찍는 형벌도 좋고, 아니면 다리를 잘라도 좋소. 제발 죽이지만 말아 주시오. 죽는 것은 두렵지 않으나 지금 쓰고 있는 역사서를 완성하지 못했소. 아직 동한의 역사를 다 쓰지 못했으니 부디 이것만 쓰고 죽게 해주시오."

그러나 왕윤은 매몰차게 거절했다.

"일찍이 한나라 무제가 독하지 못해 사마천司馬遷을 죽이지 않았어. 그리고 사마천은《사기》에서 무제를 깎아내렸지. 내가 오늘 채옹을 살려주면 채옹이 역사서에 나에 대해 어떻게 쓸지 누가 알겠어?"

고대 중국에는 문자옥文字獄이 숱하게 벌어졌다. 문자옥이란 하지 말아야 할 말을 하거나 쓰지 말아야 할 글을 쓴 자를 국가에서 잡아 죽이는 형벌이었다. 그런데 왕윤은 채옹이 쓰지 말아야 할 글을 쓸까 봐 미리 죽여버린 것이다. 이는 중국의 고대 법률 전통이 낳은 부작용일 것이다.

왕윤이 이런 사람이었으니 당연히 한나라 조정과 천하를 안정시킬 위인이 아니었다. 동탁이 죽을 때 그의 부하들은 외부에서 전투 중이었기 때문에 왕윤과 여포가 쉽게 기회를 잡을 수 있었다. 동탁이 죽은 후 우두머리를 잃은 잔당들은 지레 겁을 먹고 왕윤에게 화해를 요청했다. 그런데 왕윤은 이를 거절하고 군대를 해산하라고 요구했다. 동탁의 잔당은 군대를 해산하는 순간 끝장이라는 생각에 죽기 살기로 장안성을 공격해 운 좋게 승리했다. 이들은 왕윤을 처형하고 헌제와 문무 대신을 인질로 삼았다.

여포는 뛰어난 무예 덕분에 홀로 포위망을 뚫고 장안에서 도망친 후 이곳저곳 전전하던 중 어쩌다 연주로 가게 됐다. 마침 조조가 서주에 나가 있어 후방 연주는 텅 빈 상태였다. 이때 연주를 지키던 진궁은 조조의 대살육 소식을 듣고 실망한 차에 미련 없이 여포에게 연주를 바쳤다.

연주가 넘어갔다는 소식을 접한 조조는 바로 대살육을 멈추고 후방으로 말머리를 돌렸다. 연주를 다시 뺏으려는 조조와 절대 내줄 수 없는 여포, 당연히 한바탕 싸움이 벌어졌다. 이 이야기는 잠시 접어 두고 먼저 장안에 있는 헌제의 상황부터 살펴보자.

동탁 잔당의 우두머리격인 이각李傕과 곽사郭汜는 처음에는 뜻을 모아 왕윤을 처형하고 여포를 몰아냈지만 결국 내분으로 파가 갈렸다. 곽사파는 문무 대신을 인질로 삼았다.

"우리 쪽 인질이 훨씬 많아. 이 많은 인질을 보라고."

이각파가 잡은 인질은 헌제였다.

"인질 수가 많으면 뭐 하는데? 내 인질이 최고인 거 몰라? 일당백이라고."

두 사람은 한 치의 양보도 없이 팽팽하게 맞섰다.

일반적으로 인질범의 목적은 몸값이다. 따라서 인질에게 문제가 생기면 안 된다. 자칫 죽기라도 해서 몸값을 받지 못하면 큰일이니 일단 잘 먹이고 잘 보살펴야 한다. 그런데 이각은 특이했다. 헌제를 잡고만 있을 뿐 전혀 신경 쓰지 않고 방치했다. 황제인 헌제가 끼니도 제대로 잇지 못할 정도였으니 다른 상황은 말할 것도 없었다.

어느 날 배가 너무 고팠던 헌제는 하나같이 얼굴이 누렇게 뜨고 눈이 퀭한 궁녀와 시위를 보고는 참다못해 이각에게 조서를 내렸다.

'짐이 배가 고파 먹을 것이 필요하오. 수고스럽겠지만 이 장군이 쌀 5곡과 소뼈 5벌을 보내 주시오.'

쌀 5곡은 오늘날 단위로 환산하면 대략 80kg 정도이니 그리 많다고 볼 수 없다. 그런데 왜 소고기가 아니라 뼈를 원했을까? 이 부분이 조금 아리송하다. 설마 고기가 질려서 뼈를 달라고 했을까? 절대 아닐 것이다. 이각은 고기를 달라고 해도 주지 않을 사람이었기 때문이다. 그래서 헌제는 미리 눈치껏 뼈를 달라고 했던 것이다. 운이 좋으면 조금이나마 뼈에 붙은 살을 먹고 뼈는 국물을 우려먹을 생각이었다.

어엿한 일국의 황제가 자신의 신하에게 먹을 것을 요청하는 조서를 내렸다니 정말 어이없는 일이 아닌가? 그런데 더 기가 막힌 것은 이각이 이마저도 제대로 들어주지 않았다는 사실이다. 이각은 조서를 보고 기분이 상했다.

'감히 쌀을 달라고? 앉아서 쌀만 축내는 쌀벌레 같으니라고. 지금까지 축낸 게 얼만데, 또 쌀을 달라고?'

그는 헌제가 보낸 시위에게 이렇게 말했다.

"식사는 하루에 두 끼인 거 모르나? 지금은 식사 시간이 아니야."

이 시절에는 보통 아침과 해 질 무렵에 두 끼만 먹었다. 식사 시간이 아니라고 말한 것은 결국 쌀을 주지 않겠다는 뜻이었다.

'가만, 소뼈도 있었지. 그건 원하는 대로 해주지 뭐.'

이각이 사람을 보내 부엌을 확인해 보니 마침 냄새나는 소뼈가 있었다. 살을 발라 먹고 그냥 내버려 뒀는데 한여름이라 금방 상해서 버리려던 것이었다.

"그걸 왜 버려? 폐하가 원하시니 갖다 드려."

이가은 상한 소뼈 5벌을 헌제에게 보냈다.

우리는 이 이야기에서 두 가지 사실을 알 수 있다. 하나는 헌제가 이각과 곽사 손아귀에 있을 때 큰 고초를 겪었다는 것이고 다른 하나는 이각과 곽사가 헌제의 존재 가치를 전혀 몰랐다는 사실이다. 그러니 기본적인 사람 취급도 하지 않은 것이다.

안목이 없는 사람은 어쩔 수 없다. 어차피 진정한 안목을 지닌 사람은 따로 있으니까.

황제를 틀어쥐었다면 천하를 틀어쥔 것이다

처음으로 헌제의 가치를 알아본 사람은 둘이었다. 하나는 원소의 모사 저수沮授이고, 다른 하나는 조조의 모사 모개毛玠이다. 원소군의 두뇌인 저수는 장안 소식을 듣자마자 원소에게 '황제를 끼고 제후를 호령하는' 계책을 내놓았다. 즉, 황제를 업성鄴城으로 데려와 황제 명의로 제후들에게 명령을 내리고 불복하는 자를 토벌하자는 것이다.

한편 조조의 모사 모개도 장안 소식을 듣고 조조에게 '황제를 받들어 불복하는 자들을 다스리는' 계책을 내놓았다. 저수와 모개의 계책은 크게 다르지 않았다. 그렇다면 두 사람은 왜 자신의 주군에게 황제를 차지하라고 권했을까? 이각과 곽사의 눈에는 별 볼 일 없었던 헌제가 왜 두 사람의 눈에는 그토록 중요하게 보였을까? 저수와 모개가 노린 것은 헌제 자체가 아니라 헌제의 정통성이다.

중국 고대 정치의 근본은 예의와 법도이다. 이 예법에 따라 정통성을 인정받으면 강력한 대의명분이 생긴다. 반면 정통성이 결여되면 지위도 명예도 무너진다. 예법의 위력은 눈에 보이지 않지만 어떤 무기보다 강했다.

동탁이 그토록 강한 권력을 가졌음에도 왜 황제를 폐하고 스스로 왕위에 오르지 않았을까? 훗날 조조가 더 크고 강한 세력을 구축했음에도 왜 한나라를 멸망시키지 않았을까? 수십만 관동 제후 연합군도 두려워하지 않은 동탁, 손권과 유비 연합군에 맞서 눈 하나 깜짝하지 않은 조조, 이 두 사람은 대체 무엇 때문에 망설였을까? 이들이 두려워한 것은 바로 눈에 보이지 않는 예법의 위력이다. 다시 말해 두 사람은 예법이 부여한 정통성이 필요했다. 정통성 없이 함부로 황제를 칭한다면 왕조를 세울 수는 있겠지만 얼마 못 가 무너질 것이 뻔했다. 더구나 천하를 강탈했다는 오명이 역사에 길이 남을 것이다.

눈에는 보이지 않지만 어떤 무기보다 강한 예법의 위력을 분명히 알아야 고대 중국의 정치 판도를 제대로 이해할 수 있다.

예법의 정통성은 다음의 4가지로 완성된다.

첫째, 천명의 정통성이다.

현대 정치의 정통성은 민중이 부여하지만 고대 군주의 정통성은 하늘이 내렸다. 이후 단계도 형식만 다를 뿐 결국 같은 맥락이다. 하늘은 기본적으로 말을 할 수 없으니 덕행, 기물器物, 절차를 통해 뜻을 전달할 수밖에 없다. 그러나 고대 사회에서는 하늘이 직접 뜻을 표현한다고 믿었는데, 대

난세의 리더 조조

표적인 것이 천재지변과 초자연적인 기적이다.

예를 들어 서한의 개국 황제 유방劉邦은 고귀한 혈통과 거리가 먼 빈민 출신이었다. 그래서 거짓으로 기적을 꾸며 직접 정통성을 만들었다. 어느 날 유방의 어머니가 낮잠을 자는데 거대한 교룡이 그녀의 몸에 똬리를 틀었다. 다음 날 태기를 느꼈고 얼마 뒤 유방을 낳았다. 유방이 퍼뜨린 출생 이야기의 핵심은 자신이 아버지의 자식이 아니라는 것이 아니라 천명을 받고 태어난 진명천자眞命天子라는 것이다. 다시 말해 자신은 애초에 황제가 되기 위해 태어났다는 뜻이다. 이외에 《이십사사》에 수시로 등장하는 황룡黃龍, 봉황鳳凰, 신작神雀, 가화嘉禾(낟알이 아주 많이 달린 벼) 등은 모두 천명의 정통성을 상징하는 상서로운 징조이다.

둘째, 덕행의 정통성이다.

천명은 누구나 만들어낼 수 있으니 이것만으로는 부족했다. 너도나도 어머니가 교룡을 품었다고 떠벌리면 그만이다. 지금과 같은 영상 촬영 기술이 없으니 증거도 없고 진실을 밝힐 수도 없었다. 그래서 덕행 정통성이 천명 정통성보다 더 설득력이 있었다. 춘추시대 《좌전》左傳에 '백성 말을 들으면 나라가 흥하고, 신의 말을 들으면 나라가 망한다.'라는 말이 있다. 한 나라의 군주가 허구한 날 하늘만 쳐다보며 기적을 기다린다면 그 나라는 망할 수밖에 없다. 그러나 군주가 민심을 헤아리고 스스로 덕행을 쌓는다면 당연히 나라가 발전할 것이다. 그러므로 군주가 먼저 자신의 품행을 단정히 하고 백성을 자식처럼 아끼고 사랑해야 백성이 따르는 법이다. 이것이 바로 덕행 정통성이다.

동한 말기 군웅 중 유비는 너그럽고 덕이 높은 인물로 유명했다. 다른 군벌이 약탈과 살육을 일삼았지만 유비는 늘 고상한 품위를 지켰기 때문에 많은 백성이 따랐다. 덕행 정통성의 효과를 가장 잘 보여준 예가 바로 유비이다.

셋째, 기물의 정통성이다.

화씨벽和氏璧

초나라 공인 변화(卞和)가 형산(荊山)에서 구한 옥을 여왕(厲王)에게 바쳤으나 하찮은 돌로 여겨 변화의 한쪽 발을 잘라버렸다. 후에 다시 무왕에게 바쳤는데 이번에는 다른 쪽 발을 잘라버렸다. 후에 문왕이 즉위해 다시 바쳤는데, 다듬어보니 과연 훌륭한 옥이었기에 변화의 이름을 붙여 '화씨벽'이라고 불렀다.

기물, 즉 특정 물건 자체가 권력과 천명을 상징하므로 그 물건을 가진 자가 곧 정통성을 인정받는다. 가장 전형적인 기물이 전국옥새傳國玉璽이다. 전국옥새는 원래 전국시대 최고의 보물인 화씨벽和氏璧이었다. 진시황이 천하를 통일한 후 화씨벽을 얻어 최고의 장인에게 옥새를 만들라고 명했다. 특히 당시 유명한 서법의 대가이자 승상인 이사李斯가 쓴 전자체篆字體 8자를 새기게 했다.

受命于天, 旣壽永昌

하늘의 명을 받았으니, 오래오래 번성하리라.

이 옥새는 진나라 멸망 후 서한으로, 서한이 멸망한 후 동한까지 대대로 전해 내려왔다. 수백 년 동안 수십 황제의 손을 거치며 더욱 신성해졌다. 후에 동탁의 난이 일어났을 때 낙양의 어느 우물에 빠진 것을 손견孫堅이 건져냈다. 그래서 '장차 손씨 가문에서 천자가 나올 것이다'라는 예언이 나오기도 했다. 미신일 수도 있겠지만 어쨌든 이 옥새 덕분에 손씨 가문의 영향력이 크게 높아졌고 예언대로 손견의 아들 손권孫權이 삼국의 한 축인 오나라를 세웠다. 여기에는 기물 정통성의 역할이 컸다.

넷째, 절차의 정통성이다.

난세의 리더 조조

앞의 세 가지는 모두 실체가 불분명하다. 다시 말해 천명과 기물은 물론 덕행까지도 위조가 가능하다. 덕이 부족해도 덕이 넘치는 사람처럼 행동할 수 있다. 마음만 먹으면 정말 덕망 높은 사람보다 더 훌륭한 사람처럼 보일 수도 있다. 그러므로 가장 믿을 만한 것은 절차의 정통성이다.

절차의 정통성이란 무엇일까? 중국의 고대 정치와 법률이 오랫동안 발전하는 과정에서 일련의 예법 제도와 권력 분배 원칙이 생겼다. 이 제도와 원칙에 따라야만 정통성을 인정받을 수 있다. 이를 어기면 방종이나 불법으로 간주해 사회로부터 큰 지탄을 받았다. 이 제도와 원칙에 따르면 정치의 최고 권력은 천자에게 있다. 여기서 말하는 천자는 특정 개인이 아니라 보통 명사 개념이다. 그러므로 특정 황제가 실권을 쥐고 있느냐 아니냐는 상관이 없다. 이 관점에서 보면 헌제와 같은 꼭두각시 황제도 최고 권력의 상징이 될 수 있다.

이러한 고대 정치의 속성상 황제를 차지하는 자가 정치적으로 가장 확실한 정통성을 인정받을 수 있었다.

황제를 차지하기만 해서 될 일이 아니라 잘 이용할 줄 알아야 한다. 이각과 곽사처럼 밥도 제대로 먹이지 않고 홀대하면 안 된다. 남루한 옷을 입은 황제 뒤에 비쩍 곯은 대신들이 따라다닌다면 황제가 아니라 거지 왕초처럼 보일 것이다. 황제가 모진 고초를 겪으며 위신과 체면이 바닥에 떨어졌는데 이각과 곽사가 '황제의 이름으로 제후들에게 명한다.'라고 아무리 외쳐봤자 누가 듣겠는가? 단순히 명령을 듣지 않을 뿐 아니라 당연히 모두가 합심해 황제를 구한다는 명분으로 달려들 것이다. 결국 이각과 곽사는 황제를 차지할 만한 인물이 아니었고 조조와 원소에게 차례가 넘어갔다.

그렇다면 조조와 원소, 둘 중 누가 먼저 성공했을까?

객관적인 조건은 원소가 훨씬 좋았다. 기본적으로 세력 규모가 더 컸고 당시 조조는 여포와 싸우느라 정신이 없었다. 당장 근거지가 날아가게 생겼으니 원소와 싸울 여력이 없었다.

그런데 원소의 다른 수하들이 저수의 제안에 반대했다. 이들이 반대한 이유는 두 가지였다.

첫째, 황제를 차지해봤자 불편하기만 하다. 보통 사람이 아니라 최고 권력의 상징인 황제가 아닌가? 황제가 하는 말은 감히 거역할 수 없다. 황제가 '서'를 '동'이라고 해도 감히 '서'라고 말할 수 없다. 그런 황제를 내 집에 모신다고? 황제를 손에 쥐는 것이 아니라 우리가 쥐여살아야 하는 것 아니야?

둘째, 황제를 차지해봤자 별 소용이 없다.

원소의 수하들은 한나라 황실이 갖은 수모와 풍파를 겪으며 위엄이 떨어지고 영향력이 사라졌다고 생각했다. 그 옛날 진나라 말기처럼 능력 있는 자가 황제가 되면 그만이니 굳이 황제를 차지할 필요가 없다. 전혀 쓸모없는 짓이다.

솔직히 원소도 황제를 차지할 생각이 없었다. 헌제는 동탁이 세운 황제이니 어차피 정통이라 할 수 없었다. 그때 원소는 헌제를 황제로 인정하지 않아 유우를 새 황제로 세우려 했었다. 그런데 이제 와서 태도를 바꿔 헌제를 내 집에 모신다면 스스로 체면을 떨어뜨리는 일이 아닌가? 그리고 조만간 본인이 직접 황제를 칭할 심산인데, 그때 헌제가 제 손에 있으면 난감하지 않겠는가? 죽일 수도 없고 폐할 수도 없고, 그렇다고 나이 어린 헌제를 태상황 자리에 앉힐 수도 없다. 결국 괜히 골치 아픈 일 만들지 말자 싶어 아예 황제 문제에서 손을 떼기로 했다. 원소는 이렇게 일생일대의 기

　　　　　　　　　　　　　　　　　난세의 리더 조조

회를 놓치고 말았다.

한편 조조는 여포와 싸우느라 정신이 없는 와중에도 장안에 사신을 보내 헌제에게 충성을 표했다. 당시 헌제는 조조의 사신을 접견하고 기쁜 마음에 감동의 눈물을 글썽였다고 한다.

'짐을 황제로 인정하는 사람은 조조뿐이구나. 여기 놈들은 짐을 사람으로도 여기지 않는데.'

헌제는 크게 기뻐하며 조조를 연주목에 임명한다는 조서를 내렸다.

사실 조조는 이미 연주를 점령했으나 무단 점거일 뿐 정당한 명분이 없었다. 그래서 사방의 적들이 호시탐탐 연주를 노렸고 여포처럼 실제로 대놓고 손을 뻗는 사태가 벌어졌다. 그런데 조정에서 연주목으로 임명한다는 정식 조서를 내렸으니 명실상부한 연주의 유일한 주인은 바로 조조였다. 이제 조조의 연주 점령은 합법이지만 다른 사람이 연주를 점령하면 위법이 되었다. 조조는 정치적으로나 명분상으로나 확실한 우위에 올랐다.

조조는 이 조서를 받고 매우 기뻐하며 이렇게 결심했다.

'반드시 헌제를 곁에 두고 매일 나를 위한 조서를 쓰게 해야지. 이제 내가 하는 모든 일에 명분이 생기는 거야!'

다시 헌제 이야기로 돌아가자. 장안에서 온갖 고초를 겪던 헌제는 조조의 사신을 만난 후 낙양으로 도망가기로 결심했다. 그곳에 아직 자신을 인정해주는 사람이 있으니까.

다행히 이각과 곽사는 헌제 감시에 크게 신경을 쓰지 않았다. 죽든지 말든지 알아서 살게 내버려 둔 상태였다. 헌제는 대신들을 이끌고 험난한 여정을 거쳐 드디어 낙양으로 돌아갔다. 이즈음 조조도 여포를 물리치고 근거지 연주를 되찾았다.

'황제 스스로 낙양에 돌아왔다고? 그렇다면 내가 이러고 있을 때가 아니지.'

조조는 당장 황제를 맞이할 군대를 보내 다음과 같은 뜻을 전했다.

"폐하, 보시다시피 지금 낙양은 머물 만한 곳이 못 됩니다. 낙양의 누각과 정자는 모두 재가 되어 사라졌습니다. 차라리 저의 본영 허현許縣으로 오십시오. 이곳에 특별히 화려한 거처를 마련했으니 내 집처럼 편안히 지낼 수 있을 것입니다."

사실 헌제에게는 선택의 여지가 없었다. 조조의 군대를 따라 순순히 허현으로 갔다. 이렇게 해서 조조는 '황제 차지하기' 계획에 일단 성공했다.

조조가 막상 황제를 차지하자 원소는 바로 후회했다.

초보적인 실수로 적에게 기회를 주지 말라

동시대 사람들은 원소를 두고 '느려서 결정을 못하니 기회를 잃었다.'라고 평가했다. 쉽게 말해 반응이 너무 느렸다는 것이다. 그래서 조조가 황제를 차지하고 나서야 정신이 번쩍 든 원소는 뒤늦게 땅을 치며 후회했다.

원소는 조조에게 사람을 보내 뻔뻔하게 협상을 시도했다.

"맹덕, 자고로 황제를 모시는 일은 마땅히 우리 모두가 행해야 할 의무이거늘, 지출도 많고 그 막중한 임무를 어찌 자네 혼자 감당하겠는가? 그러니 이렇게 하세. 자네가 견성鄄城으로 황제를 모셔오고 우리가 함께 비용을 부담하지. 나, 원소가 절반을 부담하겠네. 어떤가?"

견성은 원소 세력과 조조 세력의 중간 지대였다. 원소는 대놓고 '황제를 나에게 넘겨라.'라고 말할 수 없어 일단 조금이라도 가까운 중간 지대로 옮기고자 했다. 물론 조조가 헌제를 넘겨준다면 더 좋았겠지만.

그러나 조조는 그런 제안을 받아들일 바보가 아니었다. 오히려 이 기회에 '황제를 등에 업은' 위력을 시험해 볼 생각이었다. 새 물건을 샀으면 포장을 뜯고 사용해봐야 좋은 물건인지 아닌지 알 수 있는 법인데, 마침 딱 좋은 기회였다. 조조는 황제의 이름으로 원소를 꾸짖는 조서를 내렸다.

당초 짐이 고초를 겪을 때, 그대는 무엇을 했는가? 이미 조조가 짐을 구했거늘 무슨 자격으로 이래라저래라 소란을 피우는가?

원소는 조서를 받고 크게 놀라고 당황해 서둘러 문장력이 뛰어난 부하를 불러 간곡한 말투로 자세히 해명하는 글을 쓰도록 했다. 이 서신은 당연히 헌제가 아니라 조조에게 전해졌다. 조조는 이 서신을 읽고 아주 통쾌하고 기분이 좋았지만 흔들리지 않고 이성을 유지했다. 아직 원소와 맞붙을 실력이 아니었기에 공개적으로 등을 돌릴 순 없으니 이렇게 골탕 한 번 먹인 것으로 끝내야 했다. 아니다. 한 방 먹였으니 이번엔 당근을 줘야 했다. 모름지기 채찍과 당근은 함께 써야 효과적인 법이다. 조조는 다시 헌제의 이름으로 원소에게 조서를 내렸다.

짐은 그대를 용서했으니 자책할 필요 없네. 짐은 그대를 대장군에 봉하겠다.

이렇게 해서 잠시나마 원소를 조용하게 만들었다.

헌제의 가치를 확인한 조조는 헌제를 자신만의 완벽한 꼭두각시로 만들기 위해 두 가지 조치를 취했다.

가장 먼저 군사 감시를 강화했다. 헌제가 조조에게 도망쳐 올 수 있었던 이유는 이각과 곽사가 감시를 제대로 하지 않았기 때문이다. 조조는 그런 초보적인 실수를 할 사람이 아니므로 일단 병사 700명을 배치해 황궁을 겹겹이 에워쌌다. 명목상 헌제의 안전을 위한 것이라고 했지만 사실상 연금과 다를 것이 없었다.

다음으로 정적政敵을 제거했다. 허현에 왔을 때 헌제는 혼자가 아니라 많은 문무 대신과 함께였다. 이 대신들은 낙양에서 장안으로, 장안에서 다시 낙양으로, 그리고 낙양에서 허현까지 줄곧 헌제와 함께했다. 그 과정에서 수많은 시련과 고초를 겪고도 끝까지 남은 충신 중의 충신이었다. 하지만 조조 입장에서는 잠재적인 위협이기에 결국 칼을 빼 들기로 했다. 한나라 조정의 최고 관직인 삼공부터 처리해 나머지 관리들에게 본보기를 보여줄 생각이었다. 조조는 먼저 헌제에게 태위와 사공을 파면하라는 조서를 내리게 하고 대놓고 자신에게 불복한 관리들을 죽였다. 정적 제거는 일단 이 정도로 마무리했다.

사실 정적보다 더 큰 문제는 헌제 자체였다. 처음에는 먹을 걱정 입을 걱정 없이 지낼 수 있어 장안에서 지낼 때보다 훨씬 좋았다. 그런데 시간이 지날수록 꼭두각시 노릇이 달갑지 않았다. 결국 헌제는 친필 조서를 옷 안에 꿰매 넣은 사람을 황궁 밖으로 보내 조정에 남아 있는 충신들에게 전하도록 했다. 조서의 내용은 정변을 일으켜 조조를 무너뜨리는 것이었다. 이것이 바로 그 유명한 의대조衣帶詔 사건이다. 헌제가 연락을 취하려 했던 사람은 과연 누구일까? 의대조 사건은 왜 결국 실패했을까?

9장

허리띠에 감춘 황제의 밀서

조조가 자신의 본거지 허도에 헌제를 데려다 놓은 것은 황제의 명을 빌미로 모든 것을 자기 뜻대로 하기 위함이었다. 이를 원치 않았던 헌제가 장인 동승에게 정변을 지시했으나 조조의 엄격한 감시에 발각되었다. 이 사건으로 황제를 제외한 황후 가문이 몰살당했다. 조조는 황실에 왜 이렇게까지 잔혹했을까? 사건의 주범인 황제는 왜 내버려 뒀을까?

꼭두각시 황제의 반격

본격적인 반격 이야기에 앞서 삼국 이야기에 절대 빠질 수 없는 중요한 배경 인물이자 반격의 주인공인 꼭두각시 황제에 대해 자세히 알아보자.

헌제 유협은 영제의 아들로 중국 역사상 가장 고달픈 황제로 손꼽히는 인물이다. 그의 고생길은 태어나기 전부터 이미 시작됐다. 어머니 왕 미인이 임신한 사실을 알고 낙태약을 대량 복용해 배 속 아이를 지우려 했다. '호랑이도 제 새끼는 안 잡아먹는다.'는 속담도 있는데 왕 미인은 왜 이토록 모질게 아이를 지우려 했을까? 하진의 여동생이자 당시 황후였던 하 황후의 질투심이 대단했기 때문이다. 하 황후는 다른 후궁이 영제의 아들을 낳고 은총을 받아 자신의 자리를 위협할까 봐 전전긍긍했다. 역사 자료에 따르면 왕 미인은 매우 총명하고 교양 있는 여성이었다고 한다. 그녀는 하 황후의 보복이 두려워 영제가 모르게 스스로 아이를 지우려 했다. '나는 황후 자리를 다툴 마음이 전혀 없으니, 제발 날 해치지 말라.'라는 뜻을 확실히 보여주기 위함이었다. 하지만 배 속의 아이는 생명력이 매우 강해서 낙태약을 아무리 많이 먹어도 소용이 없었다. 왕 미인의 배는 나날이 불러왔고 유협은 멀쩡히 태어났다. 왕 미인이 아들을 낳았다는 소식을 듣고 노발대발한 하 황후는 당장 사람을 시켜 왕 미인을 독살했다. 기구한 운명을 타고난 유협은 이렇게 태어나자마자 어머니를 잃었다.

유협이 9살 되던 해에 동탁의 난이 일어났고 동탁이 그를 황제로 옹립하면서 기나긴 꼭두각시 황제의 삶이 시작됐다. 포악하기로 유명한 동탁의 손아귀에서 하루하루 고통스럽게 살던 황제는 동탁이 제거되고 얼마 뒤 다시 이각과 곽사의 꼭두각시가 됐다. 천신만고 끝에 이각과 곽사의 손을 벗어나 낙양으로 도망쳤지만 결국 허현으로 끌려가 조조의 꼭두각시가 됐다. 훗날 조조가 죽고 조조의 아들 조비의 꼭두각시 노릇까지 한 후에야 그 자리에서 물러날 수 있었다.

꼭두각시 황제라고 하면 어리석고 나약하고 무능하다고 생각하겠지만, 헌제는 전혀 그렇지 않았다. 어머니 왕 미인의 훌륭한 유전자를 물려받아 똑똑하고 유능하고 의지가 강했다. 또한 많은 시련을 겪으며 경험을 쌓은 덕분에 훌륭한 군주가 될 자격이 충분했다.

예를 하나 들어보자. 헌제가 이각과 곽사에게 잡혔을 때 흉년이 들어 기근이 심하고 장안 물가가 크게 폭등했다. 쌀 100근 가격이 50만 전까지 치솟았는데 영제 시대라면 작은 벼슬도 살 수 있는 돈이었다. 백성들이 먹을 것을 구하지 못하자 민간에서는 사람이 사람을 먹는 참극이 발생했다. 당시 14살이었던 헌제는 후문侯汶이라는 관리에게 국고 양식으로 죽을 쑤어 백성들을 먹이라고 명령했다. 하지만 별 효과가 없었는지 백성들이 굶어 죽는다는 소식이 끊임없이 들려왔다. 헌제가 어떻게 된 일인지 묻자 후문이 고충을 털어놓았다.

난세의 리더 조조

"폐하, 사람은 많고 양식은 적습니다. 국고 양식만으로는 어림도 없습니다."

헌제는 바로 사람을 보내 쌀 5되를 가져오게 해 직접 죽을 쑤었다. 쌀 5되로 쑨 죽으로 대형 주발 3개를 가득 채웠다. 주발이란 액체를 담을 수 있는 아주 큰 용기였다. 헌제는 직접 시범을 보인 후 후문을 크게 질책했다.

"쌀 5되로 주발 3개를 가득 채웠으니, 국고에 쌓인 쌀이면 얼마나 많은 죽을 쑬 수 있겠소? 그 정도 죽이면 수많은 백성을 구할 수 있을 텐데, 왜 아직도 그렇게 많은 백성이 굶어 죽는다는 것이오?"

헌제가 정확한 수치로 따지자 후문은 얼굴이 벌겋게 상기된 채 찍소리도 못했다. 헌제는 즉시 명령을 내려 후문을 곤장 50대 형에 처했다.

이것만 봐도 헌제가 천하제일 혼군인 환제와 영제보다 훨씬 낫다는 사실을 알 수 있다. 그 시절 천하를 다툰 군웅 중 하나인 원술袁術은 헌제를 '총기가 넘치고 지혜로워 주나라의 전성기를 이룬 성왕成王에 버금간다.'라고 평했다. 동진 역사가 원산송袁山松도 그의 저서에서 헌제를 높이 평가했다.

원술袁術

사세삼공 가문 여남 원씨 출신. 원소는 서자이고 원술이 적자였다. 원술이 나이는 어리지만 더 고귀한 신분이었다. 동한 말기 군웅할거 시대에 회남(淮南) 지역을 차지하고 야심을 키웠으나 경솔하게 황제를 칭해 공공의 적이 되어 결국 무너졌다.

천성이 어질고 지혜로우며 역대 제왕이 겪지 못한 고초를 겪어 마땅히 명군이 될 수 있었으나, 아쉽게도 시대를 잘못 타고 났다.

이처럼 똑똑하고 능력 있고 의지가 강했으니 헌제는 쉽게 조조의 꼭두각시 황제가 될 사람이 아니었다.

조조는 헌제를 허도에 데려다 놓고 군대를 동원해 철저하게 감시했다. 병사 700명을 배치해 황궁을 겹겹이 에워싸고 헌제를 연금했다. 헌제는 이 상황이 매우 불만스러워 조조에게 천자의 위엄을 보여주기로 마음먹었다.

어느 날, 헌제를 찾아간 조조는 황궁에 들어서자마자 심상치 않은 기운을 느꼈다. 황궁 분위기가 유난히 무겁고 숙연했고 헌제의 표정도 평소와 달리 매우 엄숙했다. 조조가 보고를 마치자 헌제가 싸늘하게 말했다.

"경이 나를 보좌할 수 있다면 더할 나위 없이 좋겠지만, 보좌하고 싶지 않다면 너무 과하지 않길 바라오."

황제가 신하에게 하는 말치고 너무 저자세가 아닌가 싶겠지만 위엄 있는 말투로 강한 의지를 드러낸 것이었다. 일종의 경고였던 셈이다. 조조는 이 말을 듣고 안색이 확 바뀌고 등에 식은땀이 흘렀다. 얼른 고개를 숙이고 꼬리를 내린 채 물러났다.

조조도 산전수전 다 겪은 사람이다. 전쟁터에서도 두려움을 모르던 그가 왜 헌제의 한마디에 기겁했을까? 한나라 조정의 규정 때문이다.

'군대를 이끈 삼공이 황제를 알현할 때 호분虎賁(황제의 근위병)이 칼을 차고 삼공을 뒤따른다.' _《후한서》〈복황후기〉伏皇后紀

즉 조조처럼 고위 관리라도 황제를 알현할 때 군대를 이끌고 오면, 군대는 일단 황궁 밖에 대기하고 조조 혼자 들어가야 했다. 그리고 조조가 입궁하자마자 칼을 찬 무사 둘이 따라붙었다. 이것은 무슨 의미일까? 이

규정은 황궁 밖에 대기 중인 조조 군대에 대한 경고였다.

'너희 주군이 우리 손에 있으니 경거망동하지 마라. 황제에게 불리한 짓을 할 생각도 하지 마라.'

《위진세어》를 인용해 주해한 《삼국지》의 상세 기록을 보면, 삼공이 황제를 알현할 때 목 바로 뒤에 창을 교차해 든 무사가 바짝 붙어 걸어갔다고 한다. 만약 헌제가 조조와 이야기하다가 기분이 언짢아 죽이라고 눈짓을 하고 두 무사가 창을 하나로 모으기만 하면 조조의 목이 그대로 날아갈 상황이었다. 그래서 조조가 헌제의 말 한마디에 놀라 식은땀을 흘렸던 것이다. 황궁 밖에 나왔을 때는 얼굴이 창백하고 땀으로 옷이 흠뻑 젖을 정도였다.

조조는 헌제의 경고에서 큰 교훈을 얻었다. 그동안 자신이 너무 지나쳤음을 깨닫고 앞으로 헌제를 존중하겠다는 양심적인 교훈이 아니라, 이날 너무 기겁했던 까닭에 앞으로 절대 헌제를 만나러 가지 않겠다고 결심한 것이다. 그리고 헌제에 대한 감시를 더 강화하라고 명령했다.

헌제는 자신의 경고가 별 효과를 얻지 못하자 다른 방법을 강구했다. 사서 기록에 따르면 헌제는 자신을 도와줄 사람을 찾았는데, 그 인물이 바로 동승董承이었다.

동승은 과거 동탁의 부하로 전쟁터를 누빈 맹장이었다. 헌제가 장안을 탈출해 낙양으로 도망칠 때 줄곧 헌제를 호위한 사람이 바로 동승이었다. 동승은 싸움에 능하고 성격이 강한 인물이었다. 그리고 헌제의 후궁 동귀인이 바로 동승의 딸이었다. 즉 동승은 헌제의 장인이기도 했다. 게다가 동승의 군대는 조조 군대에 속하지 않았다. 장안에서 낙양으로, 다시 허현까지 동승이 직접 이끌어온 직속 군대였다. 규모가 크지는 않지만 동승에게 충성하는 군대였다. 그래서 헌제는 군사 정변으로 조조를 무너뜨릴 최상의 인물로 동승을 낙점했다.

문제는 황궁 안팎이 조조의 감시망에 싸여 헌제의 일거수일투족이 수시로 보고된다는 사실이었다. 물샐틈없는 감시 상황에서 꼭두각시 헌제는 어떻게 동승에게 자신의 뜻을 전했을까?

골칫거리와 정적 제거

《삼국연의》는 이 이야기를 이렇게 묘사했다. 헌제가 동승을 황궁으로 불러 허리띠를 하사하며 의미심장한 말을 덧붙였다.

"집에 돌아가 허리띠를 잘 살펴보시오. 짐의 뜻을 저버리면 절대 아니 되오."

동승은 헌제의 말에 다른 뜻이 있음을 눈치채고 집에 돌아간 후 꼼꼼하게 허리띠를 살펴봤다. 이때 눈에 띄는 바느질 부분을 발견하고 뜯어보니 흰 비단이 나왔다. 이 비단은 헌제가 직접 손가락을 깨물어 피로 쓴 혈서로, 동승에게 군대를 일으켜 조조를 무너뜨리라는 내용이었다. 이것이 그 유명한 '의대조'衣帶詔이다.

그렇다면 의대조는 소설가가 꾸며낸 이야기일까, 실제 존재했던 역사 사실일까? 명확한 진실은 알 수 없다.

사서에 남아 있는 의대조 관련 기록은 유비의 전기를 기록한《삼국지》〈선주전〉先主傳이 유일하다. 여기에 동승이 유비에게 '허리띠에 감춰진 폐하의 밀서에 조조를 죽이라고 쓰여 있었다.'라고 말했다는 내용이 있다. 즉

난세의 리더 조조

유비도 동승에게 전해 들었을 뿐 의대조 밀서를 직접 보지는 못했다. 유일한 증거마저도 확실치 않으니 의대조가 정말 존재했는지는 알 수 없다.

어쨌든 헌제가 동승을 앞세워 조조에게 맞서려고 한 것만은 틀림없는 사실이다. 199년에 헌제가 조조를 통하지 않고 단독으로 동승을 차기장군車騎將軍에 봉한다는 조서를 내렸다. 이 조서가 의미하는 바가 무엇일까? 당시 조조의 관직은 '행'行차기장군이었다. 행은 대행이란 의미로 차기장군의 역할을 임시로 대신하는 자리이다. 다시 말해 동승이 정식으로 차기장군이 되었으니 조조는 이제 군사 지휘권을 내려놓아야 한다는 뜻이다. 명목상으로 보면 동승이 조조보다 더 큰 병권을 장악한 것이다. 동승은 차기장군이 된 후 군사 정변을 준비하기 위해 대놓고 조력자를 구하기 시작했다.

그 첫 번째가 바로 유비였다.

그런데 유비는 어떻게 허도에 등장했을까? 조조가 서주를 공격했을 때 유비가 도겸을 도와 조조를 막아냈고 얼마 뒤 도겸이 죽으면서 서주를 유비에게 넘겼다. 그 후 조조는 여포를 물리치고 연주를 되찾았고 연주를 잃고 갈 곳 없던 여포는 유비의 서주를 빼앗았다. 유비는 적군의 적은 아군이라고 생각했다. 비록 얼마 전 조조에게 맞서긴 했지만 덕분에 서로를 잘 알게 되었다. 이제 여포는 공동의 적이니 직접 조조를 찾아가 함께 여포를 상대하는 편이 낫다고 판단했다. 그래서 유비는 조조에게 투항한 후 연합하여 여포를 제거했다.

유비가 잠시 조조 진영에 머물기는 했지만 그렇다고 조조의 부하는 아니었다. 그래서 동승은 조조를 물리쳐야 하는 의대조 계획의 조력자로 유비가 제격이라고 생각했다. 동승은 유비 외에 군관 여럿을 포섭해 함께 조조를 무너뜨리기로 했다.

조조가 동승의 움직임을 모를 리 없었다. 중국에 '조조도 제 말하면 달려온다.'라는 속담이 있다. 조조가 이름만 불러도 순간 이동한 것처럼 바로 눈앞에 나타날 만큼 아주 빠른 사람이라는 뜻이 아니다. 이 속담의 속뜻은 조조가 배치한 감시자가 그만큼 많았다는 말이다. 누군가 조조를 험담하거나 이상한 행동을 계획할 경우, 조조는 거의 실시간으로 보고를 받아 바로 대책을 세웠다. 헌제가 동승을 차기장군으로 봉한 것은 조조에게 매우 위험한 신호였다. 이 민감한 상황에 등장한 유비는 당연히 조조의 중점 감시 대상이 됐다.

사서 기록에 따르면 조조는 유비에게 전담 감시자를 붙여 외부 일을 마친 후 집에서 무슨 일을 하는지까지 철저히 감시하도록 했다. 유비도 권모술수에 능한 만큼 결코 호락호락한 사람이 아니었다. 그는 조조가 당연히 미행할 것이라고 생각해 효웅의 기질을 숨기고 아무것도 모르는 순진한 사람처럼 행동했다. 모든 사교 활동을 끊고 매일 일찍 집에 돌아가 대문을 걸어 잠그고 정원에 채소를 길렀다. 뜬금없긴 하지만 사서 기록에 따르면 순무를 길렀다고 한다. 조조가 보낸 감시자가 본 유비는 매일 순무를 기를 뿐이니, 순무가 얼마나 자랐는지 외에는 보고할 내용이 없었다.

조조는 인내심의 한계를 느꼈다. 무슨 식물도감을 만들 것도 아니고, 더 이상 이따위 보고만 듣고 있을 수는 없었다. 그래서 차라리 유비를 식사 자리에 초대해 무슨 생각을 하고 있는지 직접 떠보기로 했다.

유비가 조조의 초대에 응해 두 사람은 화기애애하게 술잔을 기울이며 담소를 나눴다. 한창 대화가 무르익을 무렵, 갑자기 조조가 젓가락을 내려놓으며 이렇게 말했다.

"천하에 '영웅'이란 칭호를 감당할 수 있는 자는 현덕玄德, 자네와 나, 둘뿐인 것 같소."

그리고 천천히 유비의 반응을 살폈다. 이때 유비는 양손에 숟가락과 젓가락을 동시에 쥐고 먹는 데 열중하다가 조조의 말을 듣고 심장이 덜컥 내려앉았다.

'매일 두문불출하고 때를 기다리며 채소만 길렀는데 난데없이 영웅이라니? 설마 무슨 얘기라도 들었나?'

유비는 당황한 나머지 젓가락과 숟가락을 바닥에 떨어뜨렸다. 이 중요한 순간이 《화양국지》華陽國志에 기록되어 있는데, 유비가 젓가락을 떨어뜨릴 때 마침 하늘에서 벼락이 쳤다. 유비는 가슴을 쓸어내리고 얼른 기지를 발휘해 이렇게 말했다.

"아이고, 깜짝이야! 간 떨어질 뻔했네."

이렇게 조조의 눈을 속여 위기를 모면했다.

유비가 이 위기는 무사히 넘겼지만 조조는 여전히 의심을 거둘 수 없었다. 유비는 언제 터질지 모르는 시한폭탄과 같은 존재이니 가능한 곁에 두지 않아야 했다. 어떻게 유비를 쫓아버릴까 생각하던 차에 마침 좋은 핑곗거리가 생겼다. 남방 군벌이자 원소의 동생인 원술이 조조군에게 연패를 당해 더 이상 버티기 힘들어지자 원소에게 빌붙으려 북쪽으로 움직인다는 소식이 들려왔다. 조조는 이때다 싶어 유비에게 원술을 막으라고 지시했다. 나중 이야기지만, 가시방석처럼 불편하던 허현을 떠난 유비는 조조에게 돌아갈 생각이 없었다. 그래서 다시 서주를 차지한 후 조조에 맞서겠다고 선언했다.

아무튼 조조는 시한폭탄 유비를 제거한 후, 본격적으로 동승에게 칼을 겨눴다. 동승은 헌제의 명을 받고 유비 등 여러 군관과 함께 정변을 일으켜 조조를 무너뜨리고 헌제를 구하려고 했다. 그러나 조조의 물샐틈없는 감시 때문에 결국 뜻을 이루지 못했다. 먼저 유비가 조조의 압박을 피해 서주로 달아났고 곧이어 대대적인 숙청이 시작됐다. 조조는 의대조 계획과 관련된 황제 주변 인물을 모두 죽였다. 대체 조조는 헌제에게 왜 이렇게 가혹했을까?

모조리 죽여 후환을 없애다

건안建安 5년(200년) 정월, 조조는 동승 일당을 모반죄로 잡아들여 처형하고 그들의 삼족을 멸하도록 지시했다. 동승의 딸이자 헌제의 후궁인 동 귀인도 예외가 아니었다. 이때 동 귀인이 임신 중이라 헌제가 제발 핏줄만은 남겨달라고 사정했다. 그러나 조조는 단호했다.

"핏줄을 남겨 무엇 하려고요? 나중에 조씨고아趙氏孤兒처럼 복수극이라도 벌이시려고요?"

동 귀인은 결국 배 속의 아이와 함께 죽었다.

동승 사건이 마무리되자마자 복 황후 사건이 터졌다.

복 황후의 이름은 복수伏壽이다. 복 황후는 조조가 임신 중인 동 귀인까지 죽이는 것을 보고 큰 충격을 받았다. 황궁 안에 믿을 곳이 없다는 두려움에 사로잡혀 아버지 복완伏完에게 밀서를 보냈다. 조조의 난폭함을 비난하며 조조를 무너뜨리고 고난에 빠진 헌제를 구해달라는 내용이었다.

하지만 복완에게 그런 능력이 있었을까? 오랫동안 전쟁터를 누빈 맹장으로 군대를 보유하고 있던 동승도 단숨에 제거되지 않았던가? 복완은 헌제의 장인이지만 무능하고 용기도 없는 데다 주변에 사람도 없고, 결정적으로 군사력도 없었다. 결국 그는 모른 척하기로 했다. 딸의 처지가 어려운 줄은 알지만 참을 수밖에 없었다. 마음속으로 딸의 안녕을 기원할 뿐 아무것도 할 수 없었다. 복완은 밀서의 비밀을 가슴속에 묻은 채 209년에 죽었다.

그리고 복 황후가 아버지에게 밀서를 보낸 지 14년이 지난 214년의 어느 날, 어쩌다 조조가 이 사실을 알게 되었다.

《헌제춘추》獻帝春秋를 인용해 주해한 《삼국지》 기록에 따르면, 복완이 밀서를 맡겼던 처남이 조조에게 밀고했다고 한다. 그런데 이 설은 좀 말이 안 된다. 복 황후가 밀서를 쓴 것이 200년인데 왜 14년이나 지나서야 일이 터졌을까? 복완의 처남이 밀고했다면, 조조는 왜 그때 손을 쓰지 않았을까?

《조조전》의 작가 장작요는 이렇게 추측했다. 복 황후 사건이 발생하기 1년 전, 조조가 딸 셋을 헌제에게 시집보냈다. 사서 기록 중에 조조가 '내가 동 귀인을 죽이는 바람에 폐하의 마누라가 하나 줄었군. 좀 미안하니 내가 세 배로 보상해 주지!'라며 본인의 딸 셋을 헌제의 비로 삼았다는 내용이 있다. 사실 진짜 목적은 감시였다. 공교롭게도 바로 다음 해에 복 황후 사건이 터졌다. 이 때문에 조조의 딸이 밀고했다는 설도 있다. 그 진실이 무엇인지, 지금은 알 수 없다.

아무튼 조조는 당장 복 황후를 잡아들이라고 명령했다. 복 황후는 분위기가 심상치 않게 돌아가자 목숨을 보전하기 어렵겠다고 생각했다. 그래도 마지막 요행을 바라며 일단 몸을 숨겼다. 당시 황궁에 이중벽으로 위장한 비밀 공간이 있었다. 복 황후는 썩은 동아줄이라도 잡는 심정으로 그벽 안에 숨었다. 그러나 결국 조조의 부하가 벽을 부수고 복 황후의 머리채를 잡고 밖으로 끌어냈다. 복 황후는 무참하게 끌려가면서 곁에 있던 남편이자 지엄한 황제인 헌제를 향해 간절하게 애원했다.

"제발 살려줘요! 어떻게 좀 해봐요."

헌제는 무기력하게 대꾸했다.

"나 또한 언제 죽을지 모르니, 당신을 지켜줄 수가 없구려."

복 황후는 폐위되어 냉궁에 갇혔다가 바로 살해됐다. 구체적으로 어떻게 죽었는지는 아무도 모른다. 그 후 복 황후의 일가친척 100여 명이 죽었고 복 황후가 낳은 두 아들도 독살을 당했다. 복 황후가 잡혀간 그날 밤, 헌제가 조조 부하에게 소리쳤다.

"세상에 이런 법이 어디 있느냐?"

위대한 한나라의 황제가 처자식조차 지키지 못해 임신한 후궁이 배속 아이와 함께 죽임을 당하고 황후가 머리채를 붙잡힌 채 끌려가 죽었다. 장인을 죽이고 아들마저 독살한 원수의 세 딸을 아내로 맞이하기까지 했다. 세상에 이런 일이 또 어디 있을까? 유송의 마지막 황제는 죽기 전에 '다음 생에는 절대 제왕가^{帝王家}에 태어나지 않으리라.'라는 말을 남겼다고 한다. 아마 헌제도 같은 마음이 아니었을까?

여담으로, 복 황후가 죽은 후 조조의 딸 중 하나가 황후가 됐다. 6년 후, 조조가 병사하고 조 황후의 오라비 조비가 헌제에게 선양을 받아 위나라의 개국 황제가 됐다. 조비는 조 황후에게 전국옥새를 내놓으라고 했다. 이미 폐위된 조 황후는 진심인지 연기인지 모를 눈물을 줄줄 흘리며 옥새를 내던졌다.

"하늘이 오라버니를 용서치 않을 겁니다."

그리고 6년 후, 폐후 조씨는 조비가 병사하는 것을 똑똑히 지켜봤다. 다시 8년이 지난 후, 그녀의 남편이자 폐위된 황제 유협이 세상을 떠났다. 다시 5년 후, 위나라 명제인 조카 조예가 병사하고, 10년 후 사마의가 정변을 일으켜 정권을 장악했다. 조카 손자인 조방曹芳이 그녀의 남편 헌제처럼 꼭두각시 황제가 됐고, 5년 후 조방이 그 옛날 헌제처럼 권력을 되찾기 위해 정변을 일으키려다 사마의의 장남 사마사司馬師에게 폐위당하고 또 다른 조카 손자 조모曹髦가 황위에 올랐다. 또 6년 후 조모가 사마씨 가문을 무너뜨리려 군사 반란을 일으켰다가 실패하고 사마의의 차남 사마소에게 살해당했다. 그리고 한 달 후, 조씨 가문이 세운 위나라의 흥망성쇠를 모두 지켜본 폐후 조씨도 눈을 감았다. 사서 기록도 없고 이미 천년 하고도 수백 년이 지난 일이지만 한 많은 삶을 마감하는 그녀의 마지막이 얼마나 쓸쓸했을지 충분히 상상이 된다.

새로운 일이란 없다. 인간의 삶이 너무 짧아 역사의 반복을 보지 못하는 것뿐이다. 조 황후는 평생에 걸쳐 일국의 흥망성쇠를 지켜봤으니 아마도 《성경》〈전도서〉의 가르침을 스스로 깨우쳤을 것이다.

이미 있었던 일이 반드시 후에 다시 일어날 것이고, 이미 행한 일을 후에 반드시 다시 할 것이다. 하늘 아래 새로운 일이란 없다.

이를 알기 쉽게 해석하면 이렇다.

'과거에 있었던 일이 후에도 있을 것이고, 과거에 행한 것을 후세에 다시 행할 것이니 새로운 일이라고 할 것이 없다.'

다시 본론으로 돌아가자. 대체 조조는 헌제에게 왜 이렇게 가혹했을까? 이 역시 조조의 부정적인 성격이 표출된 것으로 봐야 할 것이다. 그중 두 가지 특징에 주목해야 한다.

첫째, 의심이 심하다. 조조는 많은 우여곡절, 특히 큰 위기를 겪으면서 심리적 안정감이 극단적으로 부족해졌다. 그래서 일단 의심부터 하는 경향이 생겼다. 다른 사람이 조금만 이상한 행동을 해도 강한 피해 의식이 작용해 매우 민감하게 반응했다.

둘째, 매우 단호해서 어떤 일이든, 누구에게든, 아주 작은 여지도 남기지 않았다. 그래서 매번 악랄하고 무자비한 살육을 감행했던 것이다. 여기에서 필자는 조조가 헌제에게 저지른 일들이 기본적인 윤리와 도덕에 어긋난 일이며 절대 용인될 수 없는 일임을 확실히 말해두고자 한다.

하지만 관점을 달리해 시대 배경과 상황, 조조 개인의 경험을 감안하면 조조가 그렇게 할 수밖에 없는 이유가 있었다.

첫째, 조조는 한나라 황제를 믿지 않았기에 헌제에게 자유를 줄 수 없었다.

앞서 얘기했듯 환제와 영제는 역사에 길이 남을 혼군이었다. 조조는 젊은 시절 삼기삼락을 겪으며 한나라 조정과 황제에 대한 기대와 믿음이 모두 사라졌다. 힘들게 쟁취한 이 권력을 고스란히 헌제에게 바치고 보좌나 할 생각은 전혀 없었다. 조조에게 헌제는 단순히 도구에 불과했다.

둘째, 황제를 등에 업고 제후들을 호령하려면 헌제를 단단히 틀어쥐어야 했다.

조조는 모개의 제안을 듣는 순간, 황제를 등에 업고 제후를 호령하는 계획을 세력 발전의 기본 방침으로 정했다. 이 계획이 성공하려면 헌제가 독립된 인격을 가지면 안 된다. 헌제와 조조의 말과 행동이 완벽하게 일치해야 한다. 조조와 헌제 사이에 어떤 문제나 갈등이 있다는 사실이 세상에 알려지면 이것을 핑계 삼아 사방에서 자신을 공격해 올 것이 분명했다. 따라서 조조는 철저하게 헌제를 통제해야 했다.

셋째, 군웅할거로 천하가 사분오열된 상황이기 때문에 더더욱 헌제를 확실히 장악해야 했다.

일찍이 조조는 '만약 천하에 나, 조조가 없었다면 얼마나 많은 패왕이 생겼을지 모를 일이다.'라고 말했다. 천하 군웅들이 왜 패왕을 자칭하지 않았을까? 만약 조조가 헌제의 존재를 과시하지 않았다면 너도나도 황제를 칭하고 나섰을 것이다. 하지만 조조의 손에 엄연히 헌제가 존재하는 한, 감히 황제를 칭하고 나서도 정통성이 없으니 천하의 비난을 한몸에 받게 될 것이다. 세상이 완전히 분열되지 않도록, 명목상으로나마 통일을 유지하기 위해 확실히 헌제를 장악해야 했다.

이렇게 말하는 이유는 조조를 변호하기 위함이 아니다. 조조가 헌제의 아내, 자식, 장인을 죽인 것이 옳은 일이냐고 따지고 싶은 독자도 있을 것이다. 당연히 그런 뜻은 아니다. 다만 당시 조조가 처한 상황과 심정을 최대한 사실에 가깝게 재현하고 싶었다. 조조가 잘했느냐 아니냐는 전혀 다른 문제이니 각자의 생각대로 판단하길 바란다. 필자는 역사를 볼 때 옳고 그름을 따지는 것보다 전반적인 이해가 더 중요하다고 생각한다. 한 사람을 평가하려면 최소한 그 사람에 대한 완전한 이해가 선행되어야 한다.

조조의 공과 과에 대한 논쟁은 이미 천년 넘게 이어져 왔고 앞으로도 끊임없이 이어질 것이다. 이것이 역사의 매력이기도 하다.

조조는 황제를 등에 업고 제후를 호령하는 계획으로 동한 말기 군웅할거 시대에 가장 확실한 정통성을 확보해 단연 돋보이는 존재가 됐다. 그런데 조조가 아무리 헌제의 이름으로 명령해도 절대 따르지 않는 군벌이 있었다. 심지어 동승 사건이 발생한 200년에는 정식으로 선전포고까지 해서 조조에게 인생 최대의 도전을 안겨줬다.

대체 이 군벌은 누구일까? 이들의 결전에서 과연 누가 승리했을까?

10장

판도대전

관도대전은 조조군 2만이 원소군 10만을 대파한, 중국 역사상 중과부적을 극복한 대표적인 사례로 꼽힌다. 이 과정에서 조조는 법치가 아닌 인치를 이용해 수적인 열세를 극복하고 최종 승리를 거뒀다. 조조의 인치에는 어떤 깊은 뜻이 있었을까? 관도대전에서 드러난 조조의 법률 개념을 살펴보자.

천하를 얻으려 우정을 버리다

조조는 황제를 등에 업고 제후를 호령하는 방법으로 동한 말기 군웅할거 시대에 가장 확실한 정통성을 확보해 단연 돋보이는 존재가 됐다. 그런데 '조조, 네놈이 황제를 등에 업고 천하 제후를 호령하겠다고? 다른 사람은 몰라도 나는 절대 네 뜻대로 안 될 것이다.'라며 조조의 법칙을 거부하는 군벌이 있었다. 이렇게 큰소리친 군벌은 바로 원소였다.

《삼국연의》에서는 원소를 매우 무능하게 묘사했는데, 이는 사실과 다르다. 동한 말기, 중원을 차지하려 각축전에 뛰어든 군벌이 무수히 많았지만 치열한 공방 끝에 남은 사람은 단 두 명이었다. 유비와 손권은 아직 그만한 실력을 키우지 못한 상황이었다. 유비는 여전히 이리저리 쫓겨 다니느라 중원 각축전에 뛰어들 여력이 없었다. 손권은 강동에 틀어박혀 원래 있던 영지만 지킬 뿐 중원 쟁탈전에 끼어들지 않았다. 결국 중원 쟁탈전의 결승에 오른 두 군벌은 조조와 원소였다.

190년, 동탁 토벌 실패 후 조조와 원소는 각자의 길을 걷기 시작했다. 앞서 언급했듯 원소는 황하 북쪽에서, 조조는 황하 남쪽에서 세력을 발전

공손찬公孫瓚

동한 말기 유주를 차지했던 군벌. 북방 유목민 토벌에 공을 세우며 '백마장군'이란 별칭을 얻었다. 강력한 북방 군벌 중 하나로 오랫동안 원소를 견제하느라 조조와 제대로 싸워본 적은 없다. 199년 원소에게 패하고 높은 누각에 올라 불을 지르고 자살했다.

시켰다. 이때 유주의 공손찬公孫瓚, 서주의 도겸, 회남淮南의 원술이 조조와 원소를 견제하기 위해 동맹을 구축했다. 조조와 원소는 소년 시절에 유협 놀이를 할 때처럼 암묵적으로 손을 잡고 다른 적들을 하나하나 격퇴했다. 이들의 암묵적 밀월은 10년 이상 이어졌다. 그동안 사소한 다툼은 있었지만 대체로 우호적인 협력 관계를 유지했다. 이 두 사람이 완전히 등을 돌린 결정적인 이유는 조조가 완벽하게 황제를 차지했기 때문이었다.

원소는 줄곧 조조를 한 수 아래 동생으로 생각했다. 유협 놀이하던 시절부터 하진 수하에 있을 때, 반동탁 연합군을 결성했을 때에도 늘 재치 있는 동생과 함께하는 것이 좋았다. 반동탁 연합군이 해체된 후 각자의 길을 걷기로 했지만, 원소는 내심 조조가 자신의 천하 통일 대업을 도울 조력자라고 생각했다. 적수라는 생각을 전혀 안 했기 때문에 조조가 연주를 차지할 때도 많이 도와줬다. 여포가 연주를 점거했을 때 갈 곳 없는 조조에게 먼저 손을 내밀어 본인 밑으로 들어올 생각이 없는지, 군사 지원이 필요한지 등을 물어보기도 했었다. 그런데 늘 한 수 아래라고 생각했던 조조가 갑자기 황제를 차지해 강력한 정통성을 확보하더니 순식간에 자신보다 높은 위치에 올라섰다. 원소는 그제야 정신이 번쩍 들었다.

'조조의 포부가 절대 만만치가 않군. 조만간 천하 통일의 가장 큰 걸림돌이 되겠어.'

원소는 그동안 북방에서 가장 용맹하고 전투력이 강한 '백마장군' 공손찬을 물리치고 청주, 유주, 병주, 기주冀州까지 4개 주를 차지했다. 수십만 병사를 거느린 당대 최고의 대군벌이 되기까지 10년이 걸렸다. 그사이 조조는 도겸, 여포, 원술을 물리치고 중원을 장악할 실력을 갖췄다.

200년에 원소는 황하 북쪽을 통일했고 조조도 황하 남쪽을 대부분 장악했다. 이로써 동상이몽의 밀월이 끝나고 조조와 원소는 드디어 공식 맞수가 됐다. 손잡고 공동의 적을 상대하는 맹우盟友에서 서로 칼을 겨누는 적군이 됐다. 하늘에 두 개의 태양이 있을 수 없고, 백성에게 두 명의 군주가 있을 수 없고, 호랑이 두 마리가 같은 산에 살 수 없다는 말이 딱 어울리는 상황이다. 원소는 천하 통일의 꿈을 이루기 위해 드디어 과거의 맹우에서 오늘의 강적이 된 조조를 향해 칼을 빼 들었다.

원소는 조조에게 정식으로 선전포고하고 10만 대군을 이끌고 남하했다. 이것이 바로 그 유명한 관도대전이다. 이때 조조는 산전수전 다 겪은 45살 중년이었다. 강을 사이에 두고 여양黎陽에 자리 잡은 그는 어느덧 47살이 된 원소와 그의 대군을 마주하고 있다는 사실에 만감이 교차했다. 10년 전, 패기 넘치던 두 사람은 천하를 평정해 고난에 허덕이는 백성을 구하기로 뜻을 모으고 동탁을 토벌하기 위해 주저 없이 군대를 일으켰다. 그때는 서로 안부를 묻는 친구였는데 10년이 지난 지금, 사투를 벌여야 할 적수로 만났다. 두 사람이 원했든 원하지 않았든, 결국 이날이 오고야 말았다.

관도대전 당시 병력을 비교하면 원소 쪽이 압도적으로 우세했다. 원소 군대는 10만, 조조 군대는 2만 남짓이었다. 하지만 전투의 승패는 산수 문제처럼 답이 정해져 있지 않다. 즉, 사람이 많다고 반드시 이기는 것이 아니라 지혜, 용기, 계략이 큰 변수로 작용했다. 그렇다면 조조와 원소의 싸움에 어떤 계략이 등장했을까? 권모술수의 달인 조조는 어떤 계략으로 수적인 열세를 뒤집고 대역전극을 펼쳤을까?

관우의 배반

지금부터 오늘날 하남 허창^{許昌} 북쪽에 위치한 관도대전 현장으로 가보자. 언제 봐도 짜릿한 관도대전의 관전 포인트는 다음의 세 가지 사건이다.

첫 번째 사건 : 관우의 배반

관우는 삼국 인물 중 가장 유명한 인물로 손꼽힌다. 특히 민간에서는 오랫동안 관우를 관공^{關公}이라고 부르며 받들었다. 그래서 오늘날 중국인이 모여 사는 세계 곳곳에 관공 숭배 문화가 퍼져 있다. 중국에는 현마다 공자를 모신 문묘^{文廟}가 있는데, 현 안에 있는 마을마다 관공을 모신 무묘^{武廟}가 있다. 당연히 문묘보다 무묘에서 타오르는 향이 훨씬 많다. 중국인들은 동한 말기에 한낱 장수에 불과했던 관우를 왜 이렇게 숭배할까? 더구나 그는 결국 적에게 목이 잘린 패장^{敗將}이었다. 물론 다양한 역사와 문화요인이 있겠지만 여기에서는 관우라는 인물 자체에서 이유를 찾아보도록하자.

그 시절 관우의 가장 큰 특징은 용맹함이었다. 위나라와 오나라의 모든 모사와 무장들이 만인적^{萬人敵}, 용관삼군^{勇冠三軍}(용맹함이 삼군 중 최고이다), 웅호지장^{熊虎之將}(곰이나 호랑이처럼 사납고 맹렬한 장수)이라고 입을 모아 칭송한이가 바로 관우였다. 그런데 관우의 명성이 후세에까지 큰 영향을 끼친 이유는 단지 용맹 때문이 아니다. 여포만 보더라도 용맹은 결코 뒤떨어지지 않지만 악명 높은 인물로 꼽힌다. 청淸나라 모종강毛宗崗은 그의 저서《삼국지를 읽는 법》에서《삼국연의》인물 중 개성이 가장 뚜렷한 세 인물을 삼절三絶이라고 표현했다. 여기에서 '절'은 절대적인 존재, 지존이란 뜻이다. 모종강이 꼽은 세 사람은 지혜의 지존 제갈량, 간사함의 지존 조조, 의리의 지존 관우이다. 사람들이 관우를 칭송한 가장 큰 이유는 유비를 향한 '의리'라는 특별한 감정 때문이다. 이것은 '죽을 때까지 온 힘을 다 하겠다.'라는 제갈량의 충심과 확연히 다르다. 즉, 유비와 관우는 보통의 군신君臣 관계를 뛰어넘는 특별한 사이였다.

《삼국연의》에 관우와 유비가 도원결의를 맺으며 '한날한시에 태어나지 않았지만 한날한시에 같이 죽기를 바란다.'라고 맹세하는 장면이 있다. 두 사람이 실제로 이런 의식을 치렀는지에 대한 역사 기록은 없지만《삼국지》〈관우전〉關羽傳에서 '같은 침대에서 자고 형제처럼 가까웠다.'寢則同床, 恩若兄弟라고 말했듯이, 매우 돈독한 사이였음이 분명하다. 인간관계의 정은 평소에 사소한 일에서도 나타나지만 큰 위기를 겪을 때 비로소 진심이 드러나는 법이다. 오늘날 강한 충심과 의리의 대명사가 된 관우의 천리주단기千里走單騎 이야기가 그 대표적인 사례다.

이 일은 앞에서 헌제가 조조를 무너뜨리라고 명했던 의대조 사건과 관련이 있다. 유비도 이 사건의 가담자였기 때문에 계획이 실패하자 허현으로 돌아가지 않고 서주를 점령한 후 조조와 맞선다고 선포했다. 하지만 군사력이 너무 약해 연패를 거듭했다. 싸움은 못 해도 잘 도망치기로 유명한 유비는 언제나처럼 처자식과 형제를 모두 버리고 혼자 잽싸게 도망쳤다. 그런데 유비는 어디로 도망쳤을까? 당시 조조와 맞설 수 있는 사람은 원소뿐이었기 때문에 원소에게 달려가 투항했다.

유비가 도망친 후 유비의 처자식과 관우는 조조의 포로가 되었다. 하지만 조조는 관우의 용맹함과 명성을 높이 평가해 다른 포로처럼 함부로 대하지 않았다.《삼국지》〈관우전〉에 '조조가 황제의 명으로 관우를 편장군偏將軍에 파격 등용하고 예를 다해 대했다.'라는 기록이 있다. 조조는 관우를 감정적으로 존중했을 뿐 아니라 물질적으로도 매우 크게 베풀었다. 사료에는 구체적인 기록이 없으니《삼국연의》내용을 참고해보자.

사흘이 멀다 하고 관우를 초대해 대접하고 수시로 금은보화를 선물했다. 조조는 관우가 감동해 자신에게 목숨 바쳐 충성하길 바랐다.

관우는 유비를 따를 때 늘 목숨을 걸고 필사적으로 싸웠다. 유비만이 아니라 유비의 처자식을 지키기 위해서도 어떤 위험과 고통도 마다하지 않았다. 하지만 조조에게 이렇게 후한 대접을 받았으니 보통 사람이라면 크게 감동해 유비를 완전히 잊고 조조를 새 주군으로 받아들여 호의호식했을 것이다. 실제로 조조는 이 방법으로 많은 적장의 복종을 받아냈다. 그런데 백발백중이었던 이 방법이 관우에게는 통하지 않았다.

관우는 조조의 밥을 먹고 조조의 선물을 받으면서도 여전히 옛 주군, 유비를 그리워했다. 툭하면 유비 생각에 눈물을 짓고 한숨을 내쉬었다. 조조는 도무지 이해할 수 없어 관우와 친분이 있는 장료張遼를 불렀다.

"자네가 가서 한번 물어보게."

주는 것 다 받아먹으면서 여전히 유비를 그리워하니, 조조의 심사가 뒤틀릴 만도 했다. 그래서 장료에게 관우의 속마음을 슬쩍 떠보도록 했다.

　　　　　　　　　　　　　　　　　　　　난세의 리더 조조

장료가 찾아갔을 때 관우는 마침 유비를 그리워하고 있었다.

"밤이 깊었는데 자지 않고 또 유비를 생각합니까? 이렇게까지 일편단심이라니, 지치지도 않습니까? 그냥 우리 주군에게 충성하는 게 낫지 않겠습니까?"

이에 관우가 한숨을 내쉬었다.

"조공이 내게 잘해주는 것은 잘 아오. 하지만 나는 유비 형님과 한날한시에 죽기로 맹세한 형제이니 절대 배신할 수 없소. 또한 이곳은 내가 평생 머물 곳이 아니니 유비 형님과 소식이 닿으면 바로 떠날 것이오. 하지만 안심하시오. 나, 관우는 실없이 밥만 축내는 사람이 아니니, 갈 때 가더라도 조공의 은혜는 꼭 갚을 것이오."

관우를 만나고 나온 장료는 난감했다. 조조의 지시대로 관우를 떠보기는 했는데 이 말을 그대로 전해도 될지 고민이었다. 사실대로 말하면 조조가 관우를 죽일 것이 뻔하니, 친구를 사지로 몰아넣는 셈이다. 그렇다고 숨기면 관우는 살겠지만 주군에게 불충한 일이다. 장료는 고민 끝에 사실대로 말하기로 했다. 어쨌든 관우는 친구이고 조조는 주군이다. 친구는 형제급이지만 주군은 부모급이니, 윤리적으로 당연히 부모가 중요했다.

조조는 장료에게 관우의 진심을 전해 듣고 마음이 복잡했다. 관우의 충심에 감탄하면서도 실망을 감출 수가 없었다.

"새로운 것을 위해 옛것을 버리지 않고 굳은 마음을 지키니, 관우는 근본을 잊지 않는 천하에 보기 드문 의인이다."

결국 조조는 관우를 높이 인정했지만 현실적인 문제를 생각하지 않을 수 없었다.

"관우가 언제 떠나겠다고 말했나?"

"주군에게 반드시 보답하고 떠난다 했습니다."

그때 마침 원소가 관우에게 기회를 주었다. 관도대전의 막이 오른 것이다. 원소가 안량顔良에게 선봉대를 이끌고 조조를 공격하라고 명하고 조조는 이에 맞서 관우와 장료를 내보냈다. 고대에는 군대가 출정할 때 장수 마차에 해가리개를 덮고 옆에 '수帥'라고 쓴 깃발을 세웠다. 관우는 멀리서 안량 마차의 해가리개를 보고 일단 위치를 파악했다. 또한 안량 군대가 집결한 지 얼마 되지 않아 조직력과 기강이 약한 것을 한눈에 간파해 다소 모험적인 계획을 세웠다. 《삼국지》〈관우전〉의 기록은 대략 이러하다.

관우가 채찍을 휘두르며 질풍처럼 적진을 뚫고 순식간에 안량 앞에 도착해 빠른 속도와 거대한 체구에서 뿜어내는 엄청난 공격력으로 안량의 목을 벤 후 그 수급을 들고 당당하게 돌아갔다. 충격에 빠진 안량 군대는 허둥대다가 뿔뿔이 흩어졌다.

관우가 홀로 적진에 들어가 안량의 목을 벤 사건은 동한 말기~삼국 역사상 가장 멋진 전투 장면으로 손꼽힌다.

관우가 안량을 죽인 것은 조조의 은혜에 대한 보답이었다. 관우는 복귀한 후, 그전에 조조가 보낸 금은보화를 고스란히 보관함에 넣어 정리하고 서신을 통해 작별을 고했다.

'조공이 나를 거두고 인정해 준 은혜를 모두 갚았습니다. 이제 약속대로 유비 형님을 찾아 떠나겠습니다.'

관우는 한 점 부끄러움 없이 깨끗이 관계를 정리한 후 유비의 처자식을 데리고 조조 진영을 떠나 유비에게로 향했다. 이때 유비는 원소 휘하에 있었다. 관우는 조조와 원소가 한창 전투 중이고 방금 원소군의 장수를 죽였다는 사실을 전혀 개의치 않았다. 이런 복잡한 세상사는 형제 상봉을 위해 뛰어넘어야 할 걸림돌일 뿐이었다. 그는 오직 유비만 바라보며 마차를 호위해 유비를 향해 달려갔다.

관우는 뛰어난 무예와 용기를 겸비했고 본인의 소신을 당당하게 밀어붙이는 사람이었다. 관도대전의 음모와 계략, 악전고투는 그에게 별 의미 없고 하찮은 일이었다. 이것이 바로 관우의 매력이다. 수천 년 중국 역사를 통틀어 가장 위대한 장군 관우, 그 장렬함에 환호하지 않을 수 없다.

《삼국연의》에 이와 관련된 이야기가 있다. 조조가 표면적으로는 흔쾌히 관우를 보내준 것 같지만 사실 보이지 않는 방해 공작이 있었다. 조조 진영에서 원소 진영으로 가려면 여러 관문을 통과해야 하는데 이때 관부에서 발행한 통행증이 꼭 필요했다. 통행증이 없으면 관문을 지나갈 수 없었다. 제재를 받으면 관우 성격에 분명히 무력을 쓸 텐데, 제아무리 무예가 뛰어나도 수적인 열세를 극복하기는 힘든 법이다. 그래서 조조는 일부러 통행증을 주지 않았다. 어차피 잡을 수 없으니 차라리 너그럽고 대범한 모습을 보여주는 편이 나았다. 하지만 관우의 무예가 워낙 뛰어나니 장차 큰 후환이 될 것이 뻔했다. 그가 유비를 돕기 시작하면 엄청난 강적이 탄생할 테니, 차라리 관문 장수들이 관우를 죽이는 것이 나았다. 하지만 관우는 강해도 너무 강했다. 여포까지 죽은 터라 천하에 이미 관우의 적수는 없었다. 관우는 다섯 관문을 통과하며 여섯 장수를 죽이고 단숨에 천 리를 달려가 결국 유비와 재회했다.

소설에 나오는 조조의 수작은 '간사'한 이미지를 만들기 위해 꾸며낸 이야기이다. 어쨌든 관우가 '천리주단기' 역사 미담의 주인공이 된 데는 조연 조조의 역할이 매우 컸다.

당시 조조와 원소는 적대 관계로 치열한 전투를 벌이는 중이고 관우와 유비는 반대 진영에 몸담고 있었다. 관우가 유비를 찾아간다며 조조를 떠났지만 현실적으로는 원소 수하로 들어가는 셈이었다. 이것은 당시 법률 관점에서 매우 심각한 범죄 행위였다.

《당률소의》에서 '나라를 배반하고 적에게 투항하는 것은 곧 모반이다.'라고 규정했다. 당시 모반죄는 절대 용납할 수 없는 10대 범죄 중 두 번째로 큰 죄였다. 한나라 법률에 따르면 모반죄를 저지르면 요참형腰斬刑에 처하고 연좌죄를 적용해 가족도 모두 처형했다. 한나라 무제 때, 비장군 이광의 손자 이릉李陵이 흉노족과 싸우다 군량이 떨어져 포로로 마지못해 항복했다. 무제가 이 사실을 알고 크게 노해 이릉을 모반죄로 다스리라 명했다. 명령대로 하려면 이릉을 잡아다 요참형에 처해야 하는데 멀리 흉노에 잡혀 있으니 당장 어쩔 수가 없었다. 그래서 어떻게 했을까? 연좌죄를 적용해 이씨 가문 전체를 죽였다. 이것이 전형적인 모반죄 적용 사례이다.

그래서 관우가 유비를 찾아 원소 진영으로 떠나자 조조 부하들이 몰려와 관우를 법대로 처형해야 한다고 주장했다. 하지만 조조는 반대했다.

"각자 자신의 주군을 따르는 것이니 쫓을 필요 없소."

어차피 잡을 수 없으니 내버려 두겠다는 뜻이었다.

남조 배송지가 주해한《삼국지》에 이 부분에 대한 평론이 있다.

조조는 관우가 남지 않겠다고 한 것을 알았지만 화내지 않고 관우의 뜻을 높이 샀다. 그리고 관우가 떠났을 때 쫓아가 죽이지 않고 관우가 충의를 다하도록 내버려 뒀다. 영웅다운 도량이 없었다면 이렇게 할

난세의 리더 조조

수 없었을 것이다. 이것은 확실히 조조를 칭찬할 만한 일이다.

옛 주군에게 충성하는 적, 옛 주군을 배신하고 투항한 장수를 어떻게 처리해야 할까? 고대 위정자에게 이것만큼 골치 아픈 문제도 없었을 것이다. 이 문제는 대체로 중국 전통문화의 가치 기준에 따라 판단했다.

주나라 무왕武王이 상나라 주왕을 토벌할 때 무왕은 정의의 사도이고 주왕은 폭군이었다. 그래도 백이伯夷와 숙제叔齊는 무왕의 마차를 가로막고 최선을 다해 설득했다. 무왕은 백이와 숙제의 말을 듣지 않고 결국 주왕을 죽여 상나라를 무너트리고 주나라를 세웠다. 그 후 백이와 숙제는 절대 주나라 곡식을 먹지 않겠다고 맹세하며 수양산首陽山에 들어가 살다가 끝내 굶어 죽었다.

오늘날 관점에서 보면 백이와 숙제는 미련한 충신이다. 정말 한심하기 그지없는 구시대적 발상이니 동정할 가치도 없고 굶어 죽어도 싸다. 그러나 이것은 당시 사회 상황을 전혀 모르는 현대인의 편협한 관점이다. 공자와 맹자로 대표되는 유가 사상은 도탄에 빠진 백성을 구하려 하늘을 대신해 주왕을 처단한 정의의 사도 주나라 무왕과 주나라 곡식을 거부한 백이와 숙제를 동시에 칭송했다. 무왕처럼 용감하게 저항하는 사람이 없으면 백성들은 영원히 도탄에서 헤어 나오지 못할 것이고, 백이와 숙제처럼 시대의 흐름을 거스르는 사람이 없어 온 세상이 권력에 아부하고 빌붙는다면 옳은 말을 할 수 있는 불굴의 기개가 사라질 것이다.

이 가치 기준은 주나라에서 시작되어 청나라까지 이어졌다. 일례로 명나라 말기에 수많은 명나라 관리가 청나라에 투항해 만주족과 함께 한족을 핍박했다. 명나라 입장에서 보면 명백한 간신이지만 청나라 입장은 어땠을까? 청나라 조정에서 편찬한 《명사》明史 중 〈이신貳臣(두 임금을 섬기는 신하. 절개가 없는 신하)전〉에서 청나라에 투항한 명나라 신하를 비난하며 충의를 강조했으니, 청나라 입장 또한 다르지 않았다.

때는 동한 말기였고 조조는 관우가 충의를 다할 수 있도록 영웅의 도량을 베풀었다. 이것은 조조가 자기 부하들에게 충의 정신을 권장하기 위한 고도의 전략이기도 했지만 유가 사상의 고상한 미덕을 몸소 실행한 것이기도 했다.

지금까지 관우의 배반에 대한 조조의 책략과 태도를 살펴봤다. 그렇다면 원소는 부하의 배반에 어떻게 대처했을까? 원소는 옳고 그름을 판단하는 능력도 없거니와 기본적으로 부하에 대한 신뢰도 부족했다. 그는 가만있는 부하에게 빌미를 제공해 배반하게 만드는 사람이었다. 그 대표적인 사례가 허유의 배반이다.

관도대전의 귀수鬼手

두 번째 사건: 허유의 배반

바둑판에서 허를 찔러 대세를 완전히 바꾸는 의외의 한 수를 귀수라고 한다. 관도대전의 양군 대치가 길어지면서 조조군이 식량 위기에 직면했다. 객관적인 조건으로 보면 장기전이 불가능하므로 반드시 속전속결이 필요한 상황이었다. 조조는 이 난국을 타개할 기회를 어디에서 찾았을까? 과연 어떤 귀수로 대세를 바꾸었을까? 이 이야기의 중심에 조조의 유년 시절 친구 허유가 있다.

허유는 분주지우의 주요 일원으로 조조와 원소 두 사람 모두와 깊은 우정을 나눴다. 그는 줄곧 원소를 따라다니며 원소 수하의 핵심 모사로 활약했다. 허유에게는 다음과 같은 두 가지 특징이 있었다.

첫째, 머리가 좋아 원소에게 유용한 계략을 많이 제안했다.

예를 들어 관도대전 계략은 이러했다.

"조조와 장기전으로 갈 필요가 없습니다. 우리는 병력이 많으니 절반만 조조의 주력군을 상대하고 나머지 절반은 조조의 후방 허현을 기습해 황제를 빼앗아 오게 하십시오."

하지만 원소는 피식 웃으며 거절했다.

"《손자병법》에 병력이 적군의 10배라면 상대를 포위하라는 말이 있네. 우리는 병력이 훨씬 많으니 계략을 쓸 필요가 없지. 조조군을 겹겹이 에워싸고 소모전으로 가면 쉽게 이길 수 있네."

허유는 원소가 자신의 계략을 받아들이지 않자 몹시 기분이 나빴다.

둘째, 재물 욕심이 커서 금전적인 문제가 많다.

허유의 재물 욕심은 당시에도 아주 유명했다. 원소의 동생 원술도 허유가 도덕성에 문제가 있다고 말했다. 허유는 원소 밑에서 여러 가지 묘책으로 많은 공을 세우기도 했지만 요직을 차지한 덕분에 횡령한 돈이 적지 않았다. 원소는 이 문제에 대해 내내 관심이 없었는데 하필 관도대전이 한창일 때 갑자기 허유를 조사하기 시작했다. 철저히 조사해 보니 허유 본인뿐만 아니라 마누라와 자식까지 모두 한통속이었다. 원소는 일단 허유의 처자식부터 잡아들였다. 이에 허유는 '다음 차례는 나겠지? 여기 있으면 안 되겠어.'라고 생각해 어둠을 틈타 서둘러 조조 진영으로 도망쳤다.

늦은 밤, 이미 잠자리에 들었던 조조는 허유가 투항해왔다는 보고를 받고 벌떡 일어났다. 너무 흥분한 나머지 신발도 신지 않고 맨발로 달려 나가 크게 웃으며 허유를 맞이했다.

"자네가 왔으니, 분명히 내가 이기겠군!"

조조가 왜 이렇게까지 흥분했을까? 허유가 중요한 기밀 정보를 다루는 원소군의 핵심 모사이기 때문이다. 허유와 함께 기밀 정보가 넘어왔으니 이보다 좋은 일이 있을 수 없었다.

두 사람은 막사로 들어가 마주 앉았다. 조조가 그제야 신발을 신으며 이야기를 나누려는데 허유가 다짜고짜 물었다.

"맹덕, 지금 군량이 얼마나 남았나?"

이 말에 조조는 바짝 긴장했다.

'아직 진짜 투항인지 아닌지 확실치 않아. 허유 입에서 원소군의 기밀이 나오도록 유도해야 해. 물론 내 입에서 우리군의 기밀이 새나가지 않도록 조심해야겠지.'

조조는 이렇게 생각하며 대충 둘러댔다.

"아직 1년은 거뜬히 버틸 수 있네."

허유는 조조를 잘 알기에 단번에 거짓인 줄 알고 다시 물었다.

"거짓이군. 다시 말해 보게."

조조는 이미 들켰지만 눈 한 번 깜빡하지 않고 계속 거짓말을 했다.

"사실 반년치가 남았네."

허유는 이번에도 거짓임을 알고 직설적으로 되물었다.

"원소를 이기고 싶지 않나? 이기고 싶다면 군량이 얼마나 남았는지 솔직히 말하게. 이번이 마지막 기회네."

조조는 그제야 솔직히 털어놨다.

"좀 전엔 농담이었네. 솔직히 한 달치뿐이네. 어떻게 해야겠나?"

허유도 드디어 묘책을 내놓았다.

"식량이 없으니 무조건 속전속결이지. 한시도 지체해선 안 되네. 하지만 원소는 모든 것이 넉넉하니 얼마든지 시간을 끌 수 있지. 그런데 원소군은 군량이 많긴 한데 오소烏巢, 한곳에 모아놨어. 더구나 수비군이 아주 약하네. 정예 기병을 보내 불시에 공격하고 군량을 전부 불태워 버리게. 원소군이 십만 대군이지만 3일만 굶으면 완전히 무너질 테니 그때 공격하면 대승을 거둘 것이네."

조조는 그 자리에서 바로 허유의 제안을 받아들였다. 그리고 원소군 깃발로 위장한 정예 부대 5천을 직접 이끌고 먼 길을 달려가 오소를 습격했다. 당시 오소 수비를 담당한 순우경淳于瓊은 영제 시대에 원소, 조조와 함께 '서원팔교위'를 지낸 나름 명장이었다. 그는 조조의 기습을 필사적으로 막아냈다. 조조는 예상과 달리 고전을 면치 못하자 점점 마음이 조급해졌다. 이것이 마지막 기회라는 생각에 앞장서서 죽기 살기로 싸웠다.

이때 오소 습격 소식을 들은 원소가 파견한 지원군이 달려온다는 보고가 이어졌다. 당황한 부하들이 다급하게 외쳤다.

"원소의 지원군이 온답니다. 주공! 군사를 나눠 저들을 막아야 합니다."

그러나 조조는 군대를 분산시켜 오소 점령이 더 힘들어지면 앞뒤로 협공당해 더 큰 위험에 빠질 수 있다고 생각해 버럭 소리를 질렀다.

"놈들이 바로 내 등 뒤까지 오면 다시 보고해!"

죽음을 불사하는 조조의 모습에 부하들은 사기가 하늘을 찔렀다. 모두가 한마음으로 죽을힘을 다해 싸우고 불을 질렀다.

타닥타닥 소리와 함께 하늘 높이 치솟은 시뻘건 불꽃이 지치고 격앙된 조조의 얼굴을 비추었다. 오소 습격이 바로 관도대전의 전세를 역전시킨 귀수였다. 그동안 사세삼공 가문 덕에 늘 기세등등했던 원소는 이렇게 한순간에 무너졌다.

우연이 아닌, 지혜와 용기로 얻은 승리

부자가 망해도 삼 년을 간다는 속담이 있다. 원소가 완패하기는 했지만 다시 일어설 수는 없었을까? 마지막 세 번째 사건에서 답을 찾아보자.

세 번째 사건 : 전풍田豊의 죽음

전풍도 원소군 핵심 모사 중 한 명이고 똑똑하기로 따지자면 허유보다 한 수 위였다. 하지만 원소는 관도대전에 전풍을 대동하지 않고 감옥에 가둬버렸다. 무슨 일이 있었던 것일까?

전풍은 관도대전 직전까지 원소를 말렸다.

"주공, 아직은 시기상조이니 지금 출정하면 안 됩니다. 우리가 조조군보다 물자는 풍족하지만 아직 내부 결속력이 약합니다. 이것은 치명적인 약점입니다. 이대로 전투를 시작하면 조조에게 패할 수밖에 없습니다. 그러니 이번 출정은 미루고 장기적인 계획을 세워야 합니다."

원소는 이 말을 듣고 버럭 화를 냈다.

"전쟁을 시작도 안 했는데, 찬물을 끼얹는 것이냐! 감히 재수 없는 말로 군의 사기를 떨어뜨리다니!"

그리고 홧김에 전풍을 당장 감옥에 가두라고 명했다.

"이런 재수 없는 놈을 데리고 출정할 순 없다. 돌아와서 처리하겠다."

이렇게 해서 전풍은 관도대전이 벌어지는 동안 줄곧 차가운 후방 감옥에 갇혀 있었다.

관도대전의 결과는 전풍의 예상대로 원소의 참패였다. 옥졸이 이 소식을 듣고 곧장 전풍에게 달려갔다.

"전 선생, 축하드립니다. 말씀하신 대로 주공이 조조에게 패했습니다. 틀림없이 선생의 선견지명에 탄복했겠지요. 주공이 돌아와 선생을 풀어주고 다시 중용할 겁니다."

그러나 전풍은 죽을 날이 다가왔음을 알고 쓸쓸하게 웃었다.

"하나만 알고 둘은 모르는군. 원소가 겉으로는 대범한 척하지만, 사실은 속이 아주 좁은 사람이지. 아마 이겼으면 기분이 좋아 잔소리 좀 하고 풀어줬겠지. 그런데 패해서 체면을 구겼으니 날 보지도 않고 죽이라고 할 걸세. 난 이제 끝장이야!"

전풍의 예상은 이번에도 적중했다. 원소가 귀환 후 가장 먼저 한 일이 바로 전풍을 죽이라는 명령이었다.

다시 조조 이야기로 돌아가자. 관도대전 승리 후 원소 진영에서 전리품을 거둘 때 서신이 무더기로 발견됐다. 대부분 원소와 조조의 수하가 내통한 서신이었다.

사실 관도대전은 승패를 예측하기 어려운 전투였다. 기본적으로 조조 군 병력이 원소군에 비해 크게 약했기 때문에 조조 부하 중 상당수가 절대 이길 수 없다는 절망에 빠져 있었다. 그래서 미리 살길을 도모하려 원소에게 서신을 보내 투항할 뜻을 밝혔다.

그런데 예상과 달리 조조가 승리했다. 사법관이 조조 앞에 서신 뭉치를 내놓고 의견을 물었다.

"주공, 적과 내통한 서신을 발견했습니다. 하나하나 낙관과 필적을 대조해 우리 군 내부에 숨어있는 첩자를 찾아내야 합니다. 소신이 첩자들을 모두 찾아내 법대로 처리하도록 명을 내려 주십시오."

조조는 웃으며 손을 저었다.

"이번 전투는 누가 봐도 우리 군은 너무 약하고 원소군은 아주 막강했네. 나조차도 이길 수 없을 것 같아 비관적이었고 차라리 원소에게 투항해 버릴까 생각했는데, 다른 사람들은 어떻겠나? 그 죄는 따질 필요 없네."

조조는 모든 서신을 불태우고 없었던 일로 하라고 명령했다.

이 두 사건을 비교해보자. 조조는 수하가 실제로 원소와 내통해 큰 죄를 지었지만 넓은 마음으로 용서하고 잘못을 묻었다. 반면 원소는 본인 체면 때문에 죄는커녕 오히려 공이 더 많은 전풍을 죽였다. 이 차이가 관도대전 이후의 운명을 결정지었다. 원소는 두 번 다시 재기하지 못했고 조조는 여세를 몰아 원소의 잔당을 깨끗이 쓸어버리고 북방을 통일했다. 모든 승리와 패배는 결코 우연이 아니다.

관도대전은 끝났지만 우리가 풀어야 할 문제는 아직 남았으니 다시 잘 생각해보자.

관우의 배반은 원래 사형감이지만 조조는 가볍게 용서했다. 적과 내통한 죄도 엄벌에 처해야 하지만 조조는 이 또한 너그럽게 용서했다. 반면 부정부패를 저지른 허유와 군심을 어지럽힌 전풍을 법대로 처벌한 원소는 실패했다. 원소는 법대로 처리하고 조조는 법치가 아니라 마음 가는 대로 일을 처리했는데, 어떻게 조조가 원소를 이겼을까? 조조가 원소를 이긴 배경에 어떤 심오한 이치가 있을까?

법률의 달인

상술한 세 사건을 다시 정리해 보자.

관우의 배반은 모반죄에 해당하므로 법에 따라 사형에 처해야 한다. 조조의 부하들이 원소와 내통한 죄도 마찬가지이다. 하지만 조조는 그렇게 하지 않았다. 원소는 부정부패를 저지른 허유에게 법적 책임을 물었고 군심을 어지럽힌 전풍을 감옥에 가뒀고 전쟁이 끝난 후 처리하겠다고 공언한 그대로 처형했다.

상식적으로 생각할 때 조금 이상하지 않은가? 법대로 처리한 원소가 지고 법을 무시한 채 본인 마음대로 인치人治를 행한 조조가 승리했다. 이 결과를 어떻게 해석해야 할까?

고대 중국의 법률 문화는 엄격한 법 집행을 미덕으로 여기지 않았다. 서양의 법치 문화와 확실히 달랐다. 그렇다고 법을 완전히 무시한 채 위정자 마음대로 처리하는 방식도 아니었다. 서양 역사에 종종 등장했던 독재자의 인치와도 다르다. 법치는 사회의 기본 질서를 확립하고 유지하는 데 큰 도움이 된다. 인치는 개별 문제의 특수 상황에 맞게 융통성을 발휘할 수 있다는 것이 큰 장점이다. 따라서 법치와 인치 중 어느 것이 옳은지를 따질 것이 아니라 제도적으로 최고의 효과를 얻을 수 있는 법치와 인치의 황금비율을 찾는 것이 중요하다.

《진서》晉書 〈형법지〉 기록에 따르면, 이 시대에는 3단계 문제 해결 시스

진서晉書

《진서》는 당나라 시대 방현령(房玄齡) 등이 편찬한 기전체(紀傳體) 사서로 양진과 16국 역사를 기록했다. 이 중 <형법지> 편은 동한 말기~위진 시대 법률 제도에 대한 내용으로 이 시대 법률 제도 연구에 꼭 필요한 중요 참고 문헌이다.

템을 갖췄던 것으로 보인다.

1단계 : 주자수문主者守文(집행관은 법에 따른다)

법을 집행하는 자는 예외 없이 철저히 법을 준수해야 한다. 관우 배반 사건을 예로 들어보자. 관우가 유비를 찾아갈 때 지나간 다섯 관문의 여섯 장수는 관우가 통행증을 가지고 있는지 확인해야 하고 통행증을 제시하지 못하면 반드시 막아야 한다. 관우가 억지로 뚫고 지나가려 한다면 죽여서라도 막아야 한다. 이것이 관문 수비 장수의 기본 임무였다. 이들은 조조처럼 '천하제일 의인이니 보내주자.'라고 말할 자격이 없다.

집행관이 법을 준수하지 않고 법률 대신 도덕적 잣대를 적용해 마음대로 판단한다면 사회가 큰 혼란에 빠질 것이다. 그래서 '주자수문, 생사이지'主者守文, 生死以之(집행관은 법에 따라 생사를 결정한다)라는 말이 있다. 여기에서 '문'은 법률 조항을 뜻한다. 집행관은 본인이 임의로 판단하거나 법률을 무시하면 안 되며 반드시 법률 조항을 준수해야 한다. 상황에 따라 목숨을 걸고서라도 법의 존엄성을 수호해야 한다.

2단계: 대신석체大臣釋滯(대신들이 어려운 사건을 해석한다)

'체'는 해결하기 어려운 사건을 뜻한다. 일선 집행관들은 종종 처리하기 어려운 사건을 접한다. 법률에 빈틈이 있기 마련이라 그 상황에 맞는 명확한 규정이 없을 수 있기 때문이다. 혹은 명확한 규정이 있지만 법대로 처리했을 때 오히려 불합리한 결과가 발생해 여론의 반발을 초래하는 경우도 있다.

이런 상황에서 일선 집행관은 임의로 법률을 해석하고 판단할 권리가 없다. 반드시 상부에 보고해 군주가 처리하도록 해야 한다. 물론 군주라고 해서 모든 복잡한 법률 사건을 처리할 수 있는 것은 아니다. 고대 유가의 이상적인 군주는 명철한 분석력이나 법률 지식이 없는 법률 문외한이었다. 따라서 현명한 대신을 등용해야 한다. 군주는 사건을 어떻게 처리할지 의논하기 위해 대신을 불러 모아 회의를 열었다. 일반적으로 고위 대신, 법률 지식이 뛰어난 전문 사법관, 명망 높은 법학자, 당대 유명 경학자經學者(공자 사상 중심의 사서오경을 연구하는 학자) 등이 회의에 참가해 법리에 대해 심층 토론했다. 토론 참가자들은 법률 조항, 판례, 유가 경전, 기본 법리 등을 근거로 제시했다. 이로써 철저한 법치에서 벗어나 법치와 인치의 이상적인 결합을 추구했다.

3단계: 인주권단人主權斷(군주의 권한으로 결단을 내리다)

앞의 두 단계에서 법률로 해결하지 못한 아주 특수한 문제라면 군주가 이해관계를 따져 최종 판단을 내려야 한다.

인주권단의 '권'은 권력의 의미가 아니다. 중국 고대 정치 문화의 최고 가치는 도道이며, 도는 형태가 없고 늘 변하는 존재이다. 도를 법률에 적용하면 사건마다 판결이 달라질 수 있으므로 법률의 본질에 크게 어긋난다. 그래서 역사적으로 어느 왕조도 도를 치국의 근본 사상으로 삼을 수 없었다. 대신 가장 일반적이고 정상적인 도의 형태를 뜻하는 상태常態라는 개념을 치국의 도에 적용했다. 상태는 다른 말로 경經이라고도 하는데, 쉽게 말하면 항상이란 뜻이다. 예를 들면 빨간 불에 건널목을 건널 수 없다는 규칙이 경이다. 그런데 간혹 경을 엄격히 준수하는 것이 도를 실현하는 데 방해가 되거나 도에 어긋나는 경우가 생길 수 있다. 이때 필요한 것이 바로 '권'이다. 권은 원래 저울추를 가리키는 것이고 저울추로 무게를 정확히 가늠한다는 의미이다. 여기에서 한 단계 더 발전해 '상태가 아니지만 도에 부합하는 것'이란 의미로 확장됐다. 따라서 외적으로 상태에 어긋나지만 내적으로 도에 부합하는 것이 바로 권이다. 즉, 경은 도의 기본 상태이고 권은 도의 변형된 상태이다.

관우 배반 사건의 경우, 법을 엄격히 준수한다면 관우를 죽여야 한다. 이것이 경이다. 그러나 법을 엄격히 준수한 이 사건이 사회의 근본 사상인 충의 정신을 부정함으로써 도에 어긋나는 판례가 된다면 득보다 실이 크다. 그래서 조조는 파격적인 결정을 내렸다. 관우라는 인재를 포기하고 법률의 가치가 다소 깎이더라도 훌륭한 모범을 세워 충의 정신을 고취시키는 쪽이 더 이익이 크다고 판단한 것이다. 이것이 바로 인주권단이다.

고대 중국 사람들은 인주권단 판례를 개별 사건에 대한 판결로 인식했을 뿐, 여러 상황에 폭넓게 적용하는 기본 판례로 활용하지는 않았다.

이것으로 보아 고대 중국인의 법률 지혜가 상당한 수준에 이르렀음을 알 수 있다. 특히 조조는 융통성 없이 법률에만 얽매이지 않고 법치와 인치를 적절히 혼용하며 법률 지혜를 능숙하게 다뤘다. 조조는 법률을 더 높은 가치를 실현하기 위한 수단이자 도구로 인식했던 것이다. 반면 원소는 이러한 인식이 전혀 없었기 때문에 관도대전 계략 싸움에서 철저하게 패하고 말았다.

관도대전의 계략 싸움을 자세히 살펴보면 중국의 전통 법문화를 깊이 이해하고 시대 상황에 따라 법치와 인치를 유연하게 처리했던 고대 중국

인의 법률 지혜를 확인할 수 있다.

법치와 인치는 옳고 그름을 따져 한쪽을 선택하는 것이 아니다. 훌륭한 자원도 자리를 잘못 찾으면 한낱 쓰레기가 되는 법이다. 이 둘의 황금 비율을 찾아 적재적소에 사용하는 것이 문제의 핵심이다. 이 핵심이 조조와 원소가 맞붙은 관도대전의 승패를 결정했다고 볼 수 있다.

조조는 관도대전에서 원소를 물리친 후 8년에 걸쳐 원소의 잔당을 제거하고 208년에 북방을 통일했다. 같은 해에 기세를 몰아 유비와 손권을 없애고 천하 통일과 건국 대업을 완성하고자 남쪽으로 진출했다. 그런데 이 대전을 앞두고 동한 말기 수많은 명사를 이끌며 당대 최고 문학가로 손꼽혔던 건안칠자建安七子의 리더인 공융孔融의

> **건안칠자**建安七子
>
> 동한 말기 건안 시대(196~220)에 활발하게 활동한 7명의 문학가. 공융, 진림, 왕찬(王粲), 서간(徐幹), 완우(阮瑀), 응창(應瑒), 유정(劉楨). 이들은 조조, 조비, 조식과 더불어 당대 최고의 문학가였으며 작품마다 격정적으로 세태를 반영한 것이 특징이다.

집안이 조조에게 멸문당하는 일이 벌어졌다. 조조는 왜 공융을 죽였을까? 공융의 죽음은 중국 사상과 철학 역사에 어떤 의미가 있을까?

11장

공룡의 죽음

조조는 관도대전에서 원소를 격파하고 208년에 북방을 통일했다. 같은 해 여세를 몰아 유비와 손권을 제압하고 천하 통일을 완성하려 남쪽으로 칼끝을 돌렸다. 그리고 적벽대전 직전에 동한 말기 대문학가이자 사대부의 리더였던 공융 가문을 몰살시켰다. 조조는 왜 공융을 죽였을까? 공융의 죽음은 중국 사상사에 어떤 의미가 있을까?

공융은 누구인가?

208년, 북방 통일을 완수한 조조가 유비와 손권까지 무너뜨려 천하를 통일하고자 남쪽으로 군대를 돌렸다. 조조와 손권-유비 연합군이 장강에서 맞붙으면서 동한 말기~삼국 역사상 최대 규모로 손꼽히는 그 유명한 적벽대전이 벌어졌다. 그런데 적벽대전 직전에 주목할 만한 사건이 있었다. 조조가 동한 말기 최고 문학가로 손꼽히던 공융과 그 가족을 모조리 죽여 버렸다.

공융은 어떤 인물이고, 조조는 왜 적벽대전 직전에 공융을 죽였을까?

공융의 자는 문거文擧, 공자의 20대손이다. 중국에서는 어려서부터 공융양리孔融讓梨(공융이 배를 양보하다.) 고사성어를 많이 가르치기 때문에 대다수 중국인이 공융을 잘 알고 있다. 공융은 일곱 형제 중 여섯째였다. 어느 날 온 가족이 다 함께 배를 먹었다. 다른 형제들은 서로 큰 배를 차지하려고 다퉜지만 4살 공융은 작은 배를 집었다. 어른이 이상하다 싶어 공융에게 물었다.

"다들 큰 배를 가지려 하는데 넌 왜 작은 배를 골랐니?"

대다수 판본에 실린 공융의 대답은 이러했다.

"제가 나이가 어리니 당연히 작은 배를 먹어야지요."

이 이야기는 여러 사서를 통해 2000년 가까이 전해 내려왔다. 특히 《삼자경》三字經을 읽은 아이들은 '융사세, 능양리'融四歲, 能讓梨(공융은 4살에 배를 양보할 줄 알았다.)라는 구절을 술술 외운다. 그런데 일부 학자는 공융양리 이야기가 4살 아이의 천성과 어긋나기 때문에 사실이 아니라고 주장했다.

혹자는 공융양리와 '배를 훔쳐 먹은 어거스틴' 이야기를 비교하기도 한다. 이 이야기는 공융보다 100여 년 늦게 태어난 고대 로마 시대의 성 어거스틴이 참회록에 적은 일화이다. 어거스틴이 어렸을 때 집 근처에 배나무가 있었다. 그는 밤에 종종 친구들과 배를 훔쳤지만 그냥 버리거나 돼지에게 던져주곤 했다. 나중에 그는 '나는 물건이 탐나서가 아니라 훔치는 행위, 죄악 그 자체를 즐기려 물건을 훔쳤다.'라고 참회했다. 두 일화를 비교하자면 어거스틴의 이야기가 확실히 더 인간 본성에 가깝다. 다시 말해 공융양리는 인간 본성에 위배되므로 거짓일 가능성이 크다.

위의 두 이야기 비교는 맥락이 잘 맞아떨어지는 편이다. 사실 어거스틴이 배를 훔친 죄는 정말 아무것도 아니다. 고대 중국 사회에서는 이보다 더 심한 사건도 수없이 많았다. 앞에서 소년 조조가 남의 혼례식에 침입해 신부를 납치한 사건이 그렇다. 조조는 그 신부를 아내로 맞이하고 싶어서가 아니라 단순히 훔치는 행위 자체, 죄악을 즐겼을 뿐이다.

공자는 인간의 선천적인 선악보다 후천적인 교화가 더 중요하다고 생각했다. 공융양리 일화는 아주 유명하지만 공융이 정확히 어떻게 대답했는지 아는 사람은 많지 않다. 사실 공융은 이렇게 대답했다.

"나는 아이라 어른보다 항렬이 낮고 형제 중에서도 가장 마지막이니

난세의 리더 조조

법도에 따라 마땅히 작은 배를 가져야 합니다."(《공융가전》孔融家傳을 인용해 주해
한 《후한서》 기록)

여기에서 말하는 법도란 무엇일까? 나라에서 반포한 법률이 아니라
사회 전반에 통용되는 예법을 의미한다. 즉 군신, 부자, 장유長幼, 존비尊卑
관계에 반드시 지켜야 할 차례와 질서가 있다는 유가의 가르침이다. 이 예
법의 교화를 거쳐야 남의 배를 훔친 어거스틴의 악에서 남에게 배를 양보
하는 공융의 선으로 발전할 수 있다. 이것이 중국 고대 정치 문화의 기본
기능이었다.

공융양리 일화는 공융이 공자의 후손으로 훌륭한 유가 가문에서 태
어나 어려서부터 뿌리 깊은 유가 정통 사상에 큰 영향을 받았음을 보여준
다. 따라서 그는 환관 가문에서 태어나 법가 사상을 신봉한 조조와 뼛속
까지 다른 사람이었다.

공융은 10살 때, 아버지를 따라 낙양에 가서 한 유명 인사를 만난 적
이 있었다. 앞서 '당고의 화'에서 등장했던 유가 사대부의 리더 이응이었다.
이때 이응은 유명세가 하늘을 찔러 아무나 쉽게 만날 수 있는 상대가 아니
었다. 공융이 이응을 만나려고 집으로 찾아갔는데 대문 앞에서 집사에게
제지당했다. 쫓아버리려는 것인지 놀리려는 것인지, 집사가 일부러 큰 목
소리로 물었다.

"조그만 녀석이 여기는 뭐 하러 왔어?"

"존경하는 이 대인을 직접 뵙고 싶어서 왔습니다."

"이 대인은 딱 두 부류의 사람만 만난다고 하셨다. 사회 명사이거나 이
대인과 대대로 교분이 있는 사람만 들어갈 수 있다. 그런데 너 같은 꼬맹이
가 어느 부류에 속하겠느냐?"

"잘됐네요. 저는 이 대인과 대대로 교분이 있습니다. 두 집안 조상님들이 매우 친하셨거든요."

집사는 공융의 진지한 답변이 예사롭지 않아 들여보내줄 수밖에 없었다. 이응이 집사의 말을 듣고 공융을 만났는데 모르는 아이였다.

"우리 조상님들이 어떤 친분이 있었지?"

"전 공자의 후손이고 대인은 노자^{老子}의 후손이니까요."

노자는 노^{老} 씨가 아니라, 원래 이름이 이이^{李耳}이므로 이응이 그 후손이라는 뜻이었다.

"공자께서 노자의 가르침을 받은 적이 있잖아요? 그러니까 우리 두 가문의 조상은 사제의 교분이 있습니다."

공융의 기막힌 대답에 주위 사람들 모두 박수를 치고 엄지를 치켜들었다.

"꼬맹이가 아주 대단하구나!"

그런데 그중에 어린놈이 주제넘게 나서서 함부로 입을 놀린다고 생각하는 사람이 있었다.

"어려서 번지르르하니 말만 잘하고 잘난 척하다가 커서는 별 볼 일 없는 사람이 많지."

공융은 이 말을 듣고 바로 받아쳤다.

"아저씨는 어렸을 때 진짜 똑똑했겠군요."《세설신어》〈언어〉^{言語}

한바탕 웃음이 터졌고 공융에게 찬물을 끼얹으려던 손님은 얼굴이 벌겋게 달아올라 아무 말도 하지 못했다. 이 일로 소년 공융은 세상이 주목하는 신동으로 유명세를 탔다.

이 일화는 공융의 두 가지 특징을 보여준다.

첫째, 똑똑하다.

어려서부터 똑똑하기는 조조도 마찬가지였는데, 조조는 그 나이에 무엇을 했을까? 데굴데굴 바닥을 구르면서 풍을 맞았다고 숙부를 속였다. 똑똑하기는 했지만 자랑스럽게 내세울 만한 일은 아니었다. 반면 공융은 10살에 벌써 이름을 알려 사회 명사와 어깨를 나란히 하며 상류 사회에 발을 내디뎠다. 두 사람의 수준 차이를 단적으로 확인할 수 있는 사례이다.

둘째, 각박하다.

공융은 확실히 재능이 뛰어났다. 하지만 교만하고 재주를 드러내기를 좋아해서 남의 약점을 들춰내고 비난하곤 했다. 이런 성격은 언뜻 보면 단점 같지만 이것이 바로 공융의 매력이었다.

10년이면 강산이 바뀌는 법인데, 어느덧 강산이 세 번 바뀌었다. 30년 후, 짓궂은 장난을 일삼던 말썽꾸러기 조조가 한나라의 승상이 되고 주목받는 신동으로 일찍이 유명 인사 대열에 합류했던 공융은 조조의 부하가 됐다. 공융의 관직은 집짓기와 산림녹화 사업을 담당하는, 오늘날의 국토부장관쯤 되는 장작대장將作大匠이었다. 이렇듯 공융은 관직 서열에서 조조보다 한참 아래였지만 사상계에서는 대단한 영향력을 발휘했다.

일단 공융은 건안칠자의 리더였다. 그는 모든 종류의 문장 실력을 두루 갖춰 채옹에 이어 동한 말기 최고 문필가 계보를 잇는 대문호였다. 조조의 아들 조비가 건안 연간에 문학계에 가장 큰 공을 세운 일곱 사람을 뽑았는데, 훗날 이들을 건안칠자라고 칭했다. 공융은 건안칠자 중에서도 단연 최고였다. 중국 문학사에서 거장으로 손꼽히는 북송 시인 소식은 도덕에 관한 공융의 글을 읽고 탄복해 인중지룡人中之龍(가장 뛰어나고 비범한 사람)이라며 극찬했다. 그만큼 공융은 당시 문학계에 영향력이 대단했다.

다음으로 공융은 동한 말기 사대부의 리더였다. 공자의 후손 공융은 이응의 뒤를 이어 유가 사대부를 이끌었고 천하의 젊은 인재들이 숭배하는 우상이었다.

이처럼 공융은 사상계의 거목이고 조조는 정치계의 거물이었으니, 두 사람은 부딪치지 않을 수 없었다.

먼저 도발한 쪽은 공융이었다.

문인의 위협도 제거한다

공융은 늘 반대 입장에서 조조의 골머리를 썩였다. 주로 다음의 세 가지 문제였다.

첫째, 조조의 법령을 비판했다.

어느 해 흉년으로 기근이 심하고 식량이 부족해지자 조조가 금주령을 내렸다.

'국가 식량 비축과 군량을 확보하기 위해 식량을 낭비하는 민간의 양조 및 음주 행위를 엄격히 금지한다.'

고대 중국에서 기근이 들 때 금주령을 내리는 것은 흔한 일이라 딱히 비난할 일이 아니었다. 하지만 애주가인 공융은 견디기 힘들었다. 금주령으로 술을 마시지 못하자 조조를 트집 잡기 시작했다. 조조의 금주령 중에 '과음으로 조정 일에 소홀하면 나라를 망칠 수도 있다. 상나라 주왕을 보라. 주지육림에 빠져 나라가 망하지 않았는가? 그러므로 금주해야 한다.' 라는 내용이 있었다. 이에 공융은 이렇게 반박했다.

"과음이 나라를 망친다는 말은 분명히 옳습니다. 하지만 여색을 가까이하는 것도 나라를 망하게 합니다. 상나라 주왕은 달기妲己의 미색에 빠져서, 주나라 유왕幽王은 애첩 포사褒姒를 웃게 하려고 걸핏하면 봉화를 올려 제후를 소집하다가 나라가 망했지요. 과음이 나라를 망칠 수 있어 금주령을 내렸다면 여색을 가까이하는 것도 나라를 망칠 수 있으니 여색을 금해야 합니다. 남녀가 정을 통하고 혼인하는 것도 모두 금해야 하지 않겠습니까? 이참에 아예 금혼령을 내려 백성들이 혼인하지 못하도록 해야 할 것입니다."

조조는 절묘한 궤변을 늘어놓는 공융의 반박에 말문이 막히자 화가 머리끝까지 치밀었다.

둘째, 조조의 집안일에 참견했다.

조조는 유명한 호색한이다. 조조의 첩 중에는 하진의 며느리, 여포 부하의 아내, 군벌 장수張繡의 숙모를 비롯해 적장의 아내나 딸이었던 여자들이 많았다. 《세설신어》에 이런 일화가 있다. 원소의 아들이 북방에서 소문난 미인 견씨甄氏와 결혼했다. 후에 조조는 원소를 무너뜨리고 원소의 근거지 업성에 입성해서 가장 먼저 견씨를 데려오라는 명령을 내렸다. 잠시 후 부하가 돌아와 이렇게 보고했다.

"조비 공자가 이미 견씨를 데려갔습니다."

조조가 허탈하게 웃었다.

"힘들게 원소를 때려잡았더니, 결국 그놈 좋은 일이 됐구나."

이 대화가 사실인지는 알 수 없으나 조조가 업성을 함락한 후 원소 며느리가 조조 며느리가 된 것은 분명하다. 이것은 도리에 어긋난 일이다. 조조와 원소는 어린 시절 호형호제하던 사이이고 한때 군신 관계이기도 했으니까. 더구나 아직 남편이 살아있었기 때문에 견씨는 엄연히 유부녀였다. 남의 처를 빼앗는 것은 강도짓과 다를 것이 없다. 공융이 이 소식을 듣고 조조에게 서신을 보냈다.

'주나라 무왕이 상나라 주왕을 죽이고 아름답기로 유명한 주왕의 애첩 달기를 동생 주공周公에게 하사했다고 합니다.'

조조는 그저 공융이 참 아는 것도 많다고만 생각하고 크게 신경 쓰지 않았다. 얼마 뒤 조조는 공융을 마주치자 생각난 김에 물었다.

"지난번 서신에서 말한 이야기가 어떤 책에서 나왔는지 가르쳐 주시겠소? 나도 견문을 넓혀볼까 하오."

공융의 대답은 이러했다.

"어떤 책인지 저도 모릅니다. 그저 제 추측입니다. 하지만 근거 없는 추측은 아니고 현재 상황으로 미루어 추측했습니다."

지금 조씨가 원씨의 여자를 빼앗는 것을 보니 그 옛날 무왕도 그렇게 했을 것이라며 에둘러 비난한 것이다.

셋째, 조조의 존엄을 모독했다.

공융은 이 일에 직접 나서지 않고 다른 사람 손을 빌렸다. 동한 말기 천재 기인으로 유명한 예형禰衡이 바로 그 주인공이다. 예형은 재주가 뛰어난 젊은 인재였지만 거만함이 하늘을 찔러 상대를 무시하기 일쑤였다. 자고로 재주가 뛰어나도 오만하면 뜻을 펼치기 어려운 법이다. 그런 사람을 가까이하고 등용하려는 사람은 없을 테니까. 하지만 공융은 예외였다. 쉰에 가까운 공융은 이미 학문적으로 큰 업적을 이룬 명사이고 예형은 20대 초반의 이름 없는 젊은이였다. 두 사람은 똑같이 재주만 믿고 오만방자하게 구는 사람이라 나이나 지위는 전혀 문제 될 것이 없었다. 그리하여 단번에 서로를 알아보고 망년지교를 맺었다. 당시 예형은 "지금 천하의 인재라 할 만한 사람은 공문거와 양덕조楊德祖뿐이다. 나머지는 무능하기 짝이 없어 언급할 가치도 없다."라고 말했다. 공문거는 공융이고 양덕조는 양수이다. 양수 역시 재주가 뛰어난 당대 유명 인사였다. 예형의 말을 통해 그의 거만함과 공융을 얼마나 높이 평가했는지 알 수 있다.

공융도 예형의 재능을 높이 평가해 조조에게 여러 번 천거했다. 조조는 공융이 추천했으니 쓸 만한 사람이라고 생각해 관직을 주기로 했다. 그런데 예형이 단호하게 거절했다. 왜 그랬을까? 먼저 특이한 성격 때문이었다. 자신이 천하제일이라고 생각하는 터라 조조 밑으로 들어가고 싶지 않았다. 또한 동한 말기 사회에는 관직을 거부하는 풍조가 유행했다. 큰 주목을 불러일으켜 자신의 가치를 올리기 위함이었다. 일단 관직을 거부해 욕심이 없고 청렴하며 권력에 빌붙지 않는다는 이미지를 만들었다. 그러면 조정에서 도덕성이 매우 뛰어나다고 여겨 다시 더 높은 관직에 등용하는 식이었다. 관직 거부가 이처럼 몸값을 올리는 전형적인 수법이었기 때문에 예형도 결국 출세를 꿈꾸는 보통 사람과 다를 것이 없었다.

하지만 이 꼼수가 조조에게는 통하지 않았다.

'내가 미쳤냐? 네놈한테 더 높은 관직을 주게? 괘씸한 놈, 용서치 않겠다. 제대로 체면을 구겨주지.'

얼마 뒤 조조가 천하의 명사를 초대하는 대규모 연회를 베풀면서 매우 흥미로운 행사를 준비했다고 소문을 냈다. 연회가 시작되고 분위기가 한창 무르익었을 때, 조조가 예형을 지목했다.

"자네가 음악에 조예가 깊다고 들었네. 북으로 흥을 돋워줬으면 좋겠군."

예상 외로 예형이 흔쾌히 응했다.

"북 치는 것쯤이야, 전혀 문제없습니다."

곧바로 북채를 받아 뜻을 펼치지 못한 설움과 분노를 토로하듯 힘차고 격앙된 곡을 연주했다. 예형의 연주에 감동받은 사람들이 박자에 맞춰 무릎을 치며 감탄했다. 조조는 예형에게 모욕을 주려 했으나 도리어 예형의 재능을 극찬하는 분위기가 되었다.

이때 조조의 수하가 나서서 예형을 꾸짖으며 트집을 잡았다.

"승상의 악대는 맞춤 제복을 입어야 하거늘, 어찌하여 고리鼓吏의 제복으로 갈아입지 않았느냐? 당장 갈아입어라!"

고리를 포함한 악기 연주자는 신분이 매우 낮았다. 연좌제에 걸린 범죄자 가족이 많이 포함되어 신분 제도상 천민에 속했다. 이것 또한 조조가 예형의 체면을 깎아내리기 위해 수하에게 지시한 것이었다.

"옷을 갈아입으라고요? 좋습니다. 옷을 가져오세요."

예형은 이번에도 흔쾌히 응했다. 그리고 사람들이 모두 지켜보는 그 자리에서 천천히 한 겹 한 겹 옷을 벗었다. 일단 상의를 벗고 다음에 바지를 벗었다. 겉옷부터 속옷까지 다 벗고는 사람들 앞에 당당하게 섰다. 실 오라기 하나 걸치지 않은 예형의 모습을 본 사람들은 입맛이 뚝 떨어졌다. 남자가 벌거벗은 남자를 보는 것이 뭐가 좋겠는가? 다들 옷소매로 눈을 가렸다. 멀쩡하게 옷을 입은 사람들은 거북해하는데 정작 벌거벗은 예형은 여유만만이었다. 예형이 천천히 고리 제복을 입은 후 조조에게 물었다.

"분부하신 대로 제복을 입었습니다. 또 무엇을 할까요? 말씀만 하십시오."

조조는 어쩔 수 없이 직접 해명했다.

난세의 리더 조조

"사실 자네를 욕보이려 한 건데, 도리어 내 체면만 구겼군. 내가 내 발등을 찍었어."

겉으로는 너그러운 척했지만 속으로는 예형에게 이를 갈았다.

조조는 골칫거리 예형을 곁에 두고 싶지 않았다. 그렇다고 죽이자니 다름을 인정하지 않고 인재를 죽였다는 오명을 남길까 봐 두려웠다. 어쨌든 예형의 명성을 무시할 수는 없었다. 그래서 생각 끝에 형주의 유표에게 예형을 보내기로 했다.

"여기 아주 비범한 인재가 있는데 내가 감당하기 어려워 그쪽으로 보냅니다. 그쪽에서 감당할 수 있을지 한번 살펴보시지요."

유표는 사대부 출신으로 천하 군벌 중 학문을 좋아하기로 유명했다. 그래서 처음 예형을 만났을 때는 크게 기뻤지만 갈수록 그 오만방자함을 참기 힘들었다. 유표는 그제야 조조의 계략을 눈치챘다.

'내 손을 빌리시겠다? 나보고 인재를 죽인 오명을 뒤집어쓰라고? 미안하지만, 네가 안 죽이면 나도 안 죽여.'

그래서 유표는 수하 장수 황조黃祖에게 예형을 보내며 잘 써먹으라고 했다. 하지만 황조는 조조와 유표처럼 생각이 깊지 못했고 예형을 감당할 수도 없었다. 결국 자신의 뜻을 거슬렀다는 이유로 단칼에 예형을 죽여 버렸다. 뛰어나지만 오만한 인재의 삶은 이렇게 끝났다.

공융은 조조가 직접 손을 쓰지는 않았지만 결국 조조가 예형을 죽였다고 생각했다. 반면 조조는 공융이 직접 나서지 않았지만 예형이 자신을 욕보인 일이 공융 탓이라고 생각했다. 예형이 죽었으니 다음 차례는 공융이었다.

조조는 일단 적당한 구실로 공융을 파면했다. 조정에 네 자리는 없으니 집에 가서 처자식이나 돌보라는 뜻이었다. 하지만 공융은 문을 닫고 조용히 자숙하는 것이 아니라 오히려 천하의 인재들을 집으로 초대했다. 그동안 일하느라 시간이 없어 사교 활동을 못 했는데 한가로이 집에 있으니 자유롭게 무엇이든 할 수 있었다. 그는 자신을 만나고 싶어 하는 사람이라면 누구든 환영했다. 손님이 많으면 많을수록 좋았다.

공융은 사상계에서 영향력이 매우 컸다. 그가 집에 있다고 하니 먼 길을 마다하지 않고 찾아오는 사람들로 매일 문전성시를 이뤘다. 공융은 사람들과 담소를 나누고 술을 마시며 정치 세태를 비난하느라 큰소리를 치기도 했다.

"내 집에 찾아온 친구가 있고 내 잔에 향긋한 술이 가득한데, 세상에 무서울 것이 뭐가 있겠는가? 난 무서울 게 없어!"

이처럼 공융은 고위직에서 물러나 평민이 된 후에도 사상계와 사회 여론을 주도하며 막강한 영향력을 끼쳤다. 다시 말해 공융은 여전히 조조에게 위협적인 존재였다. 자신의 자리를 위태롭게 하는 자는 문인이라도 용납할 수 없었다. 조조는 결국 공융을 죽이기로 결심했다.

공융은 공자의 20세손이고 건안칠자의 리더로 당시 문학계와 여론에 큰 영향을 미치는 사회 지도자급 인물이었다. 조조는 공융을 제거하면서 독재라는 오명을 남기지 않으려 고민에 고민을 거듭했다. 과연 조조는 공융에게 무슨 죄를 뒤집어씌워 죽였을까?

지식인을 죽이는 기술

　　　　　　　　　　　　　난세의 리더 조조

고대 중국의 통치자들은 지식인을 죽일 때 기술이 필요했다. 진시황의 분서갱유처럼 무턱대고 함부로 죽였다가는 후대 역사에 길이 남는 천고의 죄인이 될 테니까. 왜 공융을 죽였느냐고 물었을 때, 당신이 조조라면 뭐라고 대답하겠는가? 허구한 날 옆에서 투덜대고 걸핏하면 반대하고 모욕해서, 도저히 참을 수 없어 죽였다고 사실대로 대답할까? 그러면 온 세상이 조조에게 폭군, 독재자라고 욕을 퍼부을 것이다. 공융을 죽이더라도 오명을 남긴다면 결과적으로 득보다 실이 크다. 그래서 조조는 고심 끝에 두 가지 생각을 해냈다.

일단 알리바이를 만들었다. 208년 7월, 조조는 대군을 이끌고 남쪽으로 출정하며 조정에 남은 대신들에게 이렇게 당부했다.

"유비와 손권을 치러 떠나야 하니 후방의 일은 그대들에게 맡기겠네. 나와 상관없이 처리하게."

한 달 후, 누군가 여러 가지 죄목으로 공융을 고소했고 사법 절차에 따라 공융과 그 일족을 처형했다. 그렇다. 조조는 시차를 이용해 역사적 알리바이를 만들었다. 즉, 공융이 죽을 당시 조조는 전선에서 싸우고 있었으므로 공융의 죽음과 전혀 상관없다고 세상의 이목을 속인 것이다.

공융을 죽인 구체적인 죄목은 불효였다. 조조는 단순히 공융의 목숨을 빼앗는 것이 아니라 사상적인 영향력까지 완전히 무너뜨리길 원했다. 공융을 죽이려고 반역 의도, 조정 비방, 조정 문란, 몸가짐을 제대로 하지 않은 죄 등 온갖 터무니없는 죄를 갖다 붙였다. 그중에 가장 핵심 죄목은 바로 불효였다. 일찍이 공융이 '부모가 자식에게 은혜를 준 것이 아니다.'라는 취지로 대역무도한 주장을 펼쳤기 때문이었다.

'자식은 아버지의 은혜를 입지 않았다. 아버지가 사랑하고 보호하려고 자식을 낳았을까? 아니다. 자식은 그저 성욕을 풀면서 생긴 부산물일 뿐이다. 그렇다면 자식은 어머니의 은혜를 입었을까? 아니다. 어머니가 자식을 열 달 동안 배 속에 품느라 힘들었다고 생각하지 마라. 어머니가 자식을 낳는 것은 병에서 물건을 꺼내는 것과 같다. 꺼내면 그뿐이다. 병에서 나온 물건이 병의 은혜를 입은 것인가? 아니다. 그러므로 부모는 자식에게 은혜를 준 것이 아니다.'《후한서》〈공융전〉)

이런 주장이 다양한 가치를 인정하는 오늘날에 나왔더라면 동의하지 않더라도 최소한 그렇게 말할 수 있는 권리는 인정받았을 것이다. 그러나 당시 관점에서 보면 천인공노하고 대역무도한 발언이었다. 《효경》에 '오형五刑을 받아야 하는 죄가 3천 가지가 넘는데 불효보다 큰 죄는 없다.'라는 말이 있다. 이처럼 불효는 고대 중국에서 가장 죄질이 나쁜 죄였다. 그래서 조조는 불효죄를 뒤집어씌워 공융을 잡아들였다.

공융은 수년간 조조에게 맞서면서 이미 죽을 각오를 한 지 오래였다. 하지만 조조가 가족들까지 다 죽일 만큼 악랄할 줄은 몰랐다. 《세설신어》에 당시 기록이 있다. 관병이 공씨 집에 들이닥쳐 먼저 공융을 체포했다. 8살과 9살인 공융의 두 아들은 바둑을 두고 있었다. 공융은 순진하게도 관병에게 이렇게 말했다.

"나, 공융은 내가 한 일에 책임을 지는 사람이오. 그러니 내 가족은 엮지 마시오."

이때 아들들이 바둑알을 내려놓으며 침착하게 말했다.

"아버님, 새 둥지가 뒤집어졌는데 새알이 무사할 수 있겠습니까?"

관병 우두머리가 온 집안을 몰살하라는 명령을 내리고 두 아들도 함께 잡아갔다.

죽음을 앞두고 침착한 어린 두 아들을 통해 공씨 가문의 가정교육 수준을 가늠해볼 수 있다. 조조는 막강한 권력으로 공융의 목숨은 끊을 수 있었지만 그의 정신은 영원히 꺾지 못했다. 조조의 권력은 10살도 안 된 어린아이조차 무릎 꿇리지 못했으니까.

결국 공융은 저잣거리에서 공개 참수당하고 어린 두 아들을 포함해 공씨 가문 전체가 처형됐다. 공융의 죽음은 당시 사회에 큰 충격이었다.

공융은 뛰어난 명망과 높은 권위로 주류 사회에 큰 영향을 끼친 한나라 말기 대표적인 유가 사대부의 지도자였다. 그런 사람이 공개적으로 유가 사상의 근본인 효의 도리에 어긋나는 충격적인 발언을 하고 그로 인해 목숨을 잃었다는 사실은 조금 이해하기 어려운 부분이다. 대체 공융은 왜 공개적으로 유가 사상에 도전하는 발언을 했을까? 여기에 뭔가 숨겨진 배경이 있지 않을까?

도리로 사람을 죽이는 살인의 고수

조조가 공융을 죽인 방법은 단순한 위법 행위 때문인 것처럼 보이지만 자세히 보면 두 가지 역설적 쟁점이 숨어 있다.

첫째, 법가를 숭상해 유가의 도리를 따지지 않고 예법에 개의치 않던 조조가 왜 하필이면 유가 죄명으로 공융을 죽였을까?

조조가 유가 도덕 죄명을 선택한 이유는 공융이 부르짖던 도리로 그를 벌하기 위함이었다.

'네놈이 늘 공자의 후손을 자처하면서 입만 열면 유가의 충효와 인의

를 떠벌리지 않았는가? 그렇다면 네가 그토록 좋아하는 유가 사상으로 네 죄를 다스려주마.'

칼로 사람을 죽이는 것은 가장 하수의 방법이다. 법률에 정해진 죄목을 들어 법으로 죽이면 다들 화가 나도 뭐라 말하지 못할 것이다. 그러므로 살인의 고수는 도리를 이용해 사람을 죽인다.

'지금 온 세상이 유가 도리를 떠받들고 있으니 유가 도리를 이용해 네 놈을 죽여주마. 도리를 내세워 사람도 죽이고 사상도 죽일 수 있으니 가장 교묘하면서 효과적인 방법 아니겠어? 공융은 죽은 후에도 영원히 명예를 되찾지 못할 거야.'

조조는 공융이 죽었다는 소식에 천하가 눈물바다가 되는 광경을 보고 싶지 않았다. 조조는 공융을 죽이고 동시에 그의 명성이 땅에 떨어져 만인에게 지탄받길 바랐다. 유가 도리를 어겼다는 죄를 적용했으나, 조조 자신은 유가 도리를 존중하기는커녕 혐오하고 배척했다. 유가 도리는 단지 살인의 수단이었을 뿐이다.

둘째, 공자의 후손이자 유가 사대부 지도자인 공융이 왜 느닷없이 불효한 발언을 했을까? 설마 공융이 자신의 믿음과 사상을 저버린 것일까?

물론 아니다. 공융은 유가 도리를 나쁘게 이용하는 통치자들의 가짜 유가 도리에 반대했던 것이다. 동한 말기, 대표적인 등용문이었던 효렴은 유가 도리로 백성을 다스리고 널리 장려하기 위한 제도였다. 하지만 당고의 화를 두 차례 겪으면서 정말 도덕적이고 정의로운 자는 대부분 멸문지화를 당했다. 당고의 화가 일어난 후에도 효렴 제도는 그대로 이어졌다. 조정이 대외적으로 주장하는 바와 실제로 행하는 바가 크게 다르니 사회 여론도 여러 갈래로 갈리기 시작했다. 겉으로는 효렴 기준에 부합할 수 있도록 도덕적으로 행동하지만 실제로는 조정에 반항하지 않고 환관을 비롯한 권력자의 뜻을 거스르지 않으려 전전긍긍했다.

조조는 꼭두각시 황제를 등에 업고 황후와 후궁을 거리낌 없이 죽이는 사람이니, 군주를 향한 충성이 있을 리 만무했다. 앞에서 조조가 대놓고 관우의 충의를 높이 평가한 일이 있었다. 사실 조조가 원하는 충의는 한나라가 아닌 조조 자신에 대한 충성이었다. 유가 사상이 이미 권력의 도구로 전락해 임금을 바르게 하고 옳은 길로 나아가게 하는 기능을 상실한 것이다.

《장자》莊子에 이런 말이 있다.

좀도둑은 절도죄로 죽임을 당하지만 나라를 훔친 자는 제후가 된다. 제후의 문에는 인의가 있으니, 인의와 성스러운 지혜까지 훔친 것이 아닌가?

조조처럼 정권과 법률은 물론 선악, 정의, 시비를 가르는 기준까지 찬탈한 자는 무엇이든 마음대로 할 수 있고 그의 말이 곧 법이 된다.

공융은 이런 상황에서 유가 사상이 무엇인지 학술적인 정의를 논하며 누가 옳고 누가 그른지 따지는 방법은 무의미하다고 생각했다. 그래서 그는 유가 사상 전체를 부정하는 방법을 택할 수밖에 없었다. 공개적인 불효 발언으로 조조 통치의 정통성 기반을 흔들어 놓으려 했다. 공융은 진정한 유가 사상이 무엇인지를 누구보다 잘 알기에 가짜 유가 도리에 맞설 수 있었다.

노신은 《위진의 풍도와 문장 그리고 약과 술의 관계》에서 '위진 시대의 예교 숭상은 보기에는 그럴 듯하지만 실상은 예교를 불신하고 파괴하는 행위였다. 오히려 겉으로 예교를 파괴하는 것처럼 보이는 쪽이 예교를 인정하고 맹신하는 사람이었다.'라고 말했다. 이것이 조조가 공융을 죽인 방법에 숨겨진 역설에 대한 가장 훌륭한 해석이다. 역사 읽기는 표면에 드러난 역설을 파악해 그 뒤에 숨겨진 의미를 찾아내는 일이 중요하다.

공융은 4살에 예교의 가르침대로 배를 양보했고 56살에 그토록 숭배한 예교를 지키기 위해 순교했다. 범엽은《후한서》를 집필하면서 공융을 이렇게 평가했다.

공융은 거룩한 뜻을 품은 호탕한 성격의 소유자였다. 힘없는 문인이지만 조조의 야심을 비난하고 패업 달성을 저지하려 과감하게 나섰다. 조조는 공융의 죽음으로 한나라 황실에 목숨 바쳐 충성할 사람이, 수면 아래 숨어 한나라 황실을 지지하는 사람이 여전히 많다는 사실을 깨달았기에 죽을 때까지 감히 황제를 칭하지 못했다. 강직하고 올곧은 공융은 이미 죽을 각오가 돼 있었다. 왜 스스로 죽음을 자처했느냐고 말한다면 공융을 제대로 모르고 하는 말이다. ······공융의 인생은 백옥과 가을 서리처럼 티 없이 깨끗하고 올곧은 삶이었기에 후세에 깊은 감동을 주었다.

물론 천 년하고도 수백 년이 흐르는 동안 공융의 숭고한 정신에 의문을 제기하거나 권모술수를 모르고 제 목숨도 지키지 못했다며 비웃는 사람도 있었다. 이런 말들은 유구한 역사의 흐름에서 보면 보잘것없고 티끌과도 같다.

공융은 208년 8월에 죽었다. 그리고 같은 해 12월, 중국 전쟁 역사에서 수적 열세를 극복한 대표적인 사례로 손꼽히는 전투가 벌어졌다. 유비-손권 연합군이 조조의 대군을 물리친 그 유명한 적벽대전이다. 적벽대전의 거센 불길이 타오르면서 천하 통일을 향한 조조의 꿈이 재가 되어 사라졌다. 이후 조조는 전투 활동을 잠시 접고 정치와 법률로 시선을 돌려 기울어가는 한나라의 제도를 대대적으로 개혁하기 시작했다. 이제 조조의 개혁이 구체적으로 어떻게 진행되고 후세에 어떤 영향을 끼쳤는지 알아보자.

12장

명법名法의 치治

조조 나이 54살, 적벽대전의 불길과 함께 천하통일의 꿈이 잿더미로 변해 버렸다. 이후 조조는 북방 세력 기반을 공고히 하는 데 몰두했다. 하지만 나라를 다스리는 일은 전쟁만큼 만만치 않았다. 동한 말기는 입법과 사법 문제, 행정력 무력화 등으로 온갖 사회 폐단의 온상이었다. 조조는 이런 사회 폐단을 해결하기 위해 어떤 개혁 조치를 취했을까? 조조가 실시한 일련의 조치는 후대에 어떤 영향을 미쳤을까?

《법률, 한 권으로 끝내기》의 기적

천하 통일을 향한 조조의 꿈은 적벽대전의 참패로 산산조각이 났다. 적벽대전은 조조 인생의 큰 전환점이었다. 적벽대전 이전까지 백전백승하며 거침없이 승승장구했지만 적벽대전 개시와 함께 내리막길이 시작됐다. 유비-손권 연합군의 화공 작전으로 적벽 전체를 휘감은 불길에 조조의 수십만 대군이 목숨을 잃었다. 곧이어 장로와 맞붙어 한중漢中을 잃고 '계륵' 고사를 남겨 영원한 수모를 겪고 있다. 그리고 손권을 상대한 강동 정벌에서도 승리하지 못하고 빈손으로 돌아가며 상대를 극찬하기까지 했다.

"중모仲謀(손권의 자) 같은 아들을 낳았어야 했는데!"

자신의 아들이 그만큼 훌륭하지 못한 것을 한스러워하며 대놓고 상대를 부러워했다.

그렇다면 적벽대전 이후의 조조는 업적이 하나도 없었을까? 이 문제는 다각도로 살펴봐야 한다. 적벽대전 이후 군사가의 이미지는 크게 약해졌지만 정치가의 면모는 확연히 두드러졌다. 조조는 적벽대전 패배로 찬물을 뒤집어쓴 것처럼 정신이 번쩍 들었다. 천하 통일이 아직 시기상조임을 인정하고 자손에게 대업을 넘기기로 했다. 대신 자손이 대업을 이루는 데 도움이 되고 역사에 길이 남을 업적이 무엇일까 생각해 보니 지금 손에 넣은 나라를 잘 다스리는 것이 최선이었다. 그래서 동한 말기의 각종 폐단을 대대적으로 개혁해 큰 성과를 올림으로써 후대에 큰 영향을 끼쳤다. 먼저 동한 말기 정치·법률·사회에 어떤 폐단이 있었는지, 조조가 어떤 맞춤 개혁을 추진했는지 알아보자. 이 문제는 입법·사법·행정 세 분야로 나누어 살펴보도록 하겠다.

첫 번째 문제, 입법 과정에서 방대하고 복잡한 조항을 만들었다.

서한 시대《염철론》鹽鐵論에 진나라 법률을 묘사한 명구가 있다.

진나라 법률 조항은 가을 산과 들판에 만발한 야생 꽃보다 많고, 진나라의 법망은 굳은 기름이 낀 듯 물샐 틈이 없었다.

염철론鹽鐵論

서한 소제(昭帝) 시대에 조정 중신과 제후국에서 추천한 학자들이 모여 소금과 철의 전매 문제에 대해 토론했다. 서한 학자 환관(桓寬)이 이 회의 내용을 기록해 엮은 책이다.

고대 중국의 법문화는 대체로 복잡한 법률 조항, 빈틈없는 법망과는 거리가 멀었다. 고대에는 범위가 아주 넓어서 얼핏 느슨해 보이지만 절대 놓치는 것이 없는 법을 이상적이라고 봤다. 그래서 핍박을 참지 못한 백성이 들고일어나 진나라를 무너뜨렸다.

한나라 초기에는 진나라의 선례를 교훈 삼아 비교적 간단명료한 법률을 제정했다.《사기》에 다음과 같은 기록이 있다.

유방이 의군을 이끌고 함양咸陽에 입성해 진나라 마지막 왕의 항복을

난세의 리더 조조

받아낸 후 관중의 실세들과 약법삼장約法三章을 만들었다. 첫째, 살인한 자는 사형에 처한다. 둘째, 고의로 상해를 입힌 자와 셋째, 도둑질한 자는 모두 진나라 법에 상응하는 형벌을 내린다.

이를 제외한 진나라의 모든 법률을 폐지하자 백성들이 쌍수를 들고 환영했다.

하지만 한나라 개국을 공식 선포한 이후, 유방은 드넓은 땅에 수많은 백성이 모인 국가라는 방대한 규모의 조직을 고작 세 가지 법으로 다스릴 수 없음을 깨닫고 상국相國 소하에게 《구장률》九章律을 만들도록 했다. 구장률이라는 이름 그대로 한나라의 기본 법률은 9장뿐이었다.

국가 운영 과정은 컴퓨터와 비슷한 점이 있다. 처음에는 프로그램이 많지 않으니 프로세서가 간단해 처리 속도가 빠르다. 어느 정도 사용해 디스크 조각이 생기고 불필요한 데이터가 쌓이면 적당히 정리해야 한다. 더 오래 사용하면 바이러스에 감염되거나 속도가 더 느려지고 최악의 경우 아예 멈출 수도 있다. 이때는 보통 시스템을 다시 설치해야 한다. 컴퓨터 수명이 다해 시스템 설치가 불가능하다면 하드웨어는 포기하고 소프트웨어만 복사해 다른 컴퓨터에 옮겨야 한다.

법 제도도 비슷하다. 개국 초기에는 법망이 크고 넓어 매우 효율적이라고 느낀다. 시간이 흘러 이런저런 법령을 만들 때는 전문가가 최대한 논리적으로 정리해야 한다. 그리고 100년쯤 흘러 전성기를 지나 쇠락의 길로

구장률九章律

한나라 초기에 상국 소하가 진나라 법률 기초에 새로운 제도를 추가해 엮은 법전. 도율(盜律), 적율(賊律), 수율(囚律), 포율(捕律), 잡율(雜律), 구율(具律), 호율(戶律), 흥율(興律), 구율(廐律). 총 9편이라 구장률이라 칭했다. 《구장률》은 한나라 이후 역대 왕조의 법률 모범이 되어 중국 법률 역사상 매우 중요한 위치를 차지하고 있다.

접어들면 온갖 폐단이 쌓여 정상적으로 법률을 적용할 수 없게 된다. 이때 능력자가 나타나 개혁에 성공하면 법률의 생명력을 연장할 수 있다. 그러나 이미 망국으로 대세가 기울었다면 이윤伊尹(중국 최초의 명재상으로 꼽히는 상나라 재상), 주공(고대 중국의 최고 성인聖人으로 추앙받는 주나라 정치가), 소하, 조조가 와도 회생시킬 수 없다. 이제는 왕조가 바뀌어야 완벽한 변화가 가능하다.

한나라도 예외가 아니었다. 시간이 흐를수록 법률이 늘어나자 결국 진나라의 전철을 밟았다. 대체 한나라는 법률이 얼마나 많았을까?《한서》〈형법지〉 통계에 따르면, 무제 시대에 이미 359장이나 됐다.《구장률》에서 무려 40배가 늘어난 것이다. 그중 사형 죄목이 무려 13,472개였다. 그러다 보니 법률 문건이 책상마다 쌓이고 기록보관서 서가도 넘쳐날 정도여서 사법 관리들이 문건을 다 읽어볼 수도 없었다.

법률이 너무 많아 다 읽지 못할 정도라면 그것이 존재해야 할 의미가 없다. 다 읽어보고 확인할 수 없으니 어떤 법률이 있는지 누가 알겠는가? 그래서 적당히 죄를 물으려면 경범죄 관련법을, 사형을 시키고 싶으면 중범죄 법을 뒤졌다. 법률 문건이 어마어마하게 많으니 뭐든 맞는 죄목이 하나는 있을 테니까.

이런 폐단을 인식한 동한 지식인들이 방대한 법률을 없애고 정리하려 노력했지만 별다른 성과를 거두지 못했다. 4백 년을 이어온 만큼 한나라 왕조의 수많은 폐단에 얽히고설킨 이해관계가 매우 복잡했기 때문이다. 법률 조항 하나만 수정하려 해도 너무 많은 문제가 연결되어 있어 감히 건드릴 수가 없었다. 이처럼 방대하고, 복잡하고, 고질적인 적폐는 조조처럼 막강한 권력을 독점한 권신만이 해결할 수 있다.

난세의 리더 조조

조조는 이 문제를 어떻게 해결했을까? 한 글자로 요약하면 과科이다.

과는 한나라 법률 중에서 상대적으로 체계가 낮은 법률이다. 율律이 최고 권력 기관이 제정한 법률로 한나라 법률 체계상 가장 높은 법률이라면, 과는 관부에서 정한 법규와 규정에 해당한다.

한나라 법률 자체에 문제가 있는데, 조조는 왜 기존 법률을 폐지하고 새로 만들지 않았을까? 공식적으로 승상인 조조는 역대 한나라 황제들이 만든 율을 폐지하고 새로 만들 자격, 즉 최고의 입법권을 행사할 수 없기 때문이었다. 그러나 조조의 권력으로 과는 제정할 수 있었다. 과는 체계가 낮은 법률이기 때문이다. 그래서 승상의 지위를 십분 활용해 대대적으로 과를 제정함으로써 한나라의 법률 폐단을 개혁했다. 과의 개혁 효과는 크게 두 가지였다.

첫째, 한나라 법률을 수정했다.

한나라 법률은 진나라 법률을 계승한 탓에 걸핏하면 목을 벨 만큼 엄격했다. 조조가 제정한 과는 모든 범죄 행위에 대해 율의 절반 수준으로 처벌하도록 했다. 이로써 형벌이 크게 가벼워졌다.

둘째, 한나라 법률을 정리했다.

법률 조항이 많다 보니 모순되거나 충돌하는 내용이 많고 불필요하게 중복되거나 꼭 필요한 조항이 없는 경우도 꽤 있었다. 조조는 이런 문제를 하나하나 손보고 과를 이용해 체계적으로 정리했다.

한나라 법률은 조항 자체가 너무 많다는 것이 문제였는데 조조가 대대적으로 과를 제정했다면 문제를 더 복잡하게 만드는 것이 아니냐는 의문이 드는 사람도 있을 것이다.

결론부터 말하면 절대 그렇지 않았다. 법적 효력 체계상 율은 기본법이고 과는 특별법이었다. 원래 기본법이 특별법에 우선한다. 그러나 당시에는 현실적으로 법률을 적용하는 데 한계가 있어 율이 단순한 일반법에 불과했다. 일반법과 비교하면 특별법이 우선이다. 더구나 조조가 권력을 장악한 시기였으므로 황제가 정한 법률은 그저 장식에 불과했고 조조가 정한 법률을 적용했다. 한나라 사법 관리도 이 점을 분명히 인지했기 때문에 실제로 사건을 처리할 때 조조가 제정한 과에 해당 조항이 있을 경우 무조건 따랐다. 더 이상 봐도 봐도 끝이 없는 법령을 들여다보고 있을 필요가 없었다. 조조가 제정한 과는 오늘날로 따지면 최신개정판《법률, 한 권으로 끝내기》쯤 될 것이다. 이것만 있으면 모든 사건을 문제없이 처리할 수 있었다. 이것이 과의 가장 큰 효과였다.

조조가 제정한 과는 '한 권으로 끝내기' 효과가 즉각 나타났지만 태생적으로 임시방편에 불과했다. 그러나 훗날 조조 본인이 예상치 못한 결과로 이어졌다. 조조가 죽은 후, 그의 아들 조비가 드디어 황제에 올랐다. 그리고 그의 손자인 조예, 즉 위나라 명제 시대에 이르러 조조가 할 수 없었던 일을 할 수 있는 자격이 생겼다. 조예는 당당하게 한나라 율을 폐지하고 새로운 위나라 율을 만들었다. 당시 입법 전문가는 조조가 제정한 과에 기초해 위나라의 율-위율 18편을 제정했다.

위율 18편은 한나라 법률에 비해 어떤 부분이 나아졌을까? 혹시《구장률》보다 한층 강화된 법률이었을까? 그렇지 않다. 한나라 율의 법전은 편과 장의 구분이 엄격하지 않은 개방형 구조였다. 예를 들어, 한나라 고조 유방이《구장률》을 제정했고 후대 황제들이 필요에 따라 10장률, 11장률, 12장률을 계속 추가할 수 있었다. 그래서 무제 시대에 이르러서 359장률이 되었고 그 이상이 될 수도 있었다.

난세의 리더 조조

그렇다면 《위율》魏律은 어떻게 달랐을까? 한나라 말기, 청담淸淡 사상이 유행하고 불교가 전래되어 간단명료하고 체계적인 사상 경향이 강해지면서 현학玄學이라는 새로운 학문이 탄생했다. 현학은 사물의 내재 원리를 매우 중시했다. 위나라 명제 시기에도 이러한 사상 흐름이 이어져 《위율》의 편과 장을 구성할 때 논리성을 중시해 법률 관리 내용을 18개 부분으로 명확히 구분했다. 이미 논리가 완성됐기 때문에 19번째는 있을 수 없었다. 이는 고대 입법 기술의 비약적인 발전이었고 덕분에 편과 장의 구성이 매우 간소해졌다. 18편으로 구성한 《위율》은 영원히 18편이므로 법전의 기본 틀과 구조가 바뀔 일이 없었다. 시대에 뒤떨어진 법률 조항은 바꿀 수 있지만 18편 법전 구조는 바꿀 수 없다. 중국 역사에 이처럼 통일성을 갖춘 기본 법전이 등장하면서 방대하고 복잡한 조항을 양산하던 진한 시대의 입법 폐단이 완전히 사라졌다.

서진으로부터 시작해 북위北魏, 북제北齊에 이르기까지 위진과 남북조南北朝 시대 내내 위율의 우수한 전통을 계승해 꾸준히 법률을 간소화했다. 이후 당나라에 이르러 12편 구성, 500개 조항으로 더욱 간략해진 《당률소의》가 등장했다. 상상해 보라. 당시 당나라는 국토 면적, 인구수, 국력 면에서 세계 최고였다. 그런데 겨우 500개 법률 조항으로 나라 전체를 효과적으로 다스렸다는 것은 세계 법률 역사상 기적에 가까운 일이다. 이 기적의 출발점이 바로 조조가 제정한 과이다.

조조가 과를 제정해 한나라 말기의 방대하고 복잡한 율을 정리함으로써 실제 사건을 처리하는 사법 관리에게 명확한 법률 근거를 제공했다. 하지만 동한 말기에는 사건을 처리할 때 자의적으로 해석하고 주관적으로 판단하는 사법 관리가 많았다. 조조는 아무리 훌륭한 법률 조항을 만들어도 엄격하게 집행하지 않는다면 법률의 존재 의미가 사라진다는 사실을 명확히 인지했다. 그렇다면 조조는 사법 관리의 자의적인 법 집행을 막기 위해 어떤 조치를 취했을까?

할발대수의 비밀

두 번째 문제, 사법 과정에서 법을 자의적으로 해석했다.

동한 말기, 유가 사대부가 도덕성을 지나치게 강조하면서 또 다른 폐단을 초래했다. 선량한 양심에 따라 행동한다는 명분으로 법률과 규정을 무시하는 사례가 많아지면서 법치 개념이 크게 약해졌다. 일례로 영제 시대에 세상을 떠들썩하게 했던 조아趙娥 복수 사건이 있다.

주천酒泉군 녹복祿福현에 사는 조씨가 지역 권세가 이수李壽에게 죽임을 당했다. 조씨는 아들 셋, 딸 하나가 있었는데 하필 역병이 돌아 아버지의 복수를 결심한 아들 셋이 모두 병에 걸려 죽었다. 이수는 조씨 아들이 모두 죽었다는 소식을 듣고 너무 기쁜 나머지 잔치를 벌이고 큰소리까지 쳤다.

"조씨 집안에 남자는 다 죽고 계집 하나만 남았으니 이제 두려울 게 없네."

홀로 남은 딸 조아는 이수의 말을 전해 듣고 아버지의 복수를 갚겠다고 맹세했다. 그래서 칼을 품고 매일 이수를 미행하며 기회를 노렸다. 이수는 조아가 복수하려 한다는 말을 들었지만 매일 큰 칼을 들고 말에 올라타 보란 듯이 거리를 돌아다녔다. 조아의 주변 사람들이 자칫하면 죽음을 자초할 수 있으니 복수를 포기하라고 타일렀지만 조아는 듣지 않았다.

179년 2월 초순, 드디어 기회가 왔다. 조아는 현지 도정都亭(치안 유지를 담당하는 오늘날 경찰서에 해당하는 기관) 앞에서 원수 이수를 만났다. 이수는 조아를 보고 황급히 말 머리를 돌렸지만 조아의 칼에 찔린 말이 크게 날뛰면서 이수를 바닥에 내동댕이쳤다. 이수는 길가 도랑으로 떨어지면서 크게 다쳤다. 조아가 이수를 찌르려 칼을 휘둘렀으나 잘못해서 나무에 부딪히는 바람에 칼날이 부러졌다. 크게 다친 이수와 칼을 잃은 조아가 필사적으로 싸웠다. 사투 끝에 조아가 원수 이수의 목뼈를 비틀어 죽였다. 복수에 성공한 조아는 이수의 큰 칼을 뽑아 그의 목을 벴다. 그리고 한 손에는 칼, 한 손에는 이수의 수급을 들고 침착하게 도정에 들어가 자수했다.

조아의 복수는 원래 복잡한 사건이 아니었다. 현령이 한나라 법률에 따라 처리하기 어려운 사건으로 분류해 상부에 보고만 하면 그만이었다. 어쨌든 조아는 효녀가 확실하니 효를 근본으로 하는 한나라 조정이 인지상정을 발휘해 용서할 가능성이 크다. 하지만 명백한 살인범이니 사람을 죽인 행동은 반드시 그에 상응하는 법적 처벌을 받아 대가를 치러야 한다. 법률에 따라 처벌해야 할까, 인지상정으로 사면해야 할까? 혹은 가볍게 처벌해도 될지, 무죄 방면해도 될지, 현령이 주도적으로 처리할 수 없는 사건은 규정에 따라 위로 보고해 중앙 정부에 맡기면 된다.

중앙 정부가 복수 사건을 처리한 전례에 따른다면 조아 사건은 이렇게 처리될 것이다. 일단 법률에 따라 조아에게 살인죄를 선고한다. 그리고 특별 사면을 적용해 처벌하지 않고 풀어준다. 법을 준수해 법률의 존엄을 지키는 동시에 조아의 효심을 널리 알려 도덕을 장려할 수 있으니, 법률과 도덕 두 마리 토끼를 다 잡을 수 있는 이상적인 방법이었다. 그런데 이 과정에서 반드시 겪어야 할 일이 있다. 특별 사면령이 떨어지기 전까지는 엄연한 살인 용의자이기 때문에 감옥에 갇혀 처벌을 기다려야 했다.

그런데 조아 사건은 이렇게 처리되지 않았다. 현령이 용의자를 체포해 바로 상부에 보고하지 않고 주관적인 판단으로 조아를 풀어주려 했다.

'아버지의 원수에게 복수한 조아의 효심은 온 세상에 감동을 주는 동시에 참으로 통쾌한 일이다. 이렇게 효심이 지극한 사람을 어떻게 옥에 가두겠는가?'

이런 생각으로 풀어주고 싶었다. 하지만 현령은 도덕성이 매우 강한 사람이기도 했다. 임의로 용의자를 풀어주는 것이 위법 행위이고 법적 책임을 피할 수 없다는 사실을 알기에 아예 관직을 내려놓고 떠나버렸다.

현령이 떠난 후 현위縣尉(치안 담당 관리)도 조아를 풀어주고 싶었다. 그러나 현령처럼 본인의 뜻을 명확히 밝히지는 못하고 조아에게 도망치라고 수차례 눈짓을 보냈다. 그런데 법치 관념이 강한 조아는 도망치지 않고 이렇게 말했다.

"제가 아버지 원수에게 복수한 것은 자식으로서 마땅히 해야 할 도리입니다. 현위 나리가 저를 체포하는 것은 조정 관리로서 마땅히 해야 할 일입니다. 각자의 본분에 충실한 것이니, 어려워하지 마세요."

현위는 사회 여론의 거센 비난이 두려워 결국 조아를 감옥에 가두지 못하고 사람을 시켜 강제로 집에 돌려보냈다. 그 후 조아는 조정의 사면령으로 처벌을 면했다.(황보밀皇甫謐의 《열녀전》烈女傳을 인용해 주해한 《삼국지》〈방육전〉龐淯傳 기록)

조아 복수 사건은 그 하나만 보면 결과적으로 정의가 구현된 감동적인 이야기이지만 범위를 확장해 법률 및 절차 관점에서 보면 사건 처리가 매우 자의적이었다. 동한 말기에는 이렇게 사법 관리가 자의적으로 사건을 처리하는 사례가 부지기수였다. 앞서 언급한 착방조 이야기도 마찬가지다. 중모현 사법 관리가 지명 수배자 조조를 체포해 조정으로 압송해야 하는데 영웅인 것 같다는 이유만으로 법을 무시한 채 조조를 풀어줬다. 조조를 풀어준 사람이 《삼국연의》의 진궁인지 사서에 등장한 이름 모를 공조인지는 알 수 없지만, 법적인 관점에서 볼 때 사법 관리가 자의적으로 처리한 것만은 틀림없다. 당시는 지명 수배자였던 자신을 풀어준 공조에게 매우 감사했겠지만 지금은 승상의 자리에 있으니 이 문제를 심도 있게 생각해야 했다. 조조는 국가적, 법률적 차원에서 이 문제를 반드시 해결해야 했다. 그 해결 방법을 한 글자로 요약하면 가^苛이다.

조조는 앞서 대대적으로 과를 제정해 입법 과정의 폐단을 바로잡고 명확한 법적 근거를 마련했다. 다음으로 필요한 것은 엄격한 법 집행이다. 조조의 법 집행은 엄격하다 못해 가혹하기까지 했다.

《조만전》을 인용해 주해한 《삼국지》 기록을 살펴보자. 조조가 군사를 이끌고 출정하던 중 보리밭을 지나갔다.

"백성의 보리밭을 절대 망가뜨리지 마라. 어기는 자는 참수할 것이다."

병사들은 조조의 군령이 엄격한 것을 잘 알기에 섣불리 행동할 수 없었다. 얼른 말에서 내린 후 조심스럽게 보리를 헤치며 말을 끌고 지나갔다. 그런데 갑자기 조조의 말이 밭으로 달려가더니 미친 듯이 보리를 짓밟았다. 예상치 못한 상황에 크게 당황한 병사들이 어쩔 줄 몰라 하다가 약속한 것처럼 일제히 조조를 쳐다봤다. 과연 조조가 어떻게 했을까?

조조가 어떻게 해야 하는지 묻자 사법 관리가 빠르게 대답했다.

"《춘추》의 뜻에 따라 지존은 처벌받지 않습니다."

당시는 판결하기 어려운 사건이 있을 때《춘추》의 대의大義를 근거로 삼곤 했다.《춘추》에서 군주는 국법으로 다스리지 않는다고 했으니 조조는 무죄이고 처벌받을 필요가 없다는 뜻이었다.

춘추삼전春秋三傳
《춘추좌전》(春秋左傳),《춘추공양전》,《춘추곡량전》(春秋穀梁傳)을 총칭함.《춘추좌전》은 사실 기록에 주력해 사료로서 가치가 가장 높고《춘추공양전》과《춘추곡량전》은 소위 대의를 서술하는 데 치중해 경학 자료로서의 가치, 즉 학문적인 의미가 더 크다.

여담이지만, 사법 관리가 말한 '지존은 처벌받지 않는다.'라는《춘추》의 대의는 춘추삼전春秋三傳을 포함해 현존하는《춘추》판본 어디에서도 찾을 수 없다. 혹시 사법 관리가 조조의 죄를 덮기 위해 멋대로 지어낸 말이 아닐까? 진실은 알 수 없다.

하지만 조조는 사법 관리의 말에 동의하지 않았다.

"내가 법률을 만들었는데 모두가 보는 앞에서 위반하고 처벌도 받지 않는다면, 백성들에게 나를 따르라고 할 수 있겠는가? 앞으로 내 법률이 공신력을 가질 수 있겠는가? 하지만 나는 지금 군을 이끌고 있으니 스스로 내 목을 벨 수는 없네. 대신 참수에 버금가는 형벌로 나 자신을 벌하겠네."

이 말과 함께 칼을 뽑아 목 대신 머리카락을 잘라 바닥에 내던졌다. 조조의 단호한 행동에 전군이 숙연해졌다. 이것이 그 유명한 '할발대수'割發代首, 즉 '머리 대신 머리카락을 베다' 이야기이다. 이 이야기는 조조의 엄격한 법 집행 의지를 잘 보여준다.

그런데《조만전》의 할발대수 이야기는 훗날《삼국연의》에서 조금 다르게 그려졌다.《삼국연의》에도 이 이야기가 똑같이 등장하지만 뭔가 아쉬웠는지 이야기 끝에 저자의 생각을 담은 시 한 수를 덧붙였다.

난세의 리더 조조

용사가 10만이면 그 마음도 10만이라, 한 사람의 호령으로 금하기 어렵다네. 칼을 뽑아 머리카락을 잘라 머리를 대신하니, 조조의 속임수가 깊은 것을 알겠구나. 十萬貔貅十萬心, 一人號令眾難禁. 拔刀割發權為首, 方見曹瞞詐術深.

《삼국연의》의 저자는 할발대수가 일종의 속임수이며 조조가 병사들을 속였다고 생각한 것이다. 정말 엄격하게 법을 집행할 생각이었다면 스스로 목을 베거나 최소한 손목이라도 잘랐어야 했다. 그런데 고작 머리카락이라니, 장난하는 것인가? 병사들을 조롱하는 것이 아닌가?

《삼국연의》 저자의 생각은 대다수의 일반적인 견해이기도 하다. 그래서 이 이야기를 조조의 위선과 교활함의 사례이지, 엄격한 법 집행을 보여주는 사례라고 생각하는 사람은 거의 없다.

역사 인물 평가에서 절대 빼놓을 수 없는 것이 그 시대의 역사 배경이다. 현대 관점에서 보면 머리카락을 자른 것은 기껏해야 이발 정도인데, 어떻게 참수와 비교할 수 있었을까? 그러나 한나라 시대에 곤형髡刑이라는 형벌이 있었는데 오형의 하나로 죄인의 머리털을 깎는 것이었다. 지금 우리에게 머리카락은 머리를 따뜻하게 하거나 미관상 필요한 것이다. 그러나 한나라 사람들에게는 또 다른 중요한 의미가 있었다.

응소의 《풍속통의》에 한나라 귀신 이야기가 있다. 동한 시대 여남군의 정亭 2층에 귀신이 자주 출몰해 사람이 여럿 죽었다. 정은 우체국, 치안, 숙박 기능이 한데 모인 기관이었다. 죽은 이들은 대부분 한밤중에 숙박했는데 다음 날 머리카락이 전부 사라진 것을 알고 정신이 나갔다가 얼마 뒤 죽었다. 사람들은 머리카락과 함께 혼이 사라졌다고 생각했다. 이후로 2층에 묵으려는 사람은 아무도 없었다.

어느 날 질백이邲伯夷라는 감찰 관리가 저녁 무렵 이곳을 지나다가 하룻밤 묵자고 했다. 수행원은 아직 날이 어둡지 않으니 다음 정에서 묵자고 했다. 그러나 질백이는 처리할 문서가 있으니 여기에 묵어야 한다고 고집을 피웠다. 일행 모두 겁이 났고 정의 관리도 설득했지만 질백이는 고집을 꺾지 않고 2층에 묵겠다고 했다. 그는 완전무장 상태로 주변을 경계하며 침대에 누웠다.

깊은 밤, 예상대로 귀신이 나타났다. 질백이가 필사적으로 싸워 귀신을 붙잡고 큰 소리로 사람들을 불러 모았다. 횃불을 들고 나타난 병사들이 귀신의 정체가 빨간 여우임을 확인하고 불태워 죽였다. 다음 날 다락방에서 100개가 넘는 상투가 발견됐다.

이것은 당연히 지어낸 이야기지만 '머리카락을 잃으면 혼을 잃는다.'라는 한나라 사람들의 관념을 엿볼 수 있다. 그 시대 사람들은 머리카락에 영혼과 정기가 모여 있다고 생각했다. 그래서 머리카락을 자르면 원기가 크게 상하고 몸과 마음이 망가지는 줄 알았다. 이 관념은 청나라 때까지 이어졌다. 미국의 한학자 필립 쿤Philip A. Kuhn(1933~2016)이 쓴 《영혼을 훔치는 사람들》을 보면 건륭乾隆 연간에 머리카락과 관련된 사건이 발생했다. 연쇄 삭발 사건이 일어나 사회적으로 엄청난 공포를 불러일으키자 황제까지 나섰었다. 현대 관점으로 보면 연쇄 살인도 아닌 연쇄 삭발이 뭐가 무섭다는 것인지 이해가 안 될 것이다. 다른 시대의 이질적 관념을 깊이 살펴보는 것, 그것이 역사를 읽는 이유이자 가장 큰 매력일 것이다.

한나라 사람들이 많이 읽은 《효경》에 '몸과 머리털, 피부는 부모에게 받은 것이니, 감히 다치지 않도록 해야 한다.'라는 말이 있다. 서한 시대 사마천은 《보임안서》報任安書에서 한나라 형벌에 경중 순위를 매겼다. 가장 잔인하고 모욕적인 형벌은 사마천 자신도 당했던 궁형宮刑이고, 그 다음은 손발을 자르는 것이다. 세 번째가 바로 머리카락을 자르는 곤형이다. 곤형이 곤장이나 유배 같은 형벌보다도 순위가 높았다. 현대인의 관념과 큰 차이가 있지만 분명히 그랬다.

이러한 시대 배경이 있었기에 조조가 목 대신 머리카락을 자르는 것만으로도 전군을 휘어잡는 효과가 있었던 것이다. 이런 관점이라면 할발대수를 조조의 엄격한 법 집행 사례로 볼 수 있다. 조조가 정말 병사들을 바보로 생각하고 그랬을까? 할발대수가 단순한 속임수였다면 병사들이 정말 알아채지 못했을까? 상식적으로 봐도 이런 단순한 논리는 말이 안 된다. 고대인의 관념, 그들이 살았던 사회의 시대 배경을 이해하고 그들의 입장에서 생각해야 가장 이상적인 결론을 도출할 수 있다.

조조는 일찍이 말한 바 있다.

"나, 조조는 이중 잣대를 쓰지 않는다. 내 수하라고 편들지 않고 내 아들이라 해도 절대 감싸거나 눈감아주지 않을 것이다."(위무제《제아령》制兒令을 인용한《태평어람》기록)

평소 이런 생각이었으니 자신이 법을 어겼을 때도 그냥 넘어갈 수 없었다. 반드시 징계해야 했다. 조조가 '법은 만인 앞에 평등하다.'라는 정신으로 스스로 법을 준수했기에 엄격한 법 집행이 가능했던 것이다.

조조가 사마의를 등용하려 했을 때, 사마의는 병을 핑계로 응하지 않고 7년을 버텼다. 조정에서 보낸 행정 명령서를 그저 종이 쪼가리로 여겼다. 동한 말기는 사마의처럼 행정 명령을 거부하는 행위가 유행이라 정상적으로 국가를 운영하기 힘들었다. 조조는 상명하복 분위기가 형성되어야 여러 가지 개혁을 효과적으로 추진할 수 있다고 생각했다. 그렇다면 조조는 행정 권위를 떨어뜨리는 사회 풍조를 어떻게 해결했을까?

역사의 쓰레기를 치우다

세 번째 문제, 행정력이 매우 약했다.

한나라의 관리 임용 제도를 예로 들어보자. 앞서 동한 말기에 관리 등용을 거부하는 풍조가 유행했다고 했다. 사람들은 일단 등용을 거부해 몸값을 올리고는 자랑스럽게 생각했다. 관직에 나오라는 요청을 거부하면 거부할수록 명성이 더 높아졌기 때문에 조정에서는 더 많은 녹봉을 제시했다. 역사적으로 과거제도를 비롯한 모든 관리 임용 시험은 국가가 주도권을 쥔 판매자 시장이었는데, 유일하게 반대 상황인 시대가 동한 말기였다. 다른 시대는 다들 관직에 나가지 못해 안달이었는데 동한 말기에는 삼고초려三顧草廬가 유난히 많았다. 삼고초려로 모셔온 인재가 제갈량 수준이라면 두말할 필요가 없겠지만 그 시절 자칭 명사라는 자들은 대부분 능력 없이 명성만 부풀려진 사람들이었다.

《포박자》에도 동한 말기 사회 풍조에 관한 기록이 있다. 관리가 된 명사는 큰소리만 칠 뿐 일은 제대로 하지 않았고 근면 성실한 관리를 고상하지 못한 속물이라며 비난했다. 이런 상황이니 행정 효율이 떨어지다 못해 행정력을 전혀 발휘할 수 없었다.

조조는 행정력 약화 문제를 어떻게 해결했을까? 그 답을 한 글자로 요약하면, 과課이다.

과課는 입법 조항 과科와 일맥상통하는 말이다. 과科는 주로 명사로 활용하고 과譏는 과科를 실행하는 동사로 활용한다. 동한 말기의 사전 《석명》 釋名에서 '과科는 과課이고, 과譏는 법을 어긴 자를 가르치는 것'이라고 설명했다. 조금 자세히 풀이하면, 과譏는 법률을 기준으로 어떤 행위가 법에 부합하는지 조사하고, 부합하지 않는 경우 처벌하는 것이다.

《진서》에 기록된 조조의 사례를 살펴보자. 조조의 첫 관직은 사마방이 준 것이었다. 관도대전 이후 삼공이 된 조조가 은혜를 갚는 차원에서 사마방의 두 아들을 등용하겠다는 의사를 표시했다. 첫째 아들 사마랑司馬郞은 조조의 요청에 응했지만 둘째 아들 사마의는 그 시절 다른 명사들처럼 거들먹거리며 선뜻 응하지 않았다. 조조가 사람을 보내 이유를 묻자 병으로 몸이 마비되어 걸을 수 없다고 대답했다. 《진서》의 저자는 사마의가 조조의 황위 찬탈 야욕을 꿰뚫어 보고 가까이하지 않으려 한 것이라고 말했다. 물론 이 해석은 사마의를 미화해야 할 서진 시대의 주장일 뿐이다. 청년 사마의라면 동한 말기의 다른 명사들처럼 자신의 고결한 품격을 과시하고 싶었을 가능성이 더 크다. '나를 모셔가려면 더 높은 관직으로 잘 꾀어 봐. 잘하면 내 병이 단번에 나아서 벌떡 일어날지 모르잖아?'라고 생각했을 것이다.

하지만 이런 얕은 수법은 조조에게 통하지 않았다. 병이 났다고 하니 먼저 사람을 보내 진짜 아픈지 꾀병인지 확인하도록 했다. 꾀병이면 조정을 기만한 죄를 물어 그에 상응한 처벌을 내릴 생각이었다. 그런데 중풍을 확인할 방법이 있을까? 일단 온종일 사마의를 지켜보도록 했다. 중풍으로 몸이 마비됐다면 일어나지도 못하고 매일 침상에 누워만 있어야 할 테니 일어나는 순간 거짓말이 들통날 것이다. 하지만 사마의도 절대 만만한 인물이 아니었다. 꼬박 7년 동안 거짓으로 침대에 누워있느라 하마터면 정말 온몸이 마비될 뻔했다.

조조는 적벽대전을 앞두고 더 이상 기다릴 수 없어 대놓고 본심을 전했다.

'꾀병 부리는 거 다 아니까, 적당히 하고 이쯤에서 나오는 게 서로한테 좋을 거야. 그렇지 않으면 그냥 죽여버릴 거야.'

대략 이런 내용이었을 것이다. 사마의는 더 이상 버틸 수 없음을 알고 벌떡 일어나 조정에 나갔다.

죽림칠현竹林七賢의 일원인 완적阮籍, 그 아버지 완우阮瑀도 비슷한 사례에 해당한다. 완우는 동한 말기 건안칠자의 일원으로 공융만큼 명성이 높은 인물이었다. 완우는 조조의 등용 요청을 거절했는데 계속 다그치자 아예 산속으로 도망갔다. 악랄한 조조가 산에 불을 지르자 어쩔 수 없이 산을 나와 조조의 요청에 응했다.

이후 조조의 엄격한 법률에 목숨을 걸고 맞서는 명사는 없었다. 동한 말기 허식에 찌든 사회 풍조가 거의 사라지고 행정 효율이 크게 향상됐다.

이쯤에서 중간 정리를 해보자.

법사학에서는 조조가 동한 말기에 시행한 정치·법률 분야의 여러 개혁을 '명법의 치'라고 한다. 여기에서 명은 명분을 의미한다. 이 명분은 예의와 같은 좁은 의미의 명분이 아니라 제도적인 관점의 대의명분으로 이해해야 한다. 명법의 치, 그 첫 단계가 바로 명분을 세우는 것이며 합리적인 기준을 세워야 명분이 바로 설 수 있다. 법률 분야의 경우 입법 과정에 해당한다. 입법이 제대로 되지 않으면 그 뒤는 말할 것도 없다. 입법이 제대로 되어 기준이 명확해야 실무를 제대로 처리할 수 있다. 실무 처리란 그 상황이 이미 확립된 '명분'에 부합하는지 판단하는 것이다. 다시 말해 모

난세의 리더 조조

든 행정 활동이 법률 궤도 안에서 이루어져야 한다는 뜻이다.

결과적으로 명법의 치는 중국 역사에 큰 공헌을 남겼다.

우선 사상 면에서 유가를 다시 정상 궤도에 올려놓았다. 서한 시대까지 유가는 국가의 기본 제도가 합리적인지, 건국 명분이 타당한지와 같은 대덕大德을 판단하는 기준이었다. 그러나 동한에 이르러 개인의 도덕이나 품성이 훌륭한지를 판단하는 소덕小德의 기준이 되었다. 이런 풍조가 갈수록 만연해 급기야 가짜 군자가 속출했다. 조조가 시행한 명법의 치는 정치와 법률의 기준을 정통 유가 관점으로 되돌렸고 유가 정신에 입각해 법률과 제도를 준수하도록 함으로써 유가의 참의미를 되찾았다.

다음으로 정치 관점에서 합리적이고 효율적인 정권을 확립했다. 동한 중기 이후 모든 정권이 환관과 외척의 꼭두각시로 전락했다. 동한 말기에 이르러 환관과 외척 세력이 완전히 제거됐으나 행정의 권위가 바닥에 떨어졌다. 조조가 군사 실력을 바탕으로 명법의 치를 단행하면서 효율적이고 권위 있는 정권이 세워졌다.

정치와 법사학 관점에서 본 조조는 '역사의 청소부'가 아닐까 싶다. 조조가 긍정적이고 발전적인 훌륭한 업적을 많이 세우지는 못했지만 불합리한 구시대의 잔재를 확실히 쓸어버렸기 때문이다. 진한 시대를 거치며 쌓인 수많은 역사의 쓰레기를 싹 쓸어내 후대의 부담을 크게 덜어줬다. 이처럼 명법의 치가 역사에 공헌한 바는 매우 명확하다.

그러나 제도를 바꾸기는 쉬워도 사람의 마음을 바꾸기는 어려운 법이다. 명법의 치로 제도를 바로 세웠지만 구시대 관념과 뿌리 깊은 사회 풍조는 바뀌지 않았다. 조조는 이 문제를 해결하기 위해 210년, 214년, 217년 세 차례에 걸쳐 인재 모집령을 발표했다. 그런데 이 모집령에서 내건 조건이 불효자, 도덕성과 평판이 나쁜 사람이었다. 이 일은 당시 사회에 큰 충격을 주고 역사적으로 끊임없는 논란을 불러일으켰을 뿐 아니라 조조가 후대의 비난을 면치 못하는 중요한 이유 중 하나가 되었다.

조조는 대체 왜 도덕성과 평판이 나쁜 사람을 공개적으로 모집했을까? 이들을 통해 구시대 관념을 바꿀 수 있다고 생각했던 것일까?

13장

인재 모집령

난세에 확고한 기반을 다지려면 반드시 인재가 필요하다. 조조는 수많은 군웅과 중원을 다투면서 천하 인재를 끌어모으기 위해 세 차례 인재 모집령을 발표했다. 동한은 전통적으로 인재의 덕행을 중시했으나 조조는 오히려 도덕성이 떨어지는 자들을 수하에 받아들였다. 조조가 이런 인재를 받아들인 속뜻이 무엇일까? 인재 등용에 대한 조조의 독특한 관점을 살펴보자.

공포의 24효

　조조는 반대 세력을 잠재워 사상을 통일하기 위해 공융을 죽였다. 정권을 바로 세워 난세를 평정하기 위해 명법의 치를 단행했다. 조조는 이 두 가지 도전에서 원하던 효과를 얻었다. 다음으로 해결해야 할 문제는 뿌리 깊은 구시대의 도덕과 관념을 바꾸는 일이다.

　먼저 동한 말기의 도덕이 어떤 수준이었는지부터 살펴보자.

　동한 말기는 한마디로 난세의 시대였다. 일반적으로 난세라고 하면 사회 풍속과 도덕관념이 무너져 양심과 도덕을 저버리는 일이 비일비재한 세상을 뜻한다. 그러나 동한 말기는 정반대 상황이었다. 동한 말기 사회는 중국 고대 역사상 도덕성 기준이 가장 높았다.

　일단 황제의 시호를 보자. 한나라는 효를 근본으로 나라를 다스렸기에 황제의 시호에 항상 '효'자를 붙였다. 영제의 정식 시호는 효령孝靈이고, 헌제는 효헌孝獻이다. 이를 통해 한나라가 도덕 통치를 매우 중시했고 이 관념의 뿌리가 황제임을 알 수 있다.

　다음으로 관리 등용과 인물 평가 기준을 살펴보자. 한나라 찰거제에서 가장 중요한 항목이 효렴이었다. 효는 효도, 렴은 청렴을 뜻한다. 결국 도덕 품성이 가장 중요하다는 의미이다. 관리 등용뿐 아니라 민간의 인물 평가 기준도 비슷했다. 동한 말기에는 월단평과 같은 인물 평가가 대유행이었다. 민간의 인물 평가는 주로 도덕과 품성이 얼마나 고상한가로 결정됐다. 재능과 상관없이 도덕성이 높을수록 높은 평가를 받았다.

북송의 사마광司馬光은《자치통감》資治通鑑에서 '삼대(고대 중국의 세 왕조. 하나라, 상나라, 주나라)가 망한 후, 풍속과 교화의 극치는 단연 동한 시대였다.'라고 평가했다. 명나라 말기 고염무顧炎武도《일지록》日知錄에서 '삼대 이후 풍속의 아름다움이 동한을 뛰어넘은 시대가 없었다.'라고 칭송했다. 동한의 고상한 도덕과 아름다운 풍속은 역사적으로 매우 유명하다. 비록 정치는 엉망진창이었지만 사람들은 여전히 도덕을 숭배했다.

도덕 숭배가 나쁜 일도 아닌데 조조는 왜 그렇게 도덕관념을 바꾸려고 했을까?

동한 말기의 도덕이 정상에서 벗어나 기형적으로 바뀌었기 때문이다. 옛말에 백 가지 선행 중 효가 으뜸이라고 했으니, 가장 기본 도덕인 효의 사례를 통해 당시의 도덕 숭배가 얼마나 열광적이었는지 알아보자.

원나라의 곽거경郭居敬은 요순堯舜 시대에서 송나라까지 이름난 효자 24명의 이야기를 정리해《이십사효》二十四孝를 편찬했다.《이십사효》중 삼대 시대를 제외한 진나라 이후 효자가 총 18명인데, 그중 7명이 동한 사람이다. '삼대 이후 풍속의 아름다움이 동한을 뛰어넘은 시대가 없었다.'라는 사마광과 고염무의 평가가 결코 과장이 아님을 알 수 있다.

《이십사효》에 '곽거郭巨가 아들을 묻다.'라는 이야기가 있다. 동한 말기 곽거라는 효자가 어머니를 모시고 가난하게 살았다. 먹을 것이 없어 굶는 일이 허다했지만 효심이 지극하고 집안이 화목했다. 후에 곽거의 아내가 아들을 낳았는데 곽거는 아이를 짐으로 여겼다. 여기에는 두 가지 이유가 있었다. 일단 어린아이는 보살필 사람이 필요했다. 하지만 사람이 할 수 있는 일에는 한계가 있었다. 곽거가 아들을 돌보려면 어머니에게 소홀할 수밖에 없으니 효도를 다 하기 힘들었다. 그리고 곽거의 어머니는 손자가 너무 예뻐 식사 때마다 절반만 먹고 나머지는 손자에게 먹였다. 음식이 늘 고만고만했으니 곽거의 아들은 배부르지만 어머니는 배를 곯을 수밖에 없었다. 역시나 효도를 다 할 수 없는 이유였다.

어떻게 해야 할까? 곽거는 고민 끝에 방법을 생각해 냈다. 다음 날 아들을 안고 인적 없는 들판으로 한참을 달려가 구덩이를 파고 아들을 묻으려 했다. 효도에 방해가 되는 짐을 치워버릴 생각이었다. 그런데 구덩이를 파다가 황금이 그득한 단지가 나왔다. 돈이 생겨 아들을 묻지 않고 어머니도 잘 돌볼 수 있으니 그야말로 온 집안의 경사였다. 황금 단지를 짊어진 곽거는 아들을 안고 기쁜 마음으로 집에 돌아갔다.

《이십사효》는 원나라 이후 주로 아이들이 읽는 책이었는데, 아이들 입장에서는 정말 무섭고 끔찍한 이야기가 아닐 수 없다. 후에 노신은 〈이십사효도〉二十四孝圖를 써서 곽거의 이야기를 신랄하게 비판했다.

나는 이 이야기를 읽고 두 가지 의문이 생겼다. 첫째, 곽거가 땅을 팔 때 황금 단지가 나오지 않았다면 어떻게 됐을까? 아이가 죽었을 것 아닌가? 둘째, 내 아버지도 곽거를 본받으려 하지 않았을까? 곽거와 같은 상황이었다면 할머니에게 효도하기 위해 나를 묻지 않았을까?

곽거가 아들을 묻는 행위는 현대 사회 관점에서 볼 때 심각한 범죄 행위다. 윤리적으로 봐도 인간의 본성에 위배되는 매우 잔인한 수법이므로 배울 점이 전혀 없다. 그런데 동한 시대에는 대중의 찬사를 받았고, 대단한 효자의 모범으로 치켜세웠다. 우리는 여기에서 동한 말기의 도덕관념이 매우 기형적이었음을 알 수 있다. 이렇게 기형적인 문화 토양이 있었기에 청주의 효자 조선처럼 부모 무덤에서 20년 동안 시묘살이를 하면서 자식을 다섯이나 낳는 해괴한 일이 벌어졌던 것이다.

그렇다면 동한 말기에 기형적 도덕관념이 나타난 근본 원인이 무엇일까? 도덕의 형식화 때문이다.

동한 말기 사람들은 도덕을 매우 중요하게 봤다. 여기에서 핵심은 '봤다'라는 단어이다. 이 시대의 도덕은 반드시 타인이 볼 수 있어야 했다. 그래서 너 나 할 것 없이 겉으로 보이는 도덕의 형식에 치중하고 남들이 자신의 도덕이 얼마나 숭고한지 모를까 봐 걱정했다. 그래서 허구한 날 어떻게 하면 사람들이 놀랄 만한 도덕을 보여줄 수 있을지, 어떻게 하면 더 크게 소문이 날지 열심히 머리를 굴렸다. 대중의 찬사를 얻기 위해 매일 고상한 도덕을 연기했다.

이런 사회 풍토는 여러 가지 문제를 야기했다. 첫째, 이렇게 유명해진 사람은 대부분 거짓으로 연기한 가짜 군자였다. 정말 재능 있고 도덕적인 사람은 티 내지 않고 조용히 지냈다. 둘째, 기형적 도덕관념이 관리 선발 제도에까지 영향을 끼쳤다. 동한의 관리 선발 제도는 기본적으로 추천 방식인데 아무래도 명성이 높은 사람을 추천하는 경우가 많았다. 도덕의 가치는 수량화가 불가능하므로 여론의 평가를 참고할 수밖에 없었다. 그런데 하루아침에 평판이 올라간 사람 중에는 재능과 학문이 없는 경우가 많

있다. 말만 번지르르할 뿐 실속이 없고 뜬구름 잡는 말로 나라를 망쳤다.

소식은 〈의학교공거상〉議學校貢擧狀이라는 글에서 도덕으로 인재를 선발하는 제도를 심도 있게 분석했다.

덕치德治 자체가 잘못된 것이 아니라, 덕치의 핵심을 어디에 두느냐가 중요하다. 군주가 솔선수범하여 자신의 도덕성을 높이고 옳고 그름을 판단하는 데 있어 정당한 기준을 보여 백성의 모범이 되어야 한다. 오로지 도덕으로만 인재를 선발하는 제도는 세상 사람을 모두 가짜 군자로 만들 것이다. 일례로 군주가 효를 미덕으로 삼아 인재를 등용한다면 온갖 해괴한 일이 벌어질 것이다. 과감한 자는 허벅지 살을 잘라 어머니에게 먹이고 용기가 없는 자는 무덤에서 시묘살이를 할 것이다.

동한 말기의 실제 상황은 전혀 도덕적이지 못했다. 황제, 외척, 환관 모두 도덕은커녕 양심도 없는 불한당이었다. 위에서 모범을 보이지도 않고 무조건 군자가 되라고만 하니, 진짜 군자는 모두 떠나고 가짜 군자가 판치는 세상이 됐다.

두꺼운 얼음이 하루 추위에 얼지 않듯 도덕관념 문제는 뿌리가 아주 깊었다. 그러나 조조는 이 뿌리를 단번에 뽑아낼 생각이었다.

도덕이 형식화되어 도덕만으로 관리를 등용하는 제도는 진정한 인재 선발과 거리가 멀어졌다. 구제도의 폐단을 인식한 조조는 형식에 구애가 없는 인재 모집령을 세 차례 발표해 천하 영웅을 모집했다. 그런데 조조의 인재 모집령이 얼마나 파격적이었기에 세상을 충격에 빠뜨렸을까? 조조의 인재 등용 기준은 구시대 관념과 도덕에 어떻게 도전했을까?

인재의 조건, 불의와 불효

조조는 사회 풍토와 도덕관념 개혁의 출발점이 관리 선발 제도의 기본 개념을 바꾸는 것이라고 생각했다. 그래서 210년에 천하의 걸출한 인재를 모집한다는 첫 번째 인재 모집령을 발표해 '능력'이 가장 중요한 기준임을 널리 알렸다. 조조는 여기에서 세 가지 문제를 지적했다.

첫 번째 문제, 청렴한 선비만 등용하려 했다면 과연 제나라 환공桓公이 패업을 달성할 수 있었을까?

제나라 환공은 춘추 시대에 가장 먼저 큰 세력을 형성한 군주로 춘추오패春秋五霸 중에서도 첫손에 꼽힌다. 환공은 어떻게 첫 번째 패왕霸王이 되었을까? 일반적으로 관중管仲이라는 뛰어난 인재를 등용한 것이 결정적이었다고 본다. 사실 관중은 능력이 매우 뛰어났지만 도덕적으로는 문제가 많았다. 그중에서도 가장 큰 문제는 재물 욕심이다. 관중은 젊은 시절에 친구 포숙아鮑叔牙와 장사를 한 적이 있는데 수익 대부분을 본인이 가져가고 포숙아에게는 아주 조금만 나눠줬다. 훗날 제나라 재상이 되어 매우 부유했는데 아마도 정당하게 얻은 재물이 아닐 것이다.

《논어》에서 공자와 제자가 나눈 문답 중 이런 내용이 있다.

"관중을 검소하다고 평가할 수 있을까요?"
"저택이 세 채나 있는 관중이 검소하다면 이 세상에 검소하지 않은 자가 과연 있겠느냐?"

이 이야기는 관중이 도덕적으로 문제가 심각했음을 보여준다. 그러나 관중은 재능이 매우 뛰어났다. 그는 제나라를 부국으로 만들고 환공을 도와 패업을 달성했다. 조조가 첫 번째 문제를 제기한 이유가 여기에 있다. 반드시 청렴한 사람을 써야 한다면 관중과 같은 사람은 등용할 수 없다. 환공이 만약 관중을 등용하지 않았다면 과연 패왕이 될 수 있었을까?

첫 번째 문제는 두 가지 관점으로 분석해볼 수 있다.

첫째, 관중은 원소의 수하 허유와 비슷하다. 허유도 재물 욕심이 많고 지략이 뛰어났다. 원소는 도덕 결벽증 때문에 허유의 탐욕을 용납하지 못했지만 조조는 너그럽게 포용해 그의 지략을 이용했다. 그 결과 조조가 이기고 원소는 패했다. 조조가 표면적으로는 환공의 전고典故를 인용했지만 속으로는 분명히 자신의 경험을 염두에 뒀을 것이다.

둘째, 관중에 대한 공자의 태도는 동한 말기 명사들보다 훨씬 개방적이었다. 공자는 관중이 도덕적으로 문제가 있다고 여겼지만 한편으로는 그의 공을 높이 평가해 '관중이 환공을 도와 오랑캐를 물리치지 않았다면 지금 우리는 남만 복장을 하고 있었을 것이다. 관중은 과연 인인仁人이다.'라고 말했다. 공자는 인仁을 가장 높은 도덕 가치로 삼았기 때문에 누군가를 평가할 때 인이란 말을 함부로 사용하지 않았다. 그런 공자가 관중을 '인인'이라고 칭송한 것을 보면, 비록 도덕적 문제가 있더라도 그것 하나로 다른 장점을 모두 부정할 수는 없다고 생각했을 것이다.

두 번째 문제, 지금도 천하에 피갈회옥被褐懷玉의 마음으로 강에서 낚시하는 자가 있지 않을까?

여기에서는 강태공의 이야기를 언급했다. 민간에 전해지는 바로는 강태공이 뛰어난 학문을 지녔지만 여든이 될 때까지 세상에 알려지지 않아 등용하는 사람이 없었다고 한다. 그러니 허름한 옷을 입고 강에서 낚시나

할 수밖에. 피갈은 허름한 옷을 입었다는 뜻이고 회옥은 구슬을 품었다, 즉 뛰어난 학문을 갖췄다는 뜻이다. 조조는 이 이야기와 함께 '불합리한 평가제도 때문에 진정한 인재가 강태공처럼 여든이 되도록 알려지지 않을 수도 있다.'라고 말하며 감탄을 금치 못했다. 두 번째 문제 제기는 지금도 천하에 강태공처럼 뛰어난 학문을 갖추고도 알려지지 않은 인재가 분명히 있을 것이라는 의미이다.

세 번째 문제, 형수를 탐하고 뇌물을 받던 자가 재능을 알아준 은인을 만나지 못했다면 어떻게 됐을까?

이번에는 한나라 개국 공신인 모사 진평陳平의 이야기이다. 《사기》 기록에 따르면 미남이었던 진평이 젊은 시절 형수와 부정을 저질렀다. 이는 누가 봐도 인륜에 어긋나는 부도덕한 행위이다. 진평은 원래 항우項羽 수하에 있었지만 평판이 좋지 않아 퇴출당하자 유방 밑으로 들어갔다. 그러나 유방 밑에서도 여전히 뇌물 수수를 일삼았다. 분노한 유방이 진평을 추천한 위무지魏無知를 불러 질책했다.

"어떻게 이런 인간을 추천할 수 있소?"

위무지가 침착하게 되물었다.

"추천받고자 하는 사람이 도덕적으로 모범이 되는 인물입니까, 항우를 물리치고 천하를 평정할 수 있는 인재입니까?"

유방이 퉁명스럽게 대꾸했다.

"당연히 후자요."

"그렇다면 제대로 추천한 것이 맞습니다. 진평이 바로 그런 사람입니다."

유방은 위무지를 믿고 진평을 계속 기용했다. 결과적으로 지략이 뛰어난 진평은 한나라 개국에 큰 공을 세웠다.

조조는 이 이야기에 다음과 같은 가설을 덧붙였다. 만약 도덕적인 흠결을 따지지 않고 오직 재능만으로 인재를 평가하고 등용한 위무지를 만나지 못했다면 진평은 평생 이름을 알리지 못했을 것이다. 그렇다면 지금 세상에도 아직 위무지를 만나지 못한 진평과 같은 인재가 있지 않을까?

최종적으로 조조는 인재 선발 관리에게 '대대적으로 숨어 있는 인재를 발굴하라. 도덕 문제는 따지지 말고 오직 재능만으로 판단해 진정한 인재를 추천하라.'고 요구했다. 조조의 첫 번째 인재 모집령은 중국 최초의 '능력 위주 인재 선발제도'였다.

214년, 조조의 두 번째 인재 모집령이 발표됐다. 이번 모집령의 핵심은 '재능만 있는 인재를 외면하지 않는 것'이다.

조조는 천하의 인재를 두 부류로 나눴다. 첫 번째는 도덕과 재능을 겸비한 완전한 인재이다. 이런 인재는 매우 드물기 때문에 원한다고 얻을 수 있는 것이 아니다. 두 번째는 재능은 뛰어나지만 도덕성이 떨어지는 경우로, 절대다수를 차지한다. 이런 인재는 대부분 도덕성 미달로 기존 인재 평가 제도의 문턱을 넘지 못해 초야에 묻혀 있었다. 따라서 인재 모집령의 핵심은 이런 인재를 대대적으로 발굴하는 것이었다. 다시 말해 조조는 도덕성이 뛰어나나 재능이 없는 사람은 인재로 여기지 않았다.

217년, 조조는 마지막 세 번째 인재 모집령을 발표했다. 이번에는 '재능 위주 인재 선발 제도'의 효율을 극대화해 인재를 대거 발굴하기 위해 구체적으로 다섯 가지 인재 사례를 제시했다.

첫째, 출신이 비천한 사람. 상나라의 이윤과 부열傳說은 각각 요리사와 기와장이로, 두 사람 모두 노예 출신이다. 훗날 이윤은 상나라 개국 공신이 되고 부열은 상나라 부흥을 이끈 명재상이 되어 오랫동안 위대한 인물로 추앙받았다.

둘째, 원한을 품은 사람. 가장 대표적인 인물이 관중이다. 관중은 원래 환공과 제위를 다투던 공자 규^糾의 수하였다. 그는 공자 규를 왕위에 앉히기 위해 환공에게 활을 쏴 죽일 뻔한 일이 있었다. 그 후 환공과 관중은 원수가 되었다. 그러나 환공은 지난 일에 연연하지 않고 관중을 중용했다. 과감하게 원수를 등용한 환공은 결국 패업을 달성했다.

셋째, 평범한 관리. 오늘날로 따지면 말단 공무원에 해당한다. 소하와 조참은 진나라 때 현에서 잡일을 하던 말단 관리였다. 훗날 두 사람은 한나라 재상이 됐다.

넷째, 도덕성에 문제가 있는 사람. 앞서 언급한 진평과 같은 사람이다. 형수와 부정을 저지르고 뇌물을 받는 등 확실히 도덕성에 문제가 있었다. 한신은 다른 사람 가랑이 밑으로 기어가는 모욕을 감수했다. 이 일로 두고두고 비웃음을 샀지만 훗날 서한의 명장이 됐다.

다섯째, 도덕성 문제가 매우 심각한 사람. 대표적 인물이 전국 시대의 명장 오기^{吳起}이다. 오기는 젊은 시절 외지에서 공부하던 중 어머니가 세상을 떠났다는 부고를 받았다. 그러나 어머니 장례를 치르러 고향에 돌아가지 않고 공부에 전념했다. 오기의 스승이자 공자의 제자 중 효를 가장 중시한 증자^{曾子}가 이 일을 알고 크게 노해 오기를 당장 내쫓고 제자로 인정하지 않았다. 후에 오기가 노나라에서 관직을 구하려 했지만 노나라 왕이 난색을 표했다. "우리는 지금 제나라와 전쟁 중이오. 그런데 그대의 아내가 제나라 사람이 아니오? 제나라와 싸울 때 그대가 어느 쪽을 도울지 어떻게 알겠소? 그러니 그대를 믿고 등용할 수가 없소." 오기는 이 말을 들

난세의 리더 조조

고 곧바로 집에 돌아가 아내를 죽였다. 그는 노나라 조정에 아내의 수급을 바치며 충성을 맹세한 후 노나라 장군이 됐다. 누가 봐도 오기는 심각하게 부도덕한 사람이다. 그러나 그는 재능이 매우 뛰어났다. 군사적으로는 백전백승의 명장이었으며 정치적으로 대대적인 변법變法을 추진해 단기간에 초나라 국력을 강화시켰다. 그래서 오기는 전국 시대의 가장 뛰어난 군사가이자 정치가로 손꼽힌다.

조조는 다섯 가지 인재 사례를 꼽으며 이런 결론을 내렸다.

"모욕을 당하고 비웃음거리가 됐든, 오기처럼 도덕성이 결여되어 반인륜적인 일을 저질렀어도 상관없다. 뛰어난 재능만 있다면 모두 받아들일 것이다."

조조가 세 번에 걸쳐 발표한 인재 모집령을 간단히 줄여 구재삼령求才三令이라고 한다. 중국 역사상 인재 모집령 사례는 매우 많지만 조조처럼 인성과 효심이 부족한 사람을 공개 모집하는 일은 전무후무하다. 조조가 이렇게 공개적으로 부도덕한 사람을 모집한 데는 다른 이유가 있지 않을까?

인재 모집도 기술적으로

동한 말기~삼국에 이르는 군웅할거 시대는 인재를 구하기가 매우 힘들었으니, 이것저것 따지지 말고 일단 닥치는 대로 사람을 끌어모아야 하지 않느냐고, 인재를 선별하는 것은 그 다음 문제가 아니냐고 생각하는 독자도 있을 것이다. 이 부분을 확실히 짚어보도록 하겠다.

첫째, 공개적으로 부도덕한 사람을 모집하면 도덕을 추구하는 사람이 거부감을 드러낼 것이다. 송나라 왕안석王安石은 《맹상군전孟嘗君傳을 읽고》에서 '인재의 기준을 낮춰 개나 소가 관리가 될 수 있다면 진정한 인재는 나오지 않는다.'라고 했다.

둘째, 구재삼령의 진짜 목적은 인재 모집이 아니다. 구재삼령 발표 시기를 보면 210년, 214년, 217년으로 모두 적벽대전 이후였다. 이때는 천하삼분이 거의 확정되어 주요 인재들이 자리를 정한 상태였고 조조도 인재가 절실하게 필요한 상황은 아니었다. 실제로 구재삼령 이후 오나라나 촉나라에서 특별히 인재를 데려온 사례도 없었다. 결과적으로 구재삼령은 인재 모집의 효과가 거의 없었다.

그래서 필자는 조조의 진짜 목적이 따로 있다고 생각한다. 인재 모집이 목적이 아니라면, 진짜 목적은 무엇일까? 조조는 구재삼령을 발표하면서 아래 세 가지를 고려했을 것이다.

첫째, 비정상은 비정상으로 바로 잡아야 한다.

동한 말기 사회는 실무 능력을 무시하고 도덕만 중시하는 분위기였다. 도덕의 형식화로 사회 풍토가 비정상으로 변하고 온갖 폐단이 쌓였다. 비정상적인 풍토를 바로 잡으려면 어떻게 해야 할까? 도덕만 중시하지 말고 능력도 중시하면 될까? 재능과 도덕을 똑같이 중요하게 생각하면 다 해결될까? 지극히 맞는 말이지만, 너무 당연하고 틀에 박힌 뻔한 말이다. 이런 반듯한 공염불은 사회적 반향이나 반성을 불러일으키기는커녕 작은 관심도 받지 못할 테니까. 그래서 조조는 '오직 능력 있는 사람만 등용할 것이다. 인성과 효심이 부족한 사람도 선발하겠다. 도덕 따위는 전혀 중요하지 않다.'라는 본인의 뜻을 널리 알리려고 일부러 공개적으로 인재 모집 기준을 강조했다.

도덕과 재능을 겸비한 인재가 최고라는 사실은 조조도 당연히 알지만 그의 목적은 대중의 관심과 논란을 불러일으키는 것이었다. 결국 구재삼령은 일종의 행위예술이었던 셈이다. 광범위한 사회적 관심과 반성을 끌어내기 위해 일부러 과장된 표현법을 사용한 것이다.

　둘째, 자기변호이다.

　조조는 환관의 손자라는 이유로 유가 사대부에게 무시당했다. 승상이 된 후에도 사람들은 그저 운이 좋아 벼락출세했을 뿐 여전히 뿌리 깊은 명문가 후손과는 비교도 할 수 없다고 생각했다. 사실 조조도 명문가 사대부와 어울리고 싶지 않았다. 한때 고상한 척 허세를 부리며 소위 상류사회에 들어가고 싶었지만 그때는 철없는 젊은이였다. 지금은 본인이 주도권을 틀어쥐고 있으니 정반대 방법을 써보기로 했다. 본인이 올라가지 않고 그들을 끌어내리기로. 모두 다 연기 따위는 집어치우고 제대로 실력을 겨뤄보자는 뜻이다. 화려한 겉옷만 벗으면 결국 다 똑같은 사람이 아닌가?

　조조가 구재삼령을 발표한 진짜 목적은 구시대 도덕관념을 타파해 사회 가치의 다원화를 추구하고 이를 통해 본인의 독특한 태도와 행동 방식에 합리성을 부여하는 것이었다.

　'너희 상류층은 옷차림을 엄청 신경 쓰지. 격식에 맞는 화려한 옷차림에 꼭 모자까지 갖춰야 하지. 그렇다면 난 모자 대신 대충 두건을 두를 테다. 너희가 감히 옷차림이 단정하지 않아 못 들어간다고 말할 수 있을까? 너희가 웃을 때 이를 보이면 안 된다고 하니 난 입을 크게 벌리고 웃을 것이야. 내가 이를 다 드러내고 웃겠다는데 너희가 감히 뭐라고 할 수 있겠어?'

　사서 기록에 조조가 상류 사교 연회에 참석한 일화가 있다. 음식을 먹다가 몸을 앞뒤로 크게 흔들고 팔다리를 휘저으며 박장대소했다. 그러다 얼굴을 그릇에 박는 바람에 온 얼굴이 밥알과 국물투성이가 됐다. 조조는 확실히 격식을 따지거나 고상한 척 허세를 부리는 사람이 아니었다.

조조는 생활 태도뿐 아니라 혼인 문제에서도 예법에 얽매이지 않는 개성을 여실히 드러냈다. 조조의 정실 변^卞 부인은 창기^{倡技} 출신이다. 이 시대의 창기는 성매매가 아니라 노래와 춤 등 음악 재능을 파는 사람이었다. 그런데 음악 재능을 팔다 보면 남녀 관계를 맺는 경우가 많아 사회 신분이 매우 낮았다. 하지만 조조는 개의치 않고 변씨를 아내로 맞이했다. 조조의 첩실 중에는 과부가 여럿 있었는데, 항상 이렇게 당부했다.

"내가 죽거든 그럴 필요 없으니 바보처럼 수절하지 말고 빨리 좋은 사람 만나시오. 다만 조건이 하나 있소. 새 남편한테 꼭 내가 훌륭한 사람이었다고 말해야 하오."

이 역시 조조의 자유분방한 성격을 보여주는 일화이다.

조조가 공개적으로 구재삼령을 부르짖고 몸소 실천한 덕분에 위진 시대에 이르러 중국 사회는 예교의 속박에서 벗어나 개성 존중의 전성기를 맞이했다. 이를 위진풍류^{魏晉風流}라고 하는데 《세설신어》에 관련 기록이 많이 수록되어 있으니 자세한 설명은 생략한다.

위진풍류魏晉風流

위진 시대에 현학이 크게 유행하면서 문화 사상적으로 개성과 매력을 중시하는 경향이 강해졌다. 매우 솔직하고, 자유분방함, 심지어 방탕하기까지 했다. 대표적인 인물로 죽림칠현(竹林七賢), 사안(謝安), 왕희지(王羲之) 등이 있다.

셋째, 본인의 인재 정책을 변호하기 위함이다.

'모두가 인재라고 하는 공융을 내가 왜 죽였을까? 그놈은 가짜 인재였으니까. 모두가 도덕성에 문제가 있다고 말하는 사람을 내가 왜 군이 기용했을까? 그들이 세속적인 인재 기준에는 부

난세의 리더 조조

합하지 않지만 내 인재 기준에는 딱 들어맞으니까.'

조조는 이런 생각을 공공연하게 드러냈고 그대로 행동에 옮겼다. 앞에서 허유 이야기를 했으니 이번에는 다른 예를 들어보자. 조조 수하인 정비丁𪔂는 능력은 뛰어난데 한 가지 흠이 있었다. 손버릇이 나빠 종종 공공물품을 훔치곤 했다. 사법 관리가 여러 번 고발했지만 항상 조조가 나서는 바람에 가벼운 처벌로 끝났다. 한번은 사법 관리가 답답해하며 물었다.

"주공, 왜 이런 도둑놈을 옆에 두십니까?"

"내가 정비를 거두는 이유는 집에서 개를 키우는 것과 같아. 가끔 식욕이 폭발해 고기를 훔쳐 먹지만 쥐를 잡고 식량 창고도 잘 지켜주니 어쨌든 이득이 더 크지 않은가?"

이 시대는 집고양이가 흔치 않고 고양이는 대부분 야생에서 살았다. 그래서 쥐잡기는 개의 몫이었다. 집고양이는 언제 많아졌을까? 명나라 장대張岱의 《야항선》夜航船 기록에 따르면 당나라 승려가 인도에서 불경을 가져올 때 집고양이를 데려왔다고 한다. 이때부터 개는 쥐잡기에서 물러났다. 지금은 '개가 쥐를 잡는다.'는 말이 쓸데없는 참견이라는 뜻이 됐다.

다시 본론으로 돌아가자.

이상을 종합하면 조조는 사람을 쓸 때 사소한 단점을 따지지 않았고, 단점을 피하면서 장점을 충분히 활용했음을 알 수 있다. 조조의 인재 정책 자체도 훌륭하지만 이를 뒷받침하는 조조의 자신감과 과감함도 돋보인다.

춘추 시대 노나라에 양호陽虎라는 난신亂臣(나라를 어지럽히는 신하)이 있었다. 양호는 조조와 비슷한 난폭하고 간교한 권신이었다. 후에 노나라에서 권세를 잃고 조나라로 갔고 조앙趙鞅이 그를 중용했다. 수하들이 간교한 난신을 중용하면 안 된다고 반대했지만 조앙은 다룰 방법이 있다며 걱정하지 말라고 했다. 과연 양호는 조앙 수하에서 유능한 인재로 다시 태어났다.

조조는 성품이 양호와 비슷했지만 사람을 다루는 기술은 조앙과 같았다. 효웅 유비, 용의주도한 사마의, 여러 주군을 배신한 가후, 어려서부터 살인을 일삼던 하후돈과 유엽劉曄 등이 조조에게 머리를 조아렸다. 청나라 조익趙翼은 삼국 군주의 인재 기용 특징을 이렇게 평가했다. '조조는 권모술수로, 유비는 인정으로, 손씨 형제는 의기투합으로 사람을 다스렸다.'

여기에 한 가지 문제가 있다. 앞에서 명법의 치를 단행할 때 조조가 엄격하게 법을 집행했다고 했다. 그런데 여기는 사람을 쓸 때 사소한 단점을 따지지 않아 정비의 횡령죄를 가볍게 처벌했다고 하니, 두 내용이 완전히 모순 아닌가?

세 사람의 세 가지 선택

결론부터 말하면 이 둘을 합해야 비로소 온전한 조조가 된다.

조조의 명법의 치는 현대 법치와 전혀 다른 개념이다. 현대 법치는 오직 법에 근거해 판결과 양형이 결정되므로 특권을 발휘할 수 없고 누구나 반드시 법을 준수해야 한다. 명법의 치에서 실행한 개혁의 핵심은 법률의 자의적 시행에 반대하는 것이었다. 그래서 인정, 양심 등 도덕 요소를 판결 기준에서 배제하도록 했다. 그렇다면 새로운 판결 기준은 무엇이었을까? 법률이 아니라 이익이다.

조조는 엄격한 법 시행의 모범을 보이기 위해 스스로 머리카락을 잘랐다.

'기껏해야 머리카락 아닌가? 잘라도 어차피 다시 자랄 테고. 이렇게 해서 전군이 엄격히 법을 준수한다면 이익이 훨씬 크다.'

그러나 후에 정비가 죄를 지었을 때는 엄격하게 법을 적용하지 않고 가볍게 처벌했다.

'정비를 죽이라고? 그까짓 거 몇 푼이나 된다고 죽이기까지 해? 정비를 죽이면 득보다 실이 훨씬 크다.'

조조에게 법치와 인치는 그때그때 선택 가능한 통치 도구였다. 법률의 실용성에 초점을 맞춘 것이다. 이 부분은 구재삼령에도 똑같이 적용됐다. 조조에게 도덕은 허상에 불과해 전혀 쓸모없는 존재였다. 조조의 인재 판단 기준은 오직 나의 실질적 이익에 부합하는가였다. 나에게 이익이 있으면 인재이고 이익이 없다면 도덕성이 아무리 뛰어나도 소용없다. 그래서 조조의 법률은 실용주의 법률이다. 법률의 실용성을 강조할수록 도덕의 가치는 떨어지기 마련이다.

이쯤에서 거시 역사 관점으로 대비되는 두 인물을 조금 더 자세히 분석해보자. 동한 말기 사람들도 대부분 도덕관념 문제를 인식했지만 대처 방법은 제각각이었다. 공융은 거짓 도덕을 규탄하기 위해 '부모가 자식에게 은혜를 주지 않았다.'는 역설적인 주장을 펼치며 거짓 효에 반대했다. 이 발언이 조조에게 빌미를 제공해 결국 목숨을 잃었다. 반면 조조는 대놓고 말했다.

'도덕은 중요하지 않다. 인성과 효심이 부족한 자를 등용할 것이다.'

거짓 군자는 소인배보다 못하니 모두 가면을 벗으라는 뜻이었다. 그래서 구재삼령을 발표했다.

그 후에 어떻게 되었을까? 동한 말기의 도덕은 형식주의로 전락했지만 어쨌든 당시 사람들에게는 그것이 최후의 보루였다. 소인배는 여전히 군자 행세를 하며 본모습을 드러내지 않았다. 왜 그랬을까? 부도덕은 정통성이 없기 때문이다. 그런데 조조는 그 최후의 보루를 버리라며 구재삼령을 발표했다. 조조 개인이 사회 가치의 다원화와 개성을 추구하는 것은 비난할 일이 아니다. 하지만 최고 권력을 거머쥔 통치자가 공개적으로 도덕을 폄하한다면 이는 시대정신을 무너뜨리는 것이다. 조조가 죽은 후 위진남북조 사회가 후안무치하고 무질서해진 이유가 여기에 있다. 시대정신이 무너진 위진남북조 사회는 중국 역사상 가장 암울한 대분열 사회였다. 그 원흉이 바로 조조이다. 고염무는 《일지록》에서 '동한이 100년에 걸쳐 도덕과 인의를 세웠지만 여전히 부족했다. 그러나 그것을 파괴하는 데는 조조 한 사람만으로 충분했다.'라며 침통함을 금치 못했다. 가혹해 보일지 모르지만 절대 그렇지 않다.

이에 비해 제갈량은 몸소 참 도덕을 실천했다. 그는 동한 말기 도덕의 문제가 말만 많고 실천하지 않는 데 있다고 보았다. 공융이 역설적인 풍자로 가짜 도덕을 비난하고 조조가 현실과 타협해 차선으로 부도덕을 부르짖었지만 이는 정도正道가 아니었다. 제갈량은 정통 도덕과 깊은 수양을 바탕으로 현실적인 융통성을 발휘해 죽을 때까지 최선을 다해 삼대 이후 가장 완벽한 참 도덕을 실천했다. 엄격한 도덕 잣대로 수많은 역사 인물을 비평한 남송 학자 주희朱熹가 제갈량을 오군자五君子의 으뜸으로 꼽은 데는 확실한 이유가 있다.

구재삼령은 오직 재능만으로 인재를 선발하겠다는 조조의 의지를 잘 보여준다. 더욱 흥미로운 것은 조조가 정치와 군사뿐 아니라 집안 문제에도 이 기준을 철저하게 적용했다는 사실이다. 나이가 들어감에 따라 조조

난세의 리더 조조

도 후계 문제를 생각하지 않을 수 없었다. 고대 중국의 법도상 적장자^{嫡長子}를 후계로 정하는 것이 원칙이지만 조조는 순순히 원칙을 따르지 않았다. 그는 후계자 선발에도 능력주의를 적용했다. 그렇다면 어떤 후보자가 이 선발 제도에 참여했을까? 조조의 수많은 아들 중, 최후의 승자가 된 사람은 누구일까?

14장

후계 쟁탈전

조조의 '능력 위주 인재 선발'은 관리 선발에만 국한되지 않고 본인의 후계자 선정에도 철저히 적용되었다. 조조는 여러 아들을 경쟁시키는 독특한 방식으로 후계자를 정했다. 조조가 후계자를 선정할 때 중요하게 생각한 요소는 무엇일까? 조조의 아들들은 각자 어떤 능력을 뽐냈을까?

조조의 이혼

물론 예외가 없을 수 없다. 서진의 개국 공신 가충^{賈充}은 처음에 이씨 부인을 정실로 맞이했다. 후에 이씨 부인이 친정아버지의 죄에 연루되어 변방으로 추방당하자 곽씨 부인을 새 정실로 맞이했다. 그런데 이씨 부인이 형기를 마치고 돌아와 정실이 둘이 됐다. 어떻게 해야 할까? 서진의 무제 사마염이 직접 두 정실을 허락한다는 특별 조서를 내렸다. 역사상 유례가 없는 일이었다.

기본적으로 한 남자는 정실 한 명만을 거느릴 수 있었다. 정실이 낳은 아들이 적자이고 첩이 낳은 아들은 서자^{庶子}로 구분했다. 계승 자격은 당연히 적자 우선이었다. 그렇다면 정실이 낳은 적자가 여럿이라면 어떻게 우선순위를 매길까? 적자 중 첫째, 즉 적장자가 아버지의 모든 정치권력을 물려받고 다른 자식들은 재산을 나눠 갖는 것이 전부였다.

《춘추공양전》〈은공원년〉^{隱公元年}에 기록된 고

가충^{賈充}

위나라 명신 가규(賈逵)의 아들로 위나라 말기에 사마씨의 강력한 지지 세력이 되었다. 사마씨 정권에 저항하는 반란을 수차례 진압하고 황제 조모(曹髦)를 죽였다. 사마염이 서진을 세우자 개국공신 반열에 올랐다.

대 사회 계승법의 기본 원칙에 따르면 적장자에게 심각한 신체장애, 선천적 지능장애, 정신병과 같은 문제가 있을 경우 다른 아들에게 기회가 넘어갔다. 이 외에는 반드시 적장자만 계승자가 될 수 있었다. 적장자가 다른 아들보다 우수한지는 중요하지 않았다.

이런 내용은 현대인의 사고방식과 확실히 다르다. 만약 보통 가정이라면 적자든 아니든, 첫째든 아니든, 가장 뛰어나든 말든, 아무 상관이 없다. 하지만 군주 가문의 계승자는 그 나라의 흥망성쇠에 큰 영향을 끼치므로 매우 신중해야 한다. 심혈을 기울여 가장 뛰어난 아들을 선택해 다음 군주로 세워야 한다. 적장자가 평범하거나 어리석고 난폭한데, 둘째나 셋째가 아주 똑똑하다면? 당연히 형편없는 적장자를 버리고 동생 중에 계승자를 선택해야 하지 않을까?

문제는 적장자 계승제가 어느 한 사람이 만든 제도가 아니라 수천 년 동안 수많은 피를 흘린 끝에 얻은 소중한 교훈이라는 사실이다.

만약 《춘추공양전》〈은공원년〉의 후계 계승 원칙이 적장자가 아니라 가장 뛰어난 아들이었다면 어떤 상황이 벌어질까?

모든 아들에게 기회가 있으니 후계 자리를 차지하기 위해 치열한 경쟁을 벌일 것이다. 어떻게든 이기려고 겉으로는 현명한 군자인 척하고 뒤로는 경쟁자를 헐뜯고 음해할 수도 있다. 문무 대신들로서는 지금 태자를 보필해 군주를 만들어야 공을 인정받고 앞날이 보장되기 때문에 각자 가능성 있다고 생각하는 황자皇子 밑에 모여 파벌을 형성하고 다른 황자를 공격할 것이다. 이것이 바로 당파 싸움이다.

군주가 바뀔 때마다 이런 식으로 후계자를 선택한다면 매우 참담한 결과가 발생할 것이다. 이런 이유로 주나라 초기에 적장자 계승제를 확립해 누가 후계가 될 것인가를 핏줄과 하늘의 뜻으로 결정했다. 적장자 자리는 태어나기 전에 이미 정해져 있으니 어떤 사람인지는 중요하지 않았다. 나머지 아들은 신하가 될 운명을 타고났으므로 절대 불손한 생각을 할 수 없었다. 따라서 적장자 계승제의 최고 장점은 안정이었다.

어떤 제도든 장점이 있으면 단점이 있기 마련이다. 현실적으로 완벽한 제도는 있을 수 없다. 따라서 실무를 중시하는 정치가라면 그 시대의 사회 배경을 충분히 고려해 기존 제도의 단점을 개선하고 장점을 극대화할 수 있어야 한다.

적장자 계승제의 단점은 적장자의 능력이 보장되지 않는다는 것이다. 그래서 고대 군주 시대는 태자 교육이 매우 중요했고 서한 문제文帝 때부터 지덕知德을 겸비한 인재를 스승으로 선발해 어려서부터 태자를 교육하기 시작했다. 10년 정도 기본 교육을 하고 성인이 되면 행정 실무 훈련을 했다. 보통 이런 과정을 거치면 군주가 될 때쯤 형편없는 수준은 면할 수 있다.

이 외에 고대 중국의 승상 제도도 태자의 능력 문제와 관련이 있다. 군주는 세습, 즉 핏줄로 자리가 결정되지만 승상은 능력 위주 선발이었다. 고대 정치문화에서는 가만히 앉아 아무것도 하지 않고 조정 대소사를 모두 승상에게 맡기는 군주가 가장 이상적이라고 여겼다. 이런 관점에서 보면 승상 제도는 적장자 계승제의 단점을 보완하는 중요한 제도인 셈이다.

적장자 계승제가 가장 합리적이라고 말할 수는 없지만 가장 안정적인 최선의 방법임은 분명하다. 당시 사회 배경에서 적장자 계승제가 최선이었기 때문에 법률로 제도화한 것이다.

다시 조조 이야기로 돌아가 조조의 적장자, 조앙曹昂에 대해 알아보자.

조조의 첫 번째 정실 정 부인은 자식을 낳지 못했다. 이때 조조의 첩

중 유씨가 아들을 낳았는데 이 아이가 바로 조앙이다. 유씨가 일찍 죽는 바람에 조앙은 정 부인 손에 자라며 자연스럽게 조조의 적장자가 됐다. 조조는 조앙에게 큰 기대를 걸고 후계자로 키우기 위해 여러모로 애썼다.

일단 조앙이 20살 때 효렴으로 천거되도록 손을 썼다. 일찍이 조조도 20살에 집안 배경으로 효렴에 선발되어 관직 생활을 시작했고 지금의 자리에 올랐다. 조조는 조앙이 자신의 발자취를 그대로 따르며 성공하길 바라는 마음으로 효렴에 천거되도록 했을 것이다.

그리고 출정할 때마다 조앙을 데리고 다녔다. 조앙이 20살이 됐을 때, 조조가 20살이던 시대와는 상황이 크게 달랐다. 조조가 20살일 때는 조정이 부패하긴 했어도 천하는 평화로웠다. 하지만 20살 조앙의 시대는 군웅할거가 정점을 찍던 대혼란기였다. 그래서 효렴만으로는 부족했고 반드시 전쟁을 할 줄 아는 군사지휘관의 능력이 필요했다. 조조가 전쟁에 나갈 때마다 조앙을 데리고 다닌 이유는 직접 보고 배우며 군사 경험을 쌓아 자신처럼 뛰어난 용병술을 갖춘 인재가 되길 바랐기 때문일 것이다.

불행히도 조앙은 혹독한 전쟁 시험을 통과하지 못하고 젊은 나이에 목숨을 잃었다. 그런데 조앙의 죽음에 빌미를 제공한 사람이 바로 조조였다.

197년, 조조가 군벌 장수를 공격했다. 장수는 조조와의 현격한 실력 차이를 인정하고 순순히 투항해 성을 바쳤다. 그런데 승리의 기쁨을 만끽하며 입성한 조조가 장수의 숙모에게 반해 첩으로 들였다. 장수의 숙부가 일찍 죽고 과부가 된 숙모는 빼어난 미인이었다. 장수는 숙모 소식에 치욕과 분노를 느껴 당장 조조를 기습했다. 불시에 기습당한 조조는 처참한 패배를 당했고, 이 과정에서 조앙까지 잃었다.

정 부인은 조앙의 죽음에 매우 슬퍼했다. 생모는 아니지만 키운 정이

난세의 리더 조조

있고 무엇보다 다른 아들이 없었기 때문이다. 조앙이 후계자가 되어야 본인의 정실 지위가 확고해지는데, 유일한 희망이 사라졌으니 억장이 무너질 수밖에 없었다. 그런데 조조는 슬퍼하는 기색 없이 늘 하던 대로 아무렇지 않게 정무를 처리했다. 정 부인은 화도 나고 도저히 이해할 수 없어서 소리를 질렀다.

"아들이 죽었는데 어떻게 아무렇지 않을 수 있어요? 그러고도 사람이에요? 어떻게 인정머리가 눈곱만큼도 없냐고요!"

사흘이 멀다 하고 이렇게 성질을 부렸다.

조조도 처음에는 참았다. 자식 잃은 아픔이 클 테니 당연히 그러려니 했다. 하지만 나중에는 인내심의 한계를 느껴 정 부인을 친정으로 쫓아버렸다. 온 세상이 조용해진 기분이었다. 그런데 가만히 생각해 보니 자신이 좀 너무한 것 같았다. 떨어져서 차분하게 마음을 가라앉히니 이제 화해할 수 있겠다는 생각에 직접 정 부인을 데리러 갔다. 베를 짜던 정 부인은 조조가 왔다는 말을 듣고도 전혀 반응하지 않고 계속 베만 짰다.

조조가 하는 수 없이 직접 안으로 들어가 정 부인의 등을 토닥이며 부드럽게 말했다.

"같이 집에 갑시다."

정 부인은 계속 반응이 없었다. 머쓱해진 조조가 발걸음을 돌렸다가 다시 부인을 돌아보며 물었다.

"진짜 안 갈 거요?"

정 부인이 끝까지 침묵을 지키자 조조도 화가 나서 차갑게 돌아섰다.

"싫으면 그만둡시다."

두 사람은 그렇게 이혼했다.

조조가 정 부인과 이혼하자 공석이 된 정실과 적자 자리에 눈독을 들이는 사람이 많아졌다. 이 자리는 과연 누구에게 돌아갔을까? 조조의 아들들은 적자 자리를 놓고 어떤 경쟁을 벌였을까?

천재 요절, 기회는 평범한 인재에게

먼저 정실 자리는 창기 출신 변씨가 차지했다. 변씨는 출신은 미천하지만 기개가 남달랐다. 동탁의 난이 일어났을 때, 조조가 급히 낙양을 빠져나가 동쪽으로 도망간 일이 있었다. 원술이 잘못 알고 조조가 죽었다고 알리는 바람에 조조의 정실과 첩들이 각자 살길을 찾아 친정으로 돌아가려고 했다. 유일하게 변씨만 흔들리지 않고 다른 사람들을 말렸다.

"부군이 정말 죽었는지 아직 확실치 않아요. 오늘 이렇게 떠났다가 내일 부군이 돌아오면 무슨 낯으로 보려고 그래요? 설사 부군이 진짜 죽었어도 우리가 함께 고난을 이겨내야 하지 않겠어요?"

후에 이 일을 전해 들은 조조는 변씨를 특별히 챙겼고 정 부인과 이혼한 후 정실로 맞이했다.

변 부인은 아들 넷을 낳았는데 한 명은 요절하고 셋이 남았다. 이 세 아들이 하나같이 대단했다. 첫째 조비는 지략이 뛰어났고, 둘째 조창曹彰은 무예가 출중하고, 셋째 조식은 문장이 뛰어났다. 모두 아버지 조조의 우수한 유전자를 조금씩 물려받은 셈이었다.

이 세 명 중 조조의 패업을 물려받을 가능성이 가장 큰 사람은 누구일까?

아쉽게도 이 셋 중에는 없었다. 조조는 아버지로서도 주관이 뚜렷한 사람이었다. 고대 정치 안정을 위해 만든 '능력에 상관없이 장남을 후계자로 삼는다.'라는 후계자 선정 원칙은 대다수 평범한 사람들의 원칙일 뿐이었다. 조조처럼 상식을 거스르는 사람에게는 말도 안 되는 헛소리에 불과했다. 세상 모든 사람이 번거롭고 복잡한 법도를 지킬 때, 거침없이 법도를 거스르는 단 한 사람이 바로 조조였다. 그는 장남이 아니라 가장 뛰어난 아들을 후계자로 정할 생각이었다. 오직 능력만으로!

그렇다면 조조의 아들 중 가장 뛰어난 사람은 누구였을까?

조비와 조식은 조조의 여러 아들 중 확실히 돋보였지만 이 두 사람의 존재를 무색하게 만드는 한 사람이 있었다. 바로 조조의 막내아들 조충曹沖이다.

조비와 조식이 10년에 한 명 나올 인재라면, 조충은 100년에 한 명도 나오기 힘든 천재였다. 《삼국지》에 기록된 '조충칭상'曹沖稱象은 조충의 천재성을 잘 보여주는 아주 유명한 일화이다.

조충이 대여섯 살 때, 강동 군벌 손권이 조조에게 코끼리 한 마리를 선물했다. 북방에서는 보기 힘든 거대한 동물이라 조조가 부하를 대동하고 신기하게 구경하다가 갑자기 질문을 던졌다.

"이 코끼리는 무게가 얼마나 될까?"

이때는 코끼리 무게를 잴 만한 큰 저울이 없었다. 모두가 아무 말 못하고 당황할 때 조충이 나서서 대답했다.

"간단합니다. 코끼리를 배에 태우고 가라앉은 높이를 표시합니다. 코

조충칭상曹沖稱象

근대 역사가 진인각(陳寅恪)의 고증에 따르면 이 일화는 사실로 보기 어렵다. 원래 인도에서 전해진 이야기인데 천재 조충에게 억지로 갖다 붙여 소문이 퍼졌고 진수의 《삼국지》에 기록됐다고 본다.

끼리를 배에서 내린 다음 표시한 선만큼 배가 가라앉을 때까지 돌을 싣습니다. 마지막으로 배에 실었던 돌의 무게를 재면 코끼리의 무게와 같지 않겠습니까?"

조조와 사람들은 조충의 대답에 놀라움과 감탄을 금치 못했다.

조충칭상 일화는 삼국지 독자라면 누구나 다 알 것이다. 다음은 법률과 관련된 일화이다.

조조가 명법의 치를 실시하면서 엄격한 법 집행을 하던 때였다. 조조는 말안장을 창고에 보관했는데 어느 날 관리인이 창고에 들어갔다가 쥐가 여기저기 파먹어 사용할 수 없을 만큼 망가진 말안장을 발견하고 소스라치게 놀랐다. 조조가 알면 그냥 넘어가지 않을 테니 미리 자수해 선처를 구하기로 했다. 그런데 조충이 먼저 이 일을 알고 이렇게 말했다.

"너무 걱정 마세요. 그런데 급할 것 없으니 오늘 말고 며칠 후에 말하세요."

조충은 바로 본인 옷 하나를 가져다가 칼로 구멍을 내고 한쪽에 휙 던졌다. 그리고 고개를 숙이고 입을 삐죽이며 풀이 죽은 모습으로 앉아 있었다. 조조가 시무룩한 조충에게 물었다.

"무슨 일이냐? 누가 널 괴롭혔느냐? 아버지가 혼내줄 테니 어서 말해보아라."

"어른들이 쥐가 물건을 갉아 먹으면 재수가 없다고 했는데, 쥐가 제 옷을 이렇게 갉아 먹었어요. 너무 속상해요."

조조가 애써 아들을 위로했다.

"그런 일은 없단다. 다 미신이니 믿지 말거라!"

며칠 후 창고관리인이 조조에게 보고했다.

난세의 리더 조조

"소인이 창고에 둔 안장을 제대로 관리하지 못해 쥐가 갉아 먹었습니다. 벌을 내려 주십시오."

조조가 하하 크게 웃더니 괜찮다며 손을 저었다.

"항상 보이는 곳에 두는 내 아들 옷도 쥐가 갉아 먹었는데, 창고에 둔 말안장을 온종일 지켜볼 수는 없지 않겠나? 쥐가 갉아 먹을 수도 있지!"

이 일화를 통해 조충의 두 가지 특징을 알 수 있다.

첫째, 조충은 확실히 똑똑했다.

조조가 어렸을 때 아버지와 숙부를 속였던 것처럼 어린 조충도 아버지에게 거짓말을 했다. 그런데 조조의 아버지 조숭과 조충의 아버지 조조가 어디 비교가 되는가? 조조가 조숭을 속이기는 쉬워도 조충이 조조를 속이기는 절대 쉽지 않으니, 그야말로 청출어람인 셈이다.

둘째, 조충은 인의를 지녔다.

조조가 아버지와 숙부를 속인 것은 위법과 유협을 즐기기 위함이었지만 조충은 남을 구하기 위해 거짓말을 했다. 거짓말의 목적이 전혀 달랐다.

이렇다 보니 조조가 내심 후계자로 점찍은 아들은 조충이었다. 그런데 적벽대전이 벌어졌던 208년에 역병이 대유행했고 하늘이 시샘했는지 신동 조충이 13살 나이에 안타깝게 역병에 걸려 죽었다.

조충이 죽은 후 조조는 한동안 슬픔에 잠겨 하루하루를 눈물로 보내다가 건강이 나빠졌다. 조비가 더 이상 두고 볼 수 없어 조조를 설득했다.

"아버님, 죽은 사람은 다시 살아날 수 없으니 그만 슬픔을 거두십시오. 몸을 생각하셔야지요."

조조가 벌겋게 충혈된 눈으로 조비를 차갑게 노려봤다.

"내게는 불행이지만 네놈에겐 행운이겠구나."

조충의 죽음은 조조에게는 당연히 큰 슬픔이다. 이 세상에 부모가 자식을 먼저 보내는 것만큼 슬픈 일은 또 없을 테니까. 그런데 조충의 죽음이 조비와 다른 아들에게는 새로운 기회가 열린 큰 행운인 셈이었다. 조조는 이 말에서 조충을 이미 후계자로 점찍었던 속마음을 드러냈다.

훗날 황위에 오른 조비가 이렇게 말했다.

"순서를 따지자면 맏형 조앙이 후계자가 되어야 했다. 만약 형이 살아있었다면 나에게 기회가 오지 않았을 것이다. 그리고 동생 조충이 살아있었어도 오늘의 나는 없었을 것이다."

불세출의 천재가 13살 어린 나이에 요절한 것은 정말 안타까운 일이다. 그렇게 천재가 요절한 후 기회는 평범한 인재에게 넘어갔다.

조비 VS 조식

서자 중에 유력한 후계자 후보는 조충뿐이었다. 후계자 후보는 이제 변 부인의 세 아들, 조비, 조창, 조식으로 좁혀졌다. 이 중 가장 먼저 탈락한 사람은 조창이다.

조창의 무예 실력은 아버지 조조보다 훨씬 뛰어났다. 사서 기록에 따르면 조창은 말타기와 활쏘기에 정통했고 곰, 호랑이 같은 맹수와 겨룰 수 있었다고 한다. 또한 군사가로서의 재능도 출중했다.

어느 해인가 북쪽 오랑캐가 침입해 조창이 직접 출정한 적이 있었다. 조창이 전선으로 달려가 보니 병사라고는 보병 천, 기병 수백밖에 없었다. 그래도 위축되지 않고 앞장서서 전투를 이끌며 백발백중의 활 실력을 발휘했다. 오랑캐 병사들은 기겁해 줄행랑쳤다. 조창은 전투 중 화살에 맞았지만 개의치 않고 기세를 몰아 200리 가까이 쫓아갔다.

조조는 한때 조창을 후계자로 키워볼 의향이 있었다.

"너는 무예가 아주 강하지만 그저 젊은 혈기에 불과하다. 네가 아무리 강해봤자 너 혼자 몇 명이나 쓰러뜨리겠느냐? 그래서 문화 소양과 지식이 필요한 것이니 책 읽기도 소홀히 하지 말거라."

하지만 조창은 단번에 거절했다.

"대장부라면 위청衛青이나 곽거병霍去病처럼 나라를 지키기 위해 십만 대군을 이끌고 전쟁터를 누벼야지요. 관직에 나가 박사가 될 것도 아닌데, 책은 읽어서 무엇 하겠습니까?"

조조는 이 순간 조창이 장군감일 뿐, 군주감이 아님을 깨닫고 하하 웃으며 넘겼다.

이제 남은 아들은 조비와 조식, 두 사람뿐이다. 조조는 두 아들의 재능을 시험해 후계자를 정할 생각이었다. 사실 아들을 시험하는 일은 치밀한 기술이 필요하다. 잘하면 다행이지만 잘못해서 제 발등을 찍을 수도 있기 때문이다. 그 단적인 사례가 원소와 유표이다. 두 사람은 큰아들을 후계자로 정하려다가 아끼는 작은아들이 눈에 밟혀 결정을 미루다가 부하들까지 두 파로 갈라졌고 결국 한순간에 무너졌다.

우유부단한 원소와 유표는 후계자를 정하지 못한 채 주변 상황에 질질 끌려다녔다. 그러나 조조는 원소나 유표와 달랐다. 조조는 누가 더 뛰어난지 확실히 확인하기 위해 본인이 나서서 두 아들의 경쟁을 부추겼다.

후계 계승법에 따르면, 변 부인이 정실이 되면서 조비가 적장자가 되기 때문에 조식은 후계 자리를 넘볼 여지가 전혀 없다. 조식은 애초에 기회가 없었다. 하지만 조조는 늘 상식을 뛰어넘는 사람이었고 솔직히 조식에게 조금 더 마음이 갔다. 조식이 뛰어나기도 했지만 젊은 시절의 조조를 가장 많이 닮은 아들이었기 때문이다. 일단 조식이 어떤 인물인지 자세히 알아보자.

조식은 자가 자건子建이고, 난세에 보기 드문 문재文才였다. 굴원屈原, 사마상여司馬相如 이후, 이백이 등장하기 전까지 중국 역사상 가장 유명한 문인이었다. 조씨 삼부자는 모두 시와 문장이 뛰어나 삼조라 불렸다. 조조가 300년 만에 한 번 나올 군주이고 조비가 50년 만에 한 번 나올 황제라면, 조식은 500년 만에 한 번 나온 대문호였다. 문인으로서의 명성은 조조를 훨씬 능가했고, 조식이 휘영청 밝은 달이라면 조비는 반딧불이 수준이었다. 뛰어난 재능을 믿고 거만하기로 유명한 남조 시인 사령운謝靈運이 다음과 같은 명언을 남겼다.

세상에 재주가 열 말이라면 그중 조식이 여덟 말을 차지하고 내가 한 말, 나머지 한 말을 세상 사람이 나눠 가졌다.

여기에서 나온 성어가 바로 재고팔두才高八斗(재능이 매우 뛰어남)이니 조식이 얼마나 뛰어난 문인이었는지 알 수 있다.

조식은 어려서부터 문학에 천부적인 소질을 보였고 10살 때 이미 수십만 자에 달하는 시론詩論과 사부詞賦를 통째로 외우기도 했다. 어느 날 조조가 어린 조식이 쓴 글을 보는데 처음에는 미소를 짓다가 점점 표정이 심각해졌다.

"너 대신 글을 써 준 사람이 누구냐?"

조식이 무릎을 꿇고 대답했다.

"저는 입을 열면 말이 되고, 붓을 들면 글이 됩니다. 믿기지 않으면 당장 시험해 보세요. 저보다 잘 쓰는 사람이 없는데 왜 다른 사람에게 써 달라고 하겠습니까?"

212년 봄, 3년간 심혈을 기울인 동작대銅雀臺가 완공됐다. 조조는 기분이 너무 좋아 아들들과 뛰어난 문인들을 모두 이끌고 동작대에 올랐다. 그리고 흥에 겨워 아들들에게 부賦를 한 편씩 짓게 했다. 조비와 조식을 제외한 나머지 아들들은 이것이 아버지의 시험이고, 본인이 그 대상이 아님을 잘 알기에 그저 열심히 하는 척만 하고 대충 글자 수만 채울 생각이었다. 조비가 힘겹게 머리를 쥐어짜고 있는데 조식이 금방 붓을 내려놓고 조조에게 글을 올렸다.

"벌써 끝났느냐? 어디, 한번 보자꾸나."

자세히 읽어보니 과연 훌륭한 문장이었다. 조조는 조식의 글에 크게 감동했다.

이듬해 조정에서 조조를 위공魏公에 봉했다. 위공이란 작위는 정식으로 제후가 됐으니 제후국을 세울 수 있다는 뜻이었다. 제후국 작위는 세자를 세워 계승할 수 있었다. 하지만 조조는 성급하게 세자를 세우지 않고 일단 여러 가지 방법으로 두 아들을 시험했다. 본격적인 후계자 경쟁이 시작된 것이다. 조조의 수하들도 자연스럽게 두 파로 나뉘어 조비와 조식을 지지했다.

조비를 지지한 사람은 진군陳群, 사마의, 오질吳質이 대표적이다. 진군은 동한의 유서 깊은 명문

진군陳群

삼국 시대 위나라의 명신. 한나라 찰거제를 대신할 인재 등용 제도 구품중정제를 만들었고, 그가 주도해 제정한 《위율》은 중국 법률 역사상 중요한 법전 중 하나이다. 또한 진한 이후 체계가 없고 복잡한 법률 문건의 문제를 개선했다.

대가 영천顯川 진씨 후손으로 정치 수완이 뛰어난 인물이다. 훗날 고대 중국의 대표 관리 등용 제도로 꼽히는 구품중정제를 만들었다. 사마의는 권모술수에 능하고 오질은 계략이 뛰어났다. 조식의 지지자는 당대 최고의 명사였던 양수가 대표적이다. 양측 선수 소개가 끝났으니 드디어 게임 시작이다.

1회전 : 두뇌 싸움

조조는 두 아들에게 수시로 정치 문제를 냈다. 오늘날로 치면 공무원 임용 면접과 비슷할 것이다. 즉문즉답은 원래 조비가 강했다. 그런데 예상 밖의 결과가 나왔다. 조비는 늘 그랬던 것처럼 곧이곧대로 정직한 답을 말했고, 조식은 평소와 달리 치밀한 논리와 뛰어난 표현력으로 완벽에 가까운 답을 내놓았다.

조조는 무슨 바람이 불어 조식이 이렇게 대답을 잘하는지 의아했다. 사람을 시켜 알아보니 양수가 예상 문제와 모범 답안을 준비해 조식에게 미리 달달 외우게 했던 것이다. 당연히 점수가 높을 수밖에 없었다. 조조는 매우 화가 났다.

1회전 결과 : 조식, 부정행위로 1패

2회전 : 성문 빠져나가기

1회전 구술시험에 이어 2회전은 실전이다. 조조가 두 사람에게 어느 성문으로든 업성을 빠져나가라는 임무를 내렸다. 사전에 각 성문 수문장에게 두 사람을 절대 내보내지 말라고 명한 후 두 사람이 어떻게 하는지 지켜봤다.

조비가 성문 앞에 도착했는데 수문장이 앞을 가로막고 절대 내보내주지 않았다. 달리 방법이 있겠는가? 고개를 떨군 채 돌아갔다. 조식은 어땠을까? 조식도 성문 앞에서 수문장에게 가로막혔다. 조식은 두말없이 칼을 뽑아 수문장을 죽여 시체를 밟고 성큼성큼 성문을 통과해 임무를 완수했다. 조조는 놀라고 기뻐하며 조식을 칭찬했다.

"눈 하나 깜빡하지 않고 과감한 것이 이 아비가 젊을 때 모습과 닮았구나!"

그런데 조사하러 갔던 수하가 돌아와 이번에도 양수가 방법을 알려줬다고 보고했다. 조조는 이번에도 크게 노했다.

2회전 결과 : 조식, 부정행위로 2패

3회전 : 고발과 대응

조식과 양수는 두 번의 작전 실패가 너무 억울했다. 조비도 누군가의 도움을 받지 않았을 리 없기 때문이다. 그래서 사람을 보내 매일 조비 집 대문을 감시했다. 며칠 후 드디어 꼬투리를 하나 잡았다. 조비가 매일 오질을 불러들이기 위해 큰 광주리에 오질을 숨기고 천으로 덮어 옷감을 들이는 것처럼 위장했던 것이다. 사실상 조비도 매일 오질의 도움을 받고 있었다. 양수는 드디어 약점을 잡았다는 생각에 당장 조조에게 달려가 고발했다.

조조 측근 중 조비 소식통이 이 일을 재빨리 조비에게 알렸다. 조비가 겁에 질려 오질에게 어떻게 해야 할지 물었다.

"별일 아닙니다. 내일은 진짜 옷감을 담은 광주리를 들이면 됩니다."

조비는 오질의 말대로 했다. 예상대로 다음 날 조조가 보낸 사람이 조사하러 와서 광주리를 뒤엎고 샅샅이 뒤졌다. 물론 오질은 없었다. 조조는 조사 결과를 보고 받고 버럭 소리를 질렀다.

"양수, 이 쥐새끼 같은 놈. 감히 부자 사이를 이간질해?"

결국 조조의 분노가 폭발했다.

3회전 결과 : 조식, 경쟁자를 모함한 양수 때문에 3패

이 대결 결과는 표면상 조식의 패배처럼 보이지만 사실 진짜 패배자는 양수였다. 조조는 시험을 통해 양수가 아들 조식을 망치고 있다는 결론을 내렸다. 이 일은 훗날 양수의 죽음에 큰 빌미를 제공했지만 조식에게는 큰 피해가 없었다. 조조는 재능이 뛰어나고 과거의 자신을 빼닮은 조식에게 여전히 마음이 기울었다.

이후에도 조비와 조식의 의지와 상관없이 계속 시험이 이어졌다. 두 사람의 후계 다툼에 또 어떤 일들이 있었을까? 조조가 결국 마음과 다른 선택을 할 수밖에 없었던 결정적인 이유가 무엇일까?

15장

대단원의 막

조식이 후계자 경쟁에서 3연패를 기록했지만 조조의 마음은 여전했다. 그렇다면 조비는 후계 쟁탈전에서 승리하기 위해 어떤 방법을 사용했을까? 조비가 최후의 승리를 거머쥔 결정적인 요인은 무엇이었을까?

계략의 달인에게는 계략이 통하지 않는다

조조는 뛰어난 후계자를 선발하겠다는 일념으로 계속 조비와 조식의 경쟁을 부추겼다. 조식이 3연패를 당했지만 경쟁 구도에 큰 영향은 없었다.

반면 조비는 다급했다. 그는 먼저 3연승을 거두면서 3연패한 조식보다 훨씬 앞선 상태였다. 이대로라면 세자 자리는 떼어 놓은 당상이었다. 그런데 왜 다급했을까?

얼마 전 조조와 조식이 나눈 대화 때문이었다. 그즈음 손권의 도발이 부쩍 잦아지자 조조가 직접 출정하기로 결정하면서 몇 가지 조치를 취했다. 이 조치의 핵심은 조식에게 후방을 맡기는 것으로, 누가 봐도 명확한 정치적 암시였다. 역사적으로 군주가 직접 출정할 때 태자에게 국정 운영을 맡기는 것이 자연스러운 관례였다. 더구나 그전까지 후방 수비는 늘 조비의 몫이었는데 이번에 바뀐 것이다. 조비 입장에서는 당연히 불안할 수밖에 없었다.

결정적으로 조조가 출정을 앞두고 조식에게 남긴 마지막 당부가 조비에게 큰 충격을 주었다.

"내가 대업에 뛰어들었을 때가 23살이었다. 네 나이 올해 23살이니 최선을 다해 보거라!"

보통의 부자 관계였다면 아버지가 아들을 격려하는 말이니 크게 신경쓸 필요가 없다. 하지만 조조의 입에서 나오는 말은 허투루 넘길 수 없었다. 대업에 뛰어들었을 때라고? 조조가 말한 대업이 무슨 뜻일까? 패권을 다툰다는 의미일 것이다. 그런데 조조가 조식을 응원한다니, 조식을 후계자로 생각하고 있다는 뜻이 아닌가?

조비는 조조가 무엇 때문에 이렇게까지 조식을 편드는지 이해할 수 없었다. 그는 조정 대신의 평판, 행정 능력, 군대 통솔과 작전 능력, 그리고 정치적 포부와 야망까지 무엇 하나 조식에게 뒤지는 것이 없다고 자부했다. 무엇보다 조식이 세자가 되면 독하게 헌제를 밀어낼 수 있을지 의문이었다.

조비는 조조가 조식을 아끼는 이유가 문학 재능 때문이라고 생각했다. 그래서 건안칠자의 일원인 서간徐幹, 응창應瑒을 비롯해 많은 문인을 영입하고 문학 애호가임을 자처하며 문학 모임을 자주 열었다. 조비는 조조가 자신의 재능을 몰라줄까 싶어 문학 비평서《전론》典論을 쓰면서 역사상 가장 뻔뻔스러운 자기소개인 〈자서〉自敍를 덧붙였다.

내 나이 여섯에 활쏘기를 배우고, 여덟에 말을 타며 움직이는 과녁을 맞혔다. 문文에도 능해 오경五經(시경·서경·주역·예기·춘추), 사부四部(육예락·논어·효경·소학),《사기》,《한서》, 제자백가에 통달했고, 무예도 뛰어나 사탕수수 줄기로 검술 고수를 이겼다. ……

조비는 이 내용을 널리 알릴 목적으로 전단지 돌리듯 〈자서〉 사본을 조정 대신들에게 나누어 주었다. 심지어 저 멀리 강동의 손권과 장소張昭에게 '삼가 가르침을 구한다.'는 명목으로 자필 서명이 담긴 한정판 《전론》을 보내기까지 했다. 이렇듯 조비는 조조의 눈에 들기 위해 온갖 수단과 방법을 모조리 동원했다.

216년, 조조가 드디어 위왕에 봉해졌다. 하지만 세자 자리는 여전히 공석이었다.

조비가 더 이상 뾰족한 수가 없어 막막할 때 갑자기 한 사람이 떠올랐다. 매우 똑똑하고 비범해서 조조도 함부로 대하지 못하는 사람이었다. 지난 몇 년, 조정 일이 끝나면 바로 집에 돌아가 문을 걸어 잠근 채 사적인 만남을 모두 거부했다. 고관대작과 엮이지 않으려고 자식들도 평범한 집안의 사람과 혼인시켰다. 최근에는 가능한 말을 아끼며 나서지 않아 존재감이 많이 약해져 마치 조정의 은둔자 같았다.

이 사람은 바로 가후이다. 가후는 위나라에서 손꼽히는 모사였다. 자고로 최고의 모사란 산무유책算無遺策, 즉 빈틈없이 완벽한 책략을 내놓아야 한다. 가후는 점쟁이보다 더 신통하게 평생 실패한 책략이 없었다. 권모술수의 대가 조조도 적벽에서 참패하고 똑똑하기로 유명한 제갈량도 여섯 차례 북벌에 나섰지만 모두 실패했다. 삼국 시대 인물 중 명실상부한 산무유책 모사는 가후뿐일 것이다.

조비는 가후를 찾아가 어떻게 하면 이길 수 있는지 단도직입적으로 물었다.

"도덕과 규범을 존중하고 기본에 충실해야 합니다. 아침부터 저녁까지 성실하게 일하고 아들의 본분을 다해 부모를 공경하십시오."

가후의 대답은 이것이 전부였다.

너무 뻔한 말처럼 들리겠지만 알고 보면 가후의 지략이 최고 경지에 이르렀음을 보여주는 말이다. 표면적인 의미는 매우 평범하지만 조비가 반드시 깨우쳐야 할 진리가 숨어 있었다. 가후의 가르침은 '권모술수를 쓰지 말라'는 것이었다. 후계자 쟁탈전이 과열 양상으로 치닫고 온갖 계략이 난무할 때, 성실하고 진실한 태도를 유지하는 자가 승리할 것이라는 뜻이다.

최종 결정권을 가진 조조 본인이 권모술수의 달인이다. 아무리 머리를 쥐어짜 봤자 번데기 앞에서 주름잡는 격이다. 양수가 조식에게 알려준 꼼수도 모두 조조에게 간파당하지 않았던가? 이것 때문에 조식은 오히려 점수가 깎였다. 이것이 단적인 실패 사례이다. 그러므로 오히려 반대로 행동한다면 더 효과적일 것이다. 자신을 뽐내려 하지 말고 진실함과 도덕으로 사람의 마음을 움직이라는 뜻이다.

칼의 위력은 날카로움에 있지 않고 큰 계획의 성공은 진심에 달린 법이니, 가후는 역시 모사의 달인이었다. 그런데 조비가 이 고매한 진리의 깊은 뜻을 이해했을까? 조식이 조조의 문학 재능과 낭만 기질을 타고났다면 조비는 조조의 권모술수와 실용주의 정치사상을 이어받았다. 덕분에 가후의 심오한 뜻을 완벽하게 이해했다.

곧 기회가 찾아왔다. 조조가 출정하는 날, 조비와 조식이 함께 아버지를 배웅했다. 위나라 대군의 늠름한 모습에 감정이 북받친 조식이 유려한 말솜씨로 즉흥 연설을 해 열렬한 박수와 호응을 얻었다. 옆에서 조용히 듣고 있던 조비는 조금씩 표정이 어두워지더니 결국 감정이 폭발하면서 주르르 눈물을 흘렸다.

"과거 위엄을 뽐내며 일세를 풍미한 아버지가 이제는 연로하여 허리가 굽고 귀밑에 흰머리가 나고 눈가에 주름이 생기기 시작했구나. 이 나라 최고의 권력자이지만 한편으로는 그저 연로한 노인일 뿐이야. 지금 전쟁을 앞두고 아버지 대신 싸울 수 없다니, 이것은 아들의 도리가 아니다. 만난 지 얼마 되지 않았는데 또 다시 헤어지려니 눈물이 앞을 가리는구나. 이번 전쟁에서도 승리하고 부디 무사히 돌아오기를 바랄 뿐이로다."

감정이 더욱 격해진 조비가 아예 바닥에 엎드려 울었다. 외로운 구름이 차마 떠나지 못해 하늘과 땅이 덩달아 슬퍼하듯, 전군이 발길을 떼지 못하고 모두가 눈물을 훔쳤다. 말 앞에 엎드려 우는 조비를 보니 조조도 슬픔이 북받쳐 마음이 울컥했다. 조식의 문장이 아무리 출중해도 조비의 진심을 이길 수는 없었다. 드디어 조조의 속마음이 반대 방향으로 기울기 시작했다. 엎드려 울던 조비는 눈물을 훔치면서 몰래 조조의 표정을 살피고는 속으로 쾌재를 불렀다.

'조식아, 내가 문장은 너보다 못하지만 연기는 한 수 위야.'

드디어 후계자 쟁탈전의 끝이 보였다. 원래 한쪽으로 치우쳤던 조조의 마음이 반대로 돌아서는데 가장 결정적인 역할을 한 사람은 역시 가후였다. 하지만 마지막 쐐기를 박은 사람은 조식이었다.

조조가 가후를 불러 조비와 조식 중 누구를 후계로 삼아야 좋을지 물었다. 그런데 가후는 한참 동안 입을 꾹 다물고만 있었다. 조조가 언짢아하며 대답을 재촉했다.

"내가 묻는데 왜 대답이 없소?"

가후가 정신을 차리고 급히 상황을 수습했다.

"송구스럽습니다. 제가 잠깐 딴생각을 했습니다."

"무슨 딴생각을 했는가?"

가후가 난감한 듯 머뭇거리다가 대답했다.

"원소와 유표 부자를 떠올렸습니다."

앞서 언급했듯이 원소와 유표는 한때 가장 잘 나가는 군벌이었지만 맏아들을 제치고 작은아들을 총애한 탓에 세력이 분열됐다. 조조도 이미 잘 아는 사실이지만 가후에게 정곡을 찔리니 정신이 번쩍 들었다.

이즈음 조식이 또 사고를 쳤다. 후계자 쟁탈전이 시작된 후 조비는 이기기 위해 백방으로 노력했지만 조식은 걸핏하면 고주망태가 되도록 술을 마시고 말썽을 피웠다. 하루는 조식이 또 술에 취해 말을 타고 사마문司馬門으로 향했다. 사마문은 장수급 인원만도 8명이라 황궁에서 가장 경비가 삼엄한 출입문이었다. 한나라 법도에 따르면 황제를 제외한 모든 사람은 걸어서 사마문을 통과해야 했다. 태자도, 세자도 예외가 아니었다. 그런데 아무것도 아닌 조식이 감히 백주대낮에 술에 취해 말을 타고 사마문을 질주했다니, 있을 수 없는 일이었다. 조조가 크게 노해 당장 사마문 수비를 책임지는 공거령公車令을 처형했다. 그리고는 더 이상 망설이지 않고 세자 문제를 매듭짓기로 했다.

217년, 조조가 조비를 세자로 책봉하면서 후계자 쟁탈전이 드디어 막을 내렸다. 그런데 한 가지 의혹이 더 남았다. 조식이 어느 순간부터 애매한 태도를 보이기 시작했다. 아마도 이 후계자 쟁탈전이 단순한 능력 대결이 아님을 암시하는 것이리라.

조식의 비밀

먼저 조비가 승리한 요인을 정리해보자.

첫째, 조비의 참모진이 훨씬 뛰어났다.

사마의가 교활하고 간사한 것은 세상이 다 아는 바이고, 진군은 영천 명문대가 후손이고, 가장 적극적인 지지자였던 오질은 지략이 매우 뛰어났다. 그리고 세 사람 모두 노련한 정치 달인이었다. 이에 비해 조식의 참모 양수는 글솜씨만 뛰어났지 정치에는 문외한이었다.

둘째, 조정에서 조비의 지지율이 월등히 높았다.

순유荀攸, 가후, 종요鍾繇, 모개, 최염崔琰, 형옹刑顒 등 조정 중신 상당수가 조비 편에 들어가거나 편이 아니어도 조비를 지지했다. 그러나 조식은 힘을 모으기는커녕 자기편이었던 사람도 상대편으로 밀어냈다. 당시 덕행으로 가장 유명한 명사였던 형옹은 조조에게 능력을 인정받아 조식의 가승家丞이 됐다. 그 후 형옹이 제멋대로 행동하는 조식이 못마땅해 여러 번 조언했지만 조식은 한 귀로 흘려버렸다. 아무튼 두 사람은 사이가 좋지 않았다. 결국 형옹은 조식에게 등을 돌리고 조비를 적극 지지했다.

셋째, 조식 본인의 능력이 부족했다.

조식의 문학적 재능이 아무리 뛰어난들, 과연 글로 촉나라와 오나라를 무너뜨릴 수 있을까? 조식은 천하삼분의 현실에 꼭 필요한 정치와 군사 능력이 크게 부족했다. 그래서 복잡한 속내가 뒤얽힌 잔혹한 후계자 쟁탈전에서 예상치 못한 행동으로 사람들을 실망시켰다. 애초에 조조의 마음이 조식에게 기울었기 때문에 조식이 훨씬 유리한 상황이었다. 하지만 시종일관 제멋대로 경솔하게 행동했으니 스스로 패배를 자초한 셈이었다. 장차 이런 사람이 위나라 주인이 되면 큰일이 아니겠는가? 조비의 승리는 결국 다수가 바라던 바였다.

이쯤에서 꼭 짚어봐야 할 문제가 있다. 조비는 계승 서열 1위인 적장자이고 능력 면에서도 특별히 빠지는 것이 없었다. 조조가 바보도 아닌데 왜 굳이 일을 복잡하고 힘들게 만들었을까? 대외적으로 유비, 손권과 천하를 다퉈야 하는 중요한 시기에 자칫 원소와 유표의 전철을 밟을지 모를 위험까지 감수하면서 두 아들에게 후계자 싸움을 부추긴 이유가 무엇일까? 애초에 조비를 계승자로 정했으면 간단히 끝날 일이 아닌가?

사실 조조의 각본은 따로 있었다. 이 각본의 진짜 목적은 후계자 경쟁이 아니었다.

조조의 주요 목적은 조정 문무 대신이 조조 편인지 한나라 황실 편인지 알아보는 것이었다. 이미 조조가 조정을 장악해 모든 실권이 조조에게 있고 헌제는 꼭두각시에 불과했다. 이후 조조는 재능 있는 대신은 본인 수하로 만들고 재능 없는 자는 모조리 쫓아버렸다. 다음으로 자신의 뒤를 이은 아들이 장차 자신보다 더 높은 자리에 올라갈 수 있을지, 앞으로 한나라 왕조를 대신할 기회를 마련할 수 있을지 확인해 볼 생각이었다. 그러자면 대신들이 어떤 입장인지 알아야 했다. 그런데 대놓고 '내 아들이 황위 찬탈하는 것을 지지하느냐?'라고 물어볼 수가 없으니 후계자 쟁탈전으로 일을 크게 벌여 대신들이 스스로 입장을 밝히게 만든 것이다. 조조의 후계자 선발은 명목상 집안일에 가까웠다. 따라서 여기에 열정을 보이는 사람은 이 일을 사소한 집안일로 여기지 않는다는 뜻이니, 조조의 후계자가 황위를 찬탈할 때도 지지할 가능성이 크다.

겉으로 보이는 후계자 쟁탈전의 결과, 조비와 조식 중 뛰어난 후계자를 선발하는 것은 그다음 목표였다.

하지만 조조의 계획은 완벽하게 맞아떨어지지 못했다. 조조의 완벽한 각본을 그대로 따르지 않은 단 한 사람, 조식 때문이다.

먼저 역사가들이 조식의 능력을 어떻게 묘사했는지 살펴보면 조식과 후계자 쟁탈전을 이해하는 데 도움이 될 것이다.

첫째, 군사 능력

조식은 군사 능력에 매우 자신 있었다. 훗날 조식은 조카이자 조조의 손자인 위나라 명제 조예에게 상소를 올렸다.

신은 지난날 선제(조조)와 남과 북으로 출정하며 군을 이끄는 방법과 용병술의 이치를 깨달았습니다. 만약 폐하가 제게 군대 통솔을 명하신다면 손권이나 제갈량을 잡아올 순 없겠지만 실력 있는 장수를 포로로 잡고 반역의 무리를 물리칠 것입니다.

역사에서는 이 상소를 〈태화이년소〉^{太和二年疏}라 칭한다. 조식의 군사 능력은 조조도 인정한 바 있으니 이것을 단순히 허풍이라고 말할 순 없을 것이다. 실제로 219년에 관우가 조조의 칠군을 수장시켜 큰 위기에 빠졌을 때, 조식에게 군대 통솔을 맡겨 전방의 조인^{曹仁}을 지원하려고 했다.

둘째, 정치 능력

조식이 위나라 명제에게 서신을 보냈다.

과거 강태공이 제나라 제후에 봉해졌지만 춘추 말기에 이르러 제나라를 장악한 사람은 강^姜씨가 아닌 전^田씨였고, 춘추 시대 강대국 진^晉나라는 왕족과 성이 다른 조^趙씨, 한^韓씨, 위^魏씨가 나눠 가졌습니다. 그러니 같은 조씨들을 도둑으로 보지 마십시오. 우리 숙부들은 조카의 황위를 빼앗지 않을 것이고 다른 성씨 공신을 견제할 것이니 안심하십시오. 만약 이 말을 믿지 못하겠다면 이 서신을 버리지 말고 잘 보관해 후대에 남기십시오. 후세 사람들은 내 말이 거짓이 아님을 알 것입니다.

그로부터 35년 후, 조식의 우려대로 위나라가 사마씨에게 넘어갔으니 그의 정치적 통찰력은 꽤 정확했던 셈이다.

셋째, 학문 능력

당시 박학다식하고 문장이 뛰어나기로 유명한 한단순^{邯鄲淳}은 조조도 높이 평가하는 인재였다. 한번은 조식과 한단순이 만나 천문(우주와 천지는 어떻게 생겼을까?), 만물의 이치와 구별 방법, 역사(복희씨 이후 성현, 명신, 열사에 대한 평가), 문학과 문학사(고금의 우수한 문장과 시부 비교), 정치학과 행정관리학(조정 관료의 자세), 군사(무력과 용병술을 적재적소에 사용하는 방법) 등 다양한 주제로 열띤 토론을 벌였다. 조식의 청산유수 같은 말솜씨와 학식에 모두들 입을 다물고 말을 잇지 못했다. 이날 큰 깨달음을 얻고 돌아간 한단순은 석 달 동안 고기 맛을 잊었고 보는 사람마다 붙잡고 조식은 하늘이 내린 천재라며 칭찬을 아끼지 않았다.

이 일화는 조식이 문무를 겸비한 보기 드문 인재임을 보여준다. 다만 문학적 재능이 너무 뛰어난 탓에 다른 능력이 상대적으로 빛을 보지 못했을 뿐이다. 이렇게 완벽한 인재가 제대로 마음먹고 후계자 자리를 노렸다

난세의 리더 조조

면, 조비가 그렇게 쉽게 승리하지는 못했을 것이다. 더구나 조조의 마음도 조식 편이었으니까.

그렇다면 조식은 왜 후계자 쟁탈전에서 기본적인 실수를 반복했을까? 후계자가 될 생각이 전혀 없었다고밖에 볼 수 없다. 다시 말해, 조식은 처음부터 질 생각이었다.

위의 쟁탈전 내용을 자세히 보면, 조조가 이것저것 시험할 때마다 조비는 적극적으로 자신을 어필했지만 조식은 단순히 시험에 응했을 뿐, 적극성이 전혀 없었다. 참모 양수에게 시험 문제를 통째로 넘겨 답을 찾게 하고 양수가 하라는 대로 말하고 행동했다. 이런 상황을 감추려고도 하지 않아 매번 조조에게 들통났다. 조식은 조조의 각본대로 움직이는 꼭두각시가 되지 않으려고 가장 중요한 시기에 일부러 술을 마시며 추태를 부리고 말을 타고 사마문을 지나가는 등 어이없는 기본적인 실수를 저질렀다. 조조가 조식에게 기회를 주려고 도덕의 모범인 형옹을 가승으로 붙여줬지만 조식은 형옹의 의견을 모두 무시해 조비 진영으로 넘어가게 만들었다.

조식은 후계자 선발이 끝나고 조비가 세자로 책봉된 후에도 조비의 지위를 위협하는 행동을 애써 삼갔다. 몇 가지 사례를 들어보자.

관우가 조조의 칠군을 수몰시켜 큰 위기에 빠졌을 때, 조조가 전방을 지원할 대군을 조식에게 맡기려 했다. 이 일은 조비에게 매우 민감한 문제였다. 이때 조식은 일부러 출정 전날에 술을 퍼마시고 추태를 부려 조조가 명을 거두게 함으로써 조비의 의심을 가라앉혔다.

조조가 임종을 앞두고 조창에게 즉시 낙양으로 돌아오라는 직접 쓴 서신을 보냈다. 그런데 조창이 낙양에 도착하기 전에 조조가 죽었다. 조창은 조식을 찾아가 말했다.

"부왕이 나를 부른 것은 너를 후계자로 세우고 싶어서였다."

조식은 극구 사양했다.

"말도 안 됩니다. 원소가 작은아들을 총애해 무너진 사실을 잊었습니까?"

조식의 행동을 종합해 보면 한 가지 결론에 도달하게 된다. 조식은 후계자 쟁탈전이 시작될 때 이미 자리를 포기한 상태였다.

이것은 필자 혼자만의 추측이 아니다. 수隋나라 때 이미 조식의 의도를 파악해 천고의 비밀을 발견한 사람이 있었다. 호가 문중자文中子이고, 자타공인 수나라 공자로 통했던 왕통王通이다. 왕통이 저서《중설》中說에서 조식을 평가한 두 문장을 살펴보자.

'진사왕陳思王은 이치에 통달해 천하를 형에게 양보했으나 이를 아는 사람이 없구나.'

여기에서 진사왕은 조식이다. 훗날 조식은 진왕陳王에 봉해졌고 '사'는 시호이다.

'진사왕이 천하를 양보하면서 스스로 먹칠했다.'

조식이 조비에게 천하를 양보하기 위해 교묘한 방법으로 오명을 자처했다는 뜻이다. 특히 사마문에서 말을 타고 달린 것은 조조를 포함해 모든 사람들에게 구제불능이라는 이미지를 남겨 조비를 후계자로 선정하는데 결정적인 영향을 끼쳤다.

필자는 이 해석이 역사 사실에 가장 부합한다고 본다. 이것이 조식의 진면모일 것이다.

그런데 생각해봐야 할 문제가 하나 더 있다. 조식은 왜 이런 선택을 했을까? 상식적으로 누가 세자 자리를 마다하겠는가? 더구나 조조가 이미

난세의 리더 조조

기반을 닦아 놓았기 때문에 조조가 죽으면 바로 헌제를 밀어내고 손쉽게 황제가 될 수 있는 상황이었다. 조식은 왜 굴러온 복을 차버렸을까?

이 문제는 조식이 어떤 사람인지 알면 금방 해결될 일이다. 하지만 권력욕이 강한 조조와 조비는 세상에 조식 같은 사람이 있다는 것을 절대 이해할 수 없다. 조식은 아름다운 문학 세계에 심취해 빠져나올 생각이 없었다. 원한다면 언제든지 군대를 이끌고 나가 흉노를 쓸어버릴 수 있고, 값비싼 술을 마시며 마음껏 놀고 실컷 술에 취해 아무 데나 드러누워도 그만이고. 남해로 북해로 날아다니며 오동나무가 아니면 앉지 않고 대나무 열매가 아니면 먹지 않으며 단물이 아니면 마시지 않는 봉황이 될 수도 있었다. 심오한 문학 세계에 심취한 조식의 눈에는 조비의 권력도 하찮게만 보였다.

조식은 감수성이 예민해 혼탁한 세상에 녹아들 수 없는 완벽한 낭만주의자였다. 굴원은 이미 오래전에 지나갔고 이백의 시대는 아직 멀었으니, 외로운 세상에 홀로 눈물 흘려야 하는 조식은 이 시대가 낳은 고독한 천재 영혼이었다.

조식은 술을 통해 원망과 미움을 잊고 형제간의 권력암투에서 벗어나 자신의 역사적 사명을 완수했다. 그러나 이런 조식에게 정치 인생을 걸었던 양수의 인생은 서서히 끝이 보이기 시작했다.

양수는 후계자 쟁탈전에서 시종일관 흔들림 없이 조식을 지지했다. 결국 조식이 패했으니 양수의 정치 인생도 끝난 셈이었다. 219년, 끝내 조조가 양수를 처형했다. 대체 양수는 무슨 죄를 지어 목숨을 잃었을까? 조조가 양수를 죽이기까지 어떤 깊은 고민이 있었을까?

양수의 죽음

적벽대전 이후 유비 세력이 빠르게 성장했다. 원래 적벽대전 연합군의 주도권은 손권에게 있었다. 유비는 이리저리 도망 다니는 신세라 가난하고 병사도 없었다. 그런데 적벽이 불길에 휩싸이면서 조조가 형주를 버리고 떠나자, 유비는 사자의 뒤를 따라다니며 남은 고기를 뜯어먹는 하이에나처럼 절호의 기회를 놓치지 않고 여러 성을 빼앗아 근거지를 확보했다. 확고한 기반을 마련한 후 서남쪽으로 칼끝을 돌려 익주 군벌 유장을 단숨에 무너뜨리고 계속해서 조조의 한중에 맹렬한 공격을 퍼부었다.

이제 유비는 남에게 얹혀 지내는 가난뱅이가 아니었다. 수하에 훌륭한 장수와 병사를 비롯해 수많은 인재가 모였다. 조조도 유비가 만만한 상대가 아님을 알기에 65세의 고령에도 불구하고 한중을 사수하기 위해 직접 대군을 이끌고 나가 유비를 상대했다. 이때 양수도 참모로 함께 출정했다.

한중 전투는 예상과 달리 조조군이 고전을 면치 못하며 고착 상태에 빠졌다. 깊이 고민하던 조조는 어느 날 밤 '계륵'이라는 알쏭달쏭한 말을 남겼다. 다른 부하들이 무슨 뜻인지 몰라 멀뚱거리는데 양수가 갑자기 짐을 싸기 시작했다. 다들 의아해하며 조조의 말이 무슨 뜻인지 묻자 양수가 이렇게 대답했다.

"간단합니다. 계륵은 버리자니 아깝고 먹자니 고기가 없지 않습니까? 위왕이 말한 계륵은 곧 한중입니다. 아마 곧 퇴각 명령을 내리실 겁니다."

《삼국연의》는 조조가 양수의 말을 듣고 속마음을 간파당한 사실에 크게 분노한 것으로 묘사했다. 이에 군의 사기를 떨어뜨렸다는 죄목으로 그 자리에서 양수를 처형했다.

사실 양수가 조조의 속마음을 꿰뚫어 본 것은 이번이 처음이 아니었다. 한번은 조조가 타락죽을 먹었는데 너무 맛있어서 죽통 뚜껑에 '일합소'一合酥라고 써서 대신들에게 보냈다. 하지만 다들 무슨 뜻인지 전혀 이해하지 못했다. 혹시 합盒(상자. 여기에서는 죽통)을 써야 하는데 잘못 쓴 것이 아니냐며 웅성거리는데 양수가 왔다. 그런데 양수는 단번에 조조의 뜻을 이해하고 바로 뚜껑을 열어 한 숟가락 떠먹고 돌아섰다. 대신들이 양수를 붙잡고 조조의 뜻이 무엇인지 물었다.

　"너무 간단하잖소. 합盒은 인人, 알一, 구口, 세 글자로 쪼갤 수 있지요. 그러니 일합소一合酥는 일인일구소一人一口酥, 즉 한 사람이 한 입씩 먹으라는 뜻입니다."

　그제야 다들 고개를 끄덕였다.

　한편 조조는 이 수수께끼를 아무도 풀지 못해 결국 자신에게 물어보러 오리라 생각했다. 그때 답을 얘기하면 모두가 자신을 우러러보리라 상상하며 기대에 부풀어 있었다. 그런데 한참을 기다려도 찾아오는 이가 없었다. 사람을 보내 알아보니 양수가 이미 수수께끼를 풀었다는 것이 아닌가? 조조는 화가 나 부득부득 이를 갈았다.

　또 한번은 조조가 정원을 지으라 하고 나중에 확인하러 가서는 정원을 한 바퀴 돌고 난 후 다른 말 없이 문에 '활活'이라고 썼다. 일군들이 도통 이해할 수 없어 양수를 찾아가 물어봤다.

　"간단하오. 문門에 활活을 넣으면 활闊이 아니오? 문이 너무 넓으니 조금 줄이라는 뜻이오."

　조조가 이 말을 듣고 겉으로는 양수를 칭찬했지만 속으로는 매우 언짢았다.

결국 벼르고 벼르던 중에 계륵 사건을 계기로 조조의 분노가 폭발했다는 것이 보편적인 견해이다. 양수가 수수께끼를 모두 맞혀버리는 바람에 조조가 자신의 똑똑함을 과시하지 못해 화가 난 것이다. 그런데 정말 그랬을까? 양수는 단지 계륵의 뜻을 맞춘 것 때문에 죽었을까? 그것이 전부는 아닐 것이다.

《전략》典略을 인용해 주해한 《삼국지》 기록에 따르면 양수는 219년 가을에 죽었다. 한중 전투가 3월에 시작해 5월에 끝났으니 두세 달 더 지나야 가을이다. 시간적으로 보면 양수는 한중 전투 중에 죽은 것이 아니다. 또한 계륵과 다른 수수께끼를 맞힌 것 때문에 조조가 화가 나서 죽인 것도 아니다.

《삼국지》와 《후한서》에 모두 계륵에 대한 기록이 있지만 양수가 이것 때문에 죽었다는 말은 없다. 조조가 계륵 때문에 양수를 죽였다는 것은 전혀 근거 없고 터무니없는 이야기이다. 그렇다면 양수가 죽임을 당한 진짜 이유는 무엇일까? 조조가 양수를 처형할 때 어떤 죄목을 적용했는지 역사 자료를 살펴보자.

《전략》 기록에 따르면 양수의 죄명은 '기밀 누설 및 제후와 교류'이다. 당시 양수의 관직은 오늘날 비서실장에 해당하는 조조의 주부主簿였다. 일반적으로 비서실장은 보안 유지가 생명인데 조조의 생각과 말을 온 세상이 다 알도록 떠들어댔으니 당연히 죄를 물을 수밖에 없었다.

다음으로 여러 제후와 교류했다는 내용을 보자. 양수가 제후와 교류했다고 하면 오늘날 관점에서는 적국과의 내통이 떠오른다. 즉 유비, 손권 세력과 사적으로 연락을 주고받으며 조조 정권을 전복시킬 음모를 꾸몄다는 뜻이다. 단순하게 생각하면 조조가 양수에게 죄를 덮어씌우려고 억지

난세의 리더 조조

로 갖다 붙인 죄목처럼 보일 것이다. 하지만 이 해석은 사실과 전혀 다르다. 당시 유비가 한중왕漢中王을 자처했지만 조조는 인정하지 않았다. 다시 말해 유비는 제후가 아니므로 양수가 제후와 내통했다는 죄목은 맞지 않는다. 만약 이것을 내통죄로 다스린다면 유비를 제후로 인정하는 꼴이 되기 때문이다.

따라서 여기에서 말하는 제후는 조조가 직접 봉한 제후일 수밖에 없다. 그중에서도 양수가 교류한 제후는 임치후臨菑侯 조식이다. 앞에서 살펴봤듯 후계자 쟁탈전이 진행되는 동안 양수는 조식을 위해 발 빠르게 움직이며 계략을 세우다가 조조의 노여움을 샀다. 하지만 단순히 노여움을 샀기 때문이 아니다. 조금 더 정확히 말하면 조식이 후계자 쟁탈전에서 패했기 때문이다.

후계자 쟁탈전이 시작되자 조비와 조식 주위에 그들을 지지하는 세력이 모여들었다. 최종적으로 세자 자리는 조비에게 돌아갔다. 진군, 사마의, 오질 등 조비의 참모진은 훗날을 보장받을 수 있지만 조식의 수하는 조비통치의 걸림돌이었다. 그래서 조조는 본인이 부추긴 후계자 쟁탈전이 끝난 후 직접 뒷수습에 나선 것이다.

후계자 쟁탈전이 끝난 후 조조는 가장 먼저 제후의 권리 제한을 강화했다. 제후로 봉한 나머지 아들들에 대한 감시를 강화해 이들이 조비의 세자 자리를 위협하지 못하도록 법적인 장치를 마련했다. 중점 감시 대상은 당연히 조식이었다.

조식의 손발을 묶었으니 다음 차례는 그의 오른팔이었던 양수였다. 양수의 정식 관직은 조조의 최측근인 주부이고, 그는 제후인 조식과 가까이 지냈다. 제후와 내통했다는 죄목은 바로 여기에서 나온 것이다.

양수가 처형당한 가장 큰 이유는 이것이지만 부차적인 이유가 하나 더 있었다. 양수는 홍농 양씨 가문, 즉 사세삼공의 명문가 출신으로 조정 안팎에서 영향력이 상당했다. 또한 양수의 어머니가 원술의 딸이었다. 원술이 누구인가? 사세삼공 가문 여남 원씨의 적자인 원소의 배다른 동생으로 조조에게 패한 군벌 중 하나이다. 원술의 외손자가 조조 눈에 거슬리지 않을 수가 없었을 것이다. 후계자 쟁탈전이 끝났으니 조비가 즉위하기 전에 자기 손으로 양수를 처리하고 싶었을 것이다. 설사 함부로 인재를 죽였다는 오명을 뒤집어쓴다한들 아무 상관없었다. 어차피 살날도 얼마 남지 않았는데 아들을 위해 욕 좀 먹는 게 대수겠는가?

조조는 양수를 처형하고 100일쯤 지나 220년 정월에 눈을 감았다. 난세의 간웅 조조는 죽음도 남달랐다. 죽기 전에는 신의神醫 화타를 죽였고 죽은 후에는 무덤 위치를 아무도 모르게 했다. 도대체 화타는 왜 죽었고, 조조의 무덤에는 어떤 비밀이 숨겨져 있을까?

16장

사후 미스터리

조조는 극심한 두통에 시달리다 죽었다고 한다. 그런데 그는 자신의 병을 치료해줄 유일한 사람, 신의 화타를 제 손으로 죽였다. 화타의 죽음에 어떤 비밀이 숨겨져 있을까? 난세의 간웅 조조는 사후에 큰 미스터리를 남겼다. 대체 조조의 무덤은 어디 있을까? 조조 무덤과 관련해 오랫동안 '72기 의총' 전설이 전해오는데, 과연 역사의 진실은 무엇일까?

죽어도 내 목숨을 남의 손에 맡기지 않겠다

조조는 병사한 것으로 알려져 있다. 사서 기록에 따르면, 조조는 극심한 만성 두통에 시달리다가 동한 말기~삼국 시대에 신의라 불린 화타를 불러들였다.

이후 이야기는 《삼국연의》 묘사이다. 화타가 진맥한 후 이렇게 말했다.

"이 병은 약을 먹어봤자 잠시 고통을 가라앉힐 뿐 근본적인 치료는 할 수 없습니다. 병을 깨끗이 치료하겠다면 제게 한 가지 방법이 있기는 합니다."

조조가 어떤 치료법인지 바로 물었다.

"머리를 가르는 개두 수술을 해야 합니다. 제가 만든 마폐탕麻肺湯을 복용하면 바로 잠이 들 것입니다. 그때 제가 날카로운 도끼로 두개골을 가르고 병의 뿌리를 제거한 후 다시 봉합하면, 병이 씻은 듯 나을 것입니다."

조조는 이 말을 믿을 수 없었다.

"두개골을 갈라 병을 고친다니, 세상에 그런 말도 안 되는 일이 어디 있느냐! 네놈이 내 병을 고치려는 것이 아니라 날 죽이려는 게로구나!"

조조는 이렇게 단정 짓고 당장 화타를 감옥에 가뒀다. 며칠 후 화타는 의문의 죽음을 맞았다. 화타가 죽은 후 조조의 병이 점점 더 심해졌지만 치료할 의원이 없었다. 결국 조조는 병이 악화해 죽었다.

필자도 어릴 적《삼국연의》를 읽으면서 화타의 치료법이 너무 섬뜩하다고 느꼈다. 조조가 원래 의심병이 심하기는 하지만 조조가 아니라 그 누구라도 받아들이기 힘들었을 것이다. 도끼로 사람 머리를 쪼개 병의 뿌리를 제거한다고? 세상에 그런 일이 어떻게 가능해? 처음에는 화타가 정말 조조를 죽이려는 줄 알았다. 나중에 사서를 읽고서야 이 이야기에 사실과 허구가 뒤섞여 있음을 알았다.《삼국연의》이야기 중 무엇이 허구인지, 화타가 도대체 왜 죽었는지 알아보자.

화타는 조조와 같은 패국 초현 사람(오늘날 안휘성 박주)으로 중국 역사상 가장 유명한 의사이다. 요즘에도 뛰어난 의사를 보면 '화타의 환생'이라고 칭찬하곤 한다. 화타는 의학사에 두 가지 큰 업적을 남겼다.

첫째, 마폐탕을 발명했다.

마폐탕은 세계 최초의 마취제라 할 수 있다. 동시대 서양은 마취제가 없어 큰 외과 수술을 할 때 보통 술과 망치를 사용했다. 인사불성이 되도록 환자에게 술을 먹여 깨기 전에 수술을 끝내거나 망치로 때려 환자를 기절시킨 후 수술했다. 이렇게 미개한 방법은 당연히 사망률이 높을 수밖에 없다. 화타의 마폐탕은 외과 수술에서 환자의 고통을 크게 줄여주었으니 당시 사람들에게는 큰 축복이었다.

둘째, 오금희五禽戱를 창안했다.

오금희는 호랑이, 사슴, 곰, 원숭이, 새(두루미) 다섯 동물의 모습과 동작을 본떠 만든 양생법이다. 오늘날 보건체조에 해당하며 고대에는 도인술導

引術이라 불렀다. 도인술은 신체 단련, 근육 이완, 혈액순환에 도움을 주는 장수 비결 중 하나이다.

여담으로,《진서》에 사마의가 음험하고 악랄한 응시낭고鷹視狼顧 상이라 황위를 찬탈할 야심이 있다는 내용이 있다. 사실 응시와 낭고는 오금희의 고난도 동작을 가리키는 것으로, 한나라 때 흔히 사용하던 비유 표현이다. 서한의《회남자》淮南子에도 치시호고鴟視虎顧라는 주요 양생 체조 동작이 등장한다. 여기에서 '치'는 올빼미를 말한다. 조비가 쓴《전론》중에 조조가 기공氣功 전문가 감시甘始를 불러들여 부하들에게 도인술을 가르쳤고, 장시간 앉아서 업무를 처리하는 관리들은 치시낭고鴟視浪顧와 호흡토납呼吸吐納을 배웠다고 기록돼 있다. 치시낭고는 오금희와 비슷한 양생법일 것이다. 감시가 도인술을 가르칠 때 사마의도 조조의 수하였으니 다른 사람들처럼 꾸준히 연습했을 것이다. 그런데 당나라에 이르러《진서》를 편찬할 때 응시낭고의 본뜻을 이해하지 못해 악독한 이미지로 풀이한 것이다.

화타는 어느 한 곳에 의원을 열지 않고 천하를 돌아다니며 수많은 난치병을 치료한 떠돌이 의사였다. 화타의 의술이 많은 사람의 입을 거치며 신통함이 더해지다가 조조의 귀에까지 들어갔다. 조조는 극심한 만성 두통에 시달렸고 심할 때는 현기증과 이명도 나타났다.

일반적으로 조조가 편두통에 시달렸다고 보지만 의학적인 관점에서 볼 때 편두통은 죽을 정도로 심각한 병이 아니다. 그런데 조조는 만성 두통이 점점 심해져 결국 사망에 이르렀다. 사망에 이를 정도라면 뇌종양 혹은 고혈압으로 인한 두통이었을 가능성이 크다. 수천 년 전의 일이니 의학적으로 정확한 사인을 밝히기는 힘들다. 어쨌든 조조는 두통 때문에 업무와 일상생활까지 힘들어지자 유명 의원, 기공 대가, 양생 전문가 등을 대거 불러들였다. 그중에 화타가 있었다. 화타는 주로 침과 뜸을 이용했는데, 두통이 심할 때 침을 놓으면 두통이 금방 사라졌다.

조조는 너무 기뻐 화타를 곁에 두고 싶었다. 의식주 보장은 물론 부귀영화를 누리게 해줄 테니 이곳에 정착해 자신의 주치의가 되어달라고 제안했다.

"제가 의술을 익힌 것은 세상을 구하고 백성을 살리고자 함인데, 어찌한 사람의 병만 돌볼 수 있겠습니까? 승상의 두통은 만성병이라 단시간에 낫는 것이 아니니 천천히 요양할 수밖에 없습니다. 저 또한 마침 고향에서 빨리 돌아오라는 서신을 받았습니다. 잠시 다녀와도 되겠습니까?"

화타가 제안을 거절했지만 조조는 어서 다녀오라고 흔쾌히 보내주었다. 그런데 아무리 기다려도 화타가 돌아오지 않자 조조는 사람을 보내 언제 올 것인지 물었다.

"아내가 병이 났습니다. 물론 승상이 귀한 분이지만 저에겐 아내가 더 중합니다. 지금은 아내를 돌봐야 하니 아내가 다 나으면 가지요."

이렇게 핑계를 대고 움직이지 않았다. 이후에도 조조가 여러 번 재촉했지만 화타는 계속 같은 말만 되풀이했다. 화가 난 조조는 화타의 아내가 진짜 아픈지를 알아보게 했다. 사실이면 계속 휴가를 주며 위문품을 전달하고 거짓이면 당장 붙잡아 오라고 명령했다. 화타는 결국 거짓말이 들통나 처형당했다.

사실 조조가 화타를 죽이려 할 때 여러 사람이 말렸었다.

"화타의 의술은 당대 최고이니 주공의 병을 치료할 사람은 화타뿐입니다. 화타를 죽이면, 주공의 병을 누가 고치겠습니까?"

조조는 두 가지 이유로 거절했다.

일단 제2의 화타를 찾을 수 있을 것이라고 생각했다.

'내 병을 치료할 사람이 화타뿐이라고? 절대 그렇지 않아. 죽이고 더 뛰어난 자를 찾으면 돼.'

하지만 부하들 말이 옳았다. 세상에 조조의 병을 치료할 수 있는 사람은 화타뿐이었다. 조조는 생각이 짧았고 충동적으로, 경솔하게 화타를 죽였다.《세설신어》에 기록된 다른 사례와 비교해보면 확실히 알 수 있다. 조조 집안에 노래 실력은 최고지만 성질이 나쁜 가기歌伎가 있었다. 조조는 너무 화가 나서 몇 번이나 죽이려고 했지만 그 아름다운 노랫소리를 다시는 듣지 못하게 될까 봐 번번이 망설였다. 그래서 어떻게 했을까? 수많은 가기를 불러 모아 노래 솜씨를 겨루게 했다. 노래 실력도 뛰어나고 성품이 온화한 가기를 찾아낸 후에 성질 나쁜 가기를 죽였다. 안타깝게도 화타를 죽일 때는 가기를 죽일 때처럼 생각이 깊지 못했다.

그리고 조조는 화타에게 끌려다니고 싶지 않았다. 그는 화타가 제대로 치료할 수 있는데 일부러 질질 끈다고 생각했다. 자고로 많은 의원들이 사용하는 못된 수법이다. 주로 돈을 뜯어내거나 정신적인 지배가 목적이다. 자신이 화타를 의지하게 만들어 결국 화타가 자신을 지배하려는 것이라고 생각했다. 조조는 남에게 지배당하는 것을 가장 싫어했다. 병을 고치려다 의원에게 끌려다니느니, 아예 치료를 포기해 누구에게도 지배받지 않겠다는 생각으로 독하게 화타를 죽여버렸다.

화타가 죽은 것은 208년 적벽대전 직전이었다. 그해 역병이 대유행해 조조가 총애하는 아들 조충이 역병에 걸려 죽었다. 조조는 그제야 크게 후회하며 탄식했다.

"만약 화타를 죽이지 않았다면 내 아들을 살릴 수 있었을 텐데."

하지만 지나간 일을 되돌릴 방법은 어디에도 없다.

《삼국연의》의 화타는 허구 속에서 10년쯤 더 살았다. 조조가 죽음이 임박해 극심한 고통에 시달리다가 지푸라기를 잡는 심정으로 화타를 찾은 것이 아니다. 역사적으로 조조의 죽음은 화타의 죽음으로부터 12년 후였다.

화타의 섬뜩한 치료법 역시 《삼국연의》가 만들어낸 허구이다. 화타는 약효가 더딘 병의 뿌리를 뽑기 위해 환자의 머리를 쪼갤 정도로 성급하고 거친 사람이 아니다. 성질이 급한 쪽은 조조이고 화타는 장기적으로 천천히 상태를 호전시키는 보수적인 치료법을 선호했다.

이쯤 되면 화타의 죽음에 의문이 생기지 않을 수 없다. 조조가 단순히 치료법을 믿지 못해 화타를 죽였을까? 죽을죄를 지은 것도 아닌데 조조는 왜 화타를 죽였을까? 잔인하고 편협한 조조의 성격, 그리고 또 다른 이유가 있었을까?

코난 도일의 추리소설 《주홍색 연구》에서 주인공 셜록 홈즈가 이렇게 말했다.

"모든 범죄 행위에는 일련의 패턴이 있다. 만약 천 가지 사건을 완벽하게 파악했다면 천한 번째 사건을 푸는 것은 식은 죽 먹기다."

사마의가 꾀병을 부리며 부름에 응하지 않을 때, 조조는 일단 감시를 붙여 지켜보다가 나중에 잡아들였다. 완우가 관직을 거부하고 산으로 도망쳤을 때는 산에 불을 질러 목숨을 위협했다. 조조의 과격한 수법은 명법의 치를 실현하기 위한 엄격한 법 집행이었다. 조정의 결정에 비협조적인 태도를 절대 용납하지 않겠다는 강력한 의지 표명이다. 화타의 죽음도 이 두 사건과 같은 맥락으로 이해할 수 있다. 조조는 화타의 태도가 동한 말기 명사들 사이에 유행한 관직 거부 풍조 때문이라고 보았다. 고상한 척 몸값을 올려 더 좋은 대우를 받는 높은 관직을 얻거나 조조가 직접 찾아와 정성껏 모시길 바란다고 생각했다.

'이 조조가 네 뜻대로 움직일 것 같아? 절대 그럴 수 없지.'

결국 조조는 사람을 보내 화타의 말이 사실인지 조사하고 법대로 처리했다.

이것이 바로 명법의 치였다. 동한 말기는 조정의 권위가 크게 떨어져 행정력이 효과를 발휘하지 못했기 때문에 현실적으로 조정의 명령이 거의 통하지 않았다. 이런 가운데 조조가 실시한 명법의 치는 점점 극단적인 방향으로 흘러갔다.

'하늘 아래 왕의 땅이 아닌 곳 없고, 땅끝까지 왕의 신하가 아닌 자 없다고 했어. 은둔하거나 협조하지 않는 자는 절대 용서할 수 없어. 군주가 시키면 시키는 대로 해야지. 감히 내 말을 거스르는 자는 모조리 죽여버리겠다!'

화타의 죽음은 극단적인 명법의 치가 빚은 또 하나의 비극이었던 셈이다.

화타가 죽은 후 조조의 병을 치료할 사람은 끝내 찾을 수 없었다. 220년, 조조는 결국 병을 고치지 못한 채 66세의 나이로 세상을 떠났다. 조조는 죽으면서 마지막 미스터리를 남겼다. 그의 무덤은 어디에 있을까?

《삼국지》 기록에 따르면, 조조가 죽은 후 업성에 무덤을 안장했고, 그 정식 명칭은 '고릉'高陵이다. 그런데 세월이 흐르고 어느 순간부터 무덤의 자취가 흔적도 없이 사라졌다. 일설에 의하면 조조가 도굴을 막기 위해 가짜 무덤 72개를 만들었다고 한다. 가짜 무덤 72개의 전설은 과연 사실일까? 조조가 죽기 전에 남긴 유언을 통해 무덤의 진실을 파헤쳐 보자.

조조 무덤의 미스터리

72개 가짜 무덤을 뜻하는 '72기 의총疑塚'은 조조 무덤에 얽힌 역사상 매우 유명한 이야기이다. 조조는 자신이 평생 많은 죄를 지어 원한을 품은 자들이 무덤을 도굴할 것을 염려해 72기 의총을 만들라는 유언을 남겼다고 한다. 진짜 무덤 외에 가짜 무덤 71기를 더 만들어 어느 것이 진짜 무덤인지 헷갈리게 하기 위함이었다.

조조 무덤과 관련된 이야기는 이외에도 많다. 청나라 지괴志怪 소설《요재지이》聊齋志異에 실린 이야기는 꽤 오싹하다.

때는 청나라, 허창성 밖에 물살이 거센 큰 강이 흐르는데, 강 절벽 아래쪽 물색이 유난히 거뭇했다. 어느 여름날 강에서 멱을 감던 남자가 절벽 가까운 곳에서 갑자기 물속으로 빨려 들어갔다. 곧이어 철컥철컥 소리가 나고 강물이 새빨갛게 물들고 잘린 팔다리가 떠올랐다. 사람들이 깜짝 놀라 무슨 일인지 알아보려고 물질 잘하는 사람을 보냈는데, 똑같이 사지가 절단되어 죽었다. 결국 관부에 신고해 현령이 관리들과 현장에 달려왔다. 물길을 막고 물을 퍼내 살펴보니 절벽 아래에 동굴이 있고, 동굴 입구에 칼처럼 날카로운 날개가 달린 수차가 있었다. 강물이 거세게 흐르며 날개가 빨리 돌아가 두 사람의 몸이 잘렸던 것이다. 현령의 명령으로 수차를 부수고 동굴에 들어가니 동굴 깊숙한 곳에 한나라 전서체로 비문을 새긴 돌 비석이 있었다. 전서체 전문가를 불러 알아보니 바로 조조의 무덤이었다. 사람들은 무덤을 파내 관을 부수고 조조 시체를 훼손한 후 금은보화 부장품을 모조리 쓸어 갔다.

《요재지이》의 저자 포송령蒲松齡은 마지막에 이런 감상을 덧붙였다.

모든 사람이 조조가 교활하다고 했는데, 죽어서도 72기 의총을 만들어 후세 사람들을 속이려 했구나. 72기 의총 중에 조조의 진짜 무덤이 있기는 할지, 그 누가 알겠는가?

그렇다면 72기 의총은 정말 있었을까, 아니면 민간에서 만들어낸 전설일까?

코난 도일의 추리소설 《바스커빌 가의 사냥개》에서 셜록 홈즈가 이렇게 말했다.

"조사하는 사람은 전설이나 소문이 아니라 사실에 집중해야 한다."

조조의 무덤 문제도 마찬가지이다. 소문이나 소설 이야기는 흥미를 끌기 위해 과장하는 경우가 많으므로 역사 자료에서 근거를 찾아야 한다.

조조는 죽음을 예감했는지 죽기 1년 전부터 후사에 대비해 여러 가지 명령을 내렸는데, 이를 종령終令이라 한다. 죽기 직전에 남긴 일련의 당부는 따로 유령遺令이라 한다. 종령과 유령은 모두 《삼국지》〈무제기〉에 기록되어 있다. 이 중에 무덤과 관련된 내용이 있다.

평소 입던 옷을 입을 것이다. 낭비이니 따로 수의를 맞추지 말라. 무덤은 업성 서편 언덕 위, 서문표西門豹 사당 옆에 안장하라. 금은보화는 일체 생략하라. 높은 곳에 안장하고 봉수封樹를 생략하라.

업성은 오늘날 하북河北성 임장臨漳현 서남쪽과 하남河南성 안양安陽시 북쪽 교외 지역이다. 원래 원소의 근거지였으나 조조가 점령한 후 위나라 수도로 삼았다. 서문표는 전국 시대 위나라 지방관으로 업성을 다스리는 데 큰 공을 세워 특별히 사당을 지었다. 조조는 자기 무덤만 덩그러니 있으면 외로우니 서문표 사당 옆에 안장하도록 했다. 한나라 황제와 제후의 묘는 수년에 걸쳐 흙을 쌓고 나무를 심어 산을 만드는 것이 관례였는데, 이를 봉封이라 한다. 조조는 수많은 인력을 동원해 봉분을 높이 올리는 것을 낭비라고 생각했다. 대신 원래 지대가 높은 서편 언덕에 묻도록 했다. 또한 비석도 세우지 말고 모든 자연을 그대로 내버려 두도록 했다.

조조는 평생 폼 나게 살았는데 왜 죽을 때는 부장품도, 봉분도, 비석도 없이 초라하게 묻히길 바랐을까? 여기에 대해 도굴을 막기 위함이라는 추측이 있다. 젊은 시절 조조 자신이 도굴한 경험이 있으니 누군가 자기 무덤을 도굴하지 않을까 염려했을 것이다.

조조가 도굴한 사실은 역사에 근거 자료가 있다. 조조가 갓 군대를 모집했을 때 가진 돈이 많지 않아 군대를 유지하기가 힘들었다. 그래서 특별히 발구중랑장發丘中郎將, 모금교위摸金校尉란 직책을 만들었다. 발구중랑장은 남의 무덤을 파는 역할이고 모금교위는 무덤에서 훔친 부장품과 금은보화를 저잣거리에 내다 팔아 자금을 마련하는 담당이었다. 민간 전설로 보면 조조는 도굴업의 시조였던 셈이다. 본인이 남의 무덤을 도굴했으니 본인도 똑같이 당할 것을 염려해 부장품 없이 간소하게 안장했다는 견해이다.

과연 그랬을까? 죽기 직전에 갑자기 옛날에 남의 무덤을 도굴했던 것이 생각나서 똑같이 당할까 봐 부장품을 생략하도록 했다? 조조는 그럴

난세의 리더 조조

사람이 아니다.

《송서》宋書 〈예지〉禮志에 따르면, 조조는 죽기 15년 전인 205년에 이와 관련된 법령을 만들었다. 첫째, 후장厚葬(거창하고 화려한 장례)을 엄금하고 박장薄葬(소박한 장례)을 장려한다. 둘째, 비석 세우기를 엄격히 금지한다. 묘비를 포함해 일체의 기념비를 모두 금한다.

조조는 왜 후장을 엄금했을까? 아마도 근검 절약을 장려하기 위함이었을 것이다.

잠부론潛夫論

동한 말기 유학자 왕부(王符)는 암울한 사회 현실에 실망해 관직에 나가지 않고 스스로 잠부(潛夫, 숨은 사람, 은거하는 사람)라 칭하고 당시 사회와 정치를 비판한 책 이름도 《잠부론》이라 지었다. 이 책은 동한 말기 정치·경제·사회 등 다양한 분야의 문제점을 신랄하게 비판하는 내용으로 이 시대 역사 연구에 귀중한 자료가 되고 있다.

동한 말기 사회는 끊임없는 전란으로 경제가 제대로 돌아가지 않아 빈부 격차가 매우 심했다. 백성은 매우 궁핍한데 부자들의 사치와 방탕은 상상 그 이상이었다. 동한 말기 《잠부론》潛夫論에 이런 기록이 있다.

당시 일부 부자들은 큰돈을 들여 남쪽 깊은 산에서 자라는 아주 귀한 최상급 녹나무를 사들인 후 수많은 인부를 고용해 몇 달에 걸쳐 낙양으로 운반했다. 그리고 낙양에서 솜씨 좋은 장인을 불러들여 몇 달 동안 정교한 '이것'을 만드는 데 다시 어마어마한 돈을 들였다.

과연 '이것'이 무엇일까? 바로 관이다.

관 하나를 만드는데 이렇게 많은 돈과 인력을 낭비했으니 부장품은 말할 것도 없을 것이다. 중국 역사에 '황금 실종 수수께끼'라 불리는 미스터리가 있다. 동한 시대까지 수백, 수천 근에 달하던 황제의 황금 하사품이 위진 시대 이후에는 수십 냥에서 백 냥으로 줄었다. 그 많던 황금이 다 어디로 갔을까? 동한 시대에 부장품으로 무덤에 묻었다는 것이 일반적인 견해이다. 동한 말기 사치풍조가 얼마나 심했는지 알 수 있는 대목이다.

조조가 후장을 금지하고 박장령을 내린 것은 이 때문일 것이다. 재물을 땅속에 묻어버리지 말고 땅 위에 사는 사람이 쓰도록 남겨두자는 뜻이다.

그렇다면 비석은 왜 금지했을까? 동한 말기, 명성을 중시하는 유가 사대부들 사이에서는 서로 치켜세우며 과장하는 분위기가 팽배했다. 특히 묘지 비문은 공덕을 칭송하며 상대를 띄워 주기 가장 좋은 수단이었다. 이와 관련해 동한 말기 대문호 채옹이 이렇게 말했다.

"그동안 수많은 비문을 쓰면서 양심의 가책을 느끼지 않은 적은 딱 한 번뿐이고 나머지는 모두 형식적인 공덕 칭송이었다."

명법의 치에서 알 수 있듯 조조는 허풍과 과장을 극도로 싫어하는 명실상부한 실리주의자였다. 그런데 비문을 어떻게 사실대로 쓸 수 있겠는가? 죽은 사람을 존중하고 추모하는 비문에 잘못한 일을 적을 수는 없지 않은가? 그래서 아예 금지해버린 것이다.

역사적으로 한나라 비석은 매우 유명하고 지금까지 전해지는 것도 많지만 삼국~양진兩晉(동진과 서진) 비석은 매우 드물다. 특히 조조의 금지령 때문에 무덤 밖에 세워야 할 비문을 무덤 안에 넣는 경우도 많았다.

위의 내용을 종합하면 조조의 유언을 통해 두 가지 사실을 알 수 있다.

첫째, 조조 무덤을 만들 당시 그 위치가 명확했다. 업성 서편 언덕 위, 서문표 사당 옆이라고 확실히 기록되어 있다. 애초에 무덤을 숨길 의도가 없었고 72기 의총을 만들라는 명령도 하지 않았다. 대신 이런 말을 남겼

난세의 리더 조조

다.

"내가 그립거든 동작대에 올라 서쪽에 있는 내 무덤을 보거라."

업성 높은 곳에서 바로 보였으니 비밀이라고 할 수 없다.

둘째, 조조가 박장을 요구한 것은 갑자기 이상한 생각이 들거나 도굴이 두려워서가 아니라 죽는 순간까지 본인이 만든 법률을 엄격히 준수하기 위함이었다.

어쩌면 조조의 박장이 너무 뜻밖이라 오히려 불필요한 상상을 불러일으켰는지도 모르겠다. 사서에 명확히 기록되어 있지만 직접 읽어본 사람이 많지 않고 대다수 사람들은 언제나 본인이 생각하는 대로 믿기 마련이다.

'조조가 누구야? 한 시대를 풍미한 난세의 간웅이잖아. 생전에 천하를 다 가졌는데 죽을 때 그런 초라한 무덤을 만들게 했다는 게 말이 돼? 분명히 다른 꿍꿍이가 있을 거야. 평생 교활하고 악랄했던 것을 생각하면 답은 딱 하나야. 무덤이 어디에 있는지 아무도 모르게 하려는 거겠지. 왜? 도굴당하지 않으려고!'

아마도 72기 의총 이야기는 이렇게 탄생했을 것이다.

봉분을 올리지 않고 비석도 세우지 않아 상대적으로 눈에 띄지 않은 탓도 있었다. 위진 시대에는 높은 곳에 오르면 조조의 무덤을 볼 수 있었지만 수백 년이 지난 당나라, 송나라 시대에는 위치가 묘연해졌다. 당나라 태종이 직접 조조 무덤을 참배했다는 기록이 있으니, 이때까지는 무덤 위치를 정확히 알고 있었을 것이다. 그러나 안사安史의 난으로 오랫동안 혼란을 거치면서 무덤을 돌보지 못했고 송나라 이후 업성이 요遼나라, 금金나라 땅으로 넘어갔다. 이런 상태로 수백 년이 더 흐른 후, 사람들은 업성에 조조의 무덤이 있다는 것은 알지만 업성에 있는 수많은 무덤 중 어느 것이 조조의 무덤인지는 알 수 없게 되었다. 여기에 다시 여러 사람의 상상과 과장이 더해져 송나라 때 조조가 가짜 무덤을 만들게 했다는 72기 의총 이야기가 탄생했다.

송나라 시인 유응부兪應符의 시 〈장하의총〉漳河疑塚은 제목을 〈조조 무덤 발굴하기〉라고 바꿔도 될 것 같다.

나는 의총 소문을 의심하지 않네. 그대가 모르는 방법이 하나 있지.
의총 72기를 모두 파 보면, 그중 하나에 분명히 그대가 누워있겠지.

人言疑冢我不疑, 我有一法君未知. 盡發疑冢七十二, 必有一冢藏君屍.

대체 조조에게 무슨 억하심정이 있기에 이런 독한 생각을 했을까? 유응부가 정말 72기 의총을 전부 파헤쳤더라도 조조의 시체는 찾을 수 없었을 것이다. 오늘날 고고학자들이 발굴했다는 72기 의총은 대부분 북조北朝 시대 귀족의 대형 무덤군으로 조조와는 전혀 관계가 없다.

2009년 말, 하남성 문물국文物局이 안양현 안풍安豐 서고혈西高穴에서 조조의 무덤을 발견했다고 발표하면서 온라인에서 진위 여부를 둘러싼 논쟁이 일어났다. 죽은 지 1,800년이나 된 조조가 다시 세간의 이목을 집중시키며 여론의 중심에 선 것이다.

이 무덤은 시기적으로 동한 말기가 맞고 규모로 보아 제왕급 무덤이다. 지리적 위치와 안장 방식이 조조의 유언과 거의 일치했다. 무덤 주인의 유골이 60세 전후 남성인 점도 조조로 추측할 수 있는 부분이다.

결정적 증거는 '위무왕'魏武王이라고 새긴 명패 7개였다. 조조가 죽을 당시 위왕이었기 때문에 명패의 주인 역시 조조일 가능성이 크다. 조비가 황제에 등극한 후 조조를 위무제魏武帝로 추존했으니 이 시기 무덤에 위무왕 이란 글자를 새길 수 있는 사람은 조조밖에 없다. 무덤에서 발견된 명패 7개는 그 내용을 보더라도 역시 조조 본인의 것일 가능성이 크다.

이 중 '위무왕제상소용격호대극'魏武王帝常所用格虎大戟 과 '위무왕제상소용위 항석'魏武王帝常所用慰項石 을 살펴보자. '위무왕제상소용격호대극'은 조조가 호랑 이와 격투할 때 썼던 무기라는 뜻으로, 조조가 젊은 시절 계획한 장양 암 살에서 사용한 수극과 비슷하다. '위무왕제상소용위항석'은 가운데가 오 목한 경추 안마기이다. 일반적으로 두뇌 혈액 공급이 원활하지 못한 경추 질환이 두통을 일으키기 때문에, 이 안마기는 조조가 생전에 고생했던 만 성 두통과 관련이 있을 것이다. 여러 가지 상황을 종합해 볼 때 이 무덤의 주인이 조조일 가능성이 매우 큰 상황이다.

하지만 논쟁의 여지도 분명히 존재한다.

첫째, 이 무덤은 2005년부터 이미 수차례 도굴 당했고, 하남성 고고 학팀이 제대로 발굴에 착수한 것은 2008년이었다. 2009년에 발표한 유물 중에는 고고학팀이 직접 발굴한 것이 아니라 도굴꾼을 추적해 돌려받은 것도 상당수 있었다. 따라서 이 유물들이 정말 이 무덤에서 출토된 것인 지, 위조된 것인지 의문이 생길 수밖에 없다.

둘째, '조조 무덤'은 지방 정부에 막대한 경제 수익을 안겨줄 매우 매력 적인 관광 상품이 될 수 있다. 현지 지방 정부가 무덤 발굴을 크게 지원했 다는 점에서 학술 결과와 지방 정부의 개입을 의심해볼 수밖에 없다.

셋째, 현장 발굴 작업이 끝나기도 전에 조조의 무덤이라고 공식 발표 했다. 학술적 관점에서 볼 때 정확성을 의심할 수밖에 없는 성급한 결정이 었다.

현대 인터넷 시대의 고분 발굴은 예전과 달리 대중의 관심이 집중되는 사건이다. 특히 무덤 주인이 조조라면 관심이 더욱 클 수밖에 없다. 그러나 조조 무덤 발굴은 지방정부 주도로 소수 전문가만이 참여한 사실이 알려져 처음 인터넷에 공개됐을 때 큰 비난과 질타를 받았다. 특히 현지 지방정부와 전문가들이 언론과 대중의 목소리에 대응하는 방식에 큰 문제가 있었다. 이에 비해 2015년 강서江西성 남창南昌시에서 발견된 해혼후海昏侯 무덤 발굴은 꽤 성공적이었다. 전반적인 발굴 과정을 투명하게 공개했고 전문가가 대중과 적극적으로 교류하며 고고학의 대중화를 실현했다. 조조 무덤 발굴에서 보였던 혼란과 모순을 극복하고 새로운 시대에 발맞춰 고고학의 위상을 한 단계 끌어올렸다.

기상천외한 기행을 일삼던 조조가 사후 1,800년이 다 된 지금까지 조조다운 방식으로 세상을 놀라게 한 셈이다.

문무를 겸비한 조조는 중국 역사상 보기 드문 뛰어난 정치가이자 군사가, 그리고 시인이다. 수많은 군웅이 할거하던 북방을 평정하고 훗날 대업을 위한 기반을 마련했다. 덕분에 다음 대에 이르러 중국 역사상 가장 극적이었던 삼국 시대의 막을 내리고 천하를 통일할 수 있었다. 그러나 시간이 흐를수록 조조의 이미지는 잔인하고 냉혹한 난세의 간웅, 음흉하고 교활한 최악의 간신으로 굳어졌다. 특히 중국 전통 경극 무대에서 이런 경향이 매우 두드러진다. 동일 인물에 대한 역사적 평가가 이렇게 극명한 차이를 보이는 사례는 조조가 거의 유일하다. 후대 사람들이 조조라는 한 사람을 왜 이처럼 전혀 다르게 바라보는 것일까? 수많은 조조의 이미지 중 가장 진실에 가까운 모습은 무엇일까?

난세의 리더 조조

조조의 72가지 얼굴

72기 의총은 사실이 아니지만 조조에게는 72가지 얼굴이 있다. 죽은 지 1,800년이나 지났지만 조조의 이미지는 갈수록 다양해지고 있다. 조조가 간악한 소인배라는 사람도 있고 성인으로 칭송하는 사람도 있다. 혹은 두 이미지를 합쳐 비열한 성인이라고 말하는 사람도 있다. 이외에 영웅, 간웅, 효웅, 심지어 귀여운 간웅이라고 표현하기도 한다.

마지막으로 조조의 다양한 이미지에 대해 생각해 보자.

먼저 수많은 이미지 중 조조의 진짜 모습은 어느 것일까?

이 문제는 72기 의총과 같은 맥락으로 이해하면 된다. 조조의 무덤 위치가 사서에 명확히 기록된 것처럼 조조의 진짜 모습도 분명히 역사에 기록되어 있다. 물론 의식적이든 무의식적이든 사관의 주관이 반영됐겠지만 기본적인 모습에 대해서는 큰 이견이 없다. 조조가 어떤 사람인지, 그 진면모를 확인하려면 《삼국지》〈무제기〉가 가장 좋은 참고 자료가 될 것이다.

따라서 조조의 이미지 자체보다 이렇게 다양하고 복잡한, 특히 전혀 다른 상반된 이미지가 생긴 이유를 살펴볼 필요가 있다.

독일의 대문호 괴테Goethe는 《파우스트》에서 '모든 이론은 잿빛이고 생명의 황금 나무는 영원히 푸르다.'라고 했다. 조조가 역사적으로 다채로운 모습을 보여준 데 비해 후대의 평가는 너무나 단조롭고 초라하기까지 하다.

유구한 수천 년 역사가 흐르는 동안 세상이 크게 바뀌었지만 인간의 본성만큼은 변하지 않았다. 우리가 조조를 평가할 때 이 사실을 잊지 말아야 한다. 조조도 우리와 똑같은 인간이었다. 개구쟁이 어린 시절, 이상을 꿈꾸던 소년 시절, 방황한 청년 시절, 고군분투한 중년 시절, 노련하게 처세하는 노년 시절까지 어느 사람과 다르지 않았다.

조조는 본성 자체에 선과 악이 복잡하게 뒤얽힌 탓에 단순히 선하다 혹은 악하다고 단정 짓기 힘들다. 이렇게 복잡한 인물을 단순한 한마디로 좋은 사람, 나쁜 사람, 영웅 혹은 간웅이라 평가하는 것은 장님이 코끼리를 말하는 격이다. 어느 한 부분만 만지고 부채 같다느니, 관 같다느니, 기둥 같다느니 말할 텐데, 사실은 그 어느 것도 아니다. 장님이 만지는 코끼리, 그것이 바로 우리가 생각하는 조조이다.

고대 그리스 철학자 크세노파네스^{Xenophanes}는 '생각이 모습을 결정한다'라고 했다. 결국 조조의 이미지는 관찰자의 태도에 따라 달라지는 것이다.

조조가 살아 있을 때에도 누구는 주공처럼 훌륭한 성인이라고 치켜세우고 누구는 승상의 탈을 쓰고 한나라를 집어삼키려는 도둑놈이라고 욕을 했다. 사람마다 입장이 달랐기 때문이다. 조조 편에서 보면 성인이지만 반대편에서 보면 도둑놈일 수밖에 없다.

조조 사후에는 특이하게도 동진, 남송처럼 중원에서 밀려난 나라일수록 조조를 맹렬히 비난했다. 왜 그랬을까? 삼국 시대에 중원에서 밀려나 상대적으로 세력이 약했던 유비, 손권과 정치적으로 같은 입장이다 보니 자연스럽게 조조에 대한 반감이 커진 것이다.

고대 사회에서 부도덕한 난세의 간웅이었던 조조가 현대 사회에서는 낡은 관습을 타파한 개성적인 인물, 솔직하고 꾸밈없이 친근한 인물로 그려지고 있다. 현대 사회가 다양한 가치가 공존하는 시대이기 때문이다. 너무 완벽하거나 너무 소설 같은 이미지보다 개성적이고 때때로 빈틈을 보이

난세의 리더 조조

는 인간적인 모습으로 변해가고 있다. 이 모습은 결국 우리의 태도와 관점이 만들어낸 결과이다.

　이미 1,800년 전에 죽은 사람인데 우리는 왜 아직도 조조 이야기를 즐기는 것일까? 조조는 왜 많은 사람들에게 익숙하면서도 낯선 사람일까? 조조는 우리의 거울이다. 조조를 통해 숨겨진 내 안의 나를 발견하는 것이다. 수천 년 전에 실존했던 역사 인물 조조는 아주 멀고 낯선 사람이지만 조조에게 투영된 이미지가 오늘을 사는 우리 모두에게 익숙한 인간 본연의 모습이기 때문이다.

연도	조조 나이	사건
환제 영수(永壽) 원년(155)	1세	패국 초현의 환관 집안에서 태어남. 아버지 조숭, 어머니 정(丁)씨, 조부는 중상시 조등.
영수 2년~연희(延熹) 8년(156~165)	2~11세	유년기, 짓궂고 교활하며 방탕하게 유협 놀이를 즐김. 환관과 외척이 돌아가며 한나라 조정을 농락함.
연희 9년(166)	12세	1차 당고의 화
영강(永康) 원년(167)	13세	환제 붕어
영제 건녕(建寧) 원년(168)	14세	대장군 두무, 태위 진번이 반환관 계획에 실패해 제거됨. 2차 당고의 화
건녕 2년(169)	15세	태학에 입학.
건녕 3년~희평(熹平) 2년(170~173)	16~19세	사대부 명사 종승에게 교류를 청했다가 거절당함. 영제에게 상소를 올리고 장양 암살을 시도해 사대부 명사 하옹, 교현, 허소에게 호평을 얻음. 태학 졸업.
희평 3년~5년 (174~176)	20~22세	효렴에 천거되고 낙양북부위에 등용됨. 환관 건석의 숙부를 길에서 때려죽이는 등 권세가에게 엄격히 법을 집행함으로써 이름을 크게 알림.
희평 6년 (177)	23세	환관 세력이 조조를 낙양에서 쫓아내고자 둔구령으로 승진시킴.
광화(光和) 원년~2년 (178~179)	24~25세	송 황후 사건에 연루되어 파직당하고 고향으로 돌아감. 변씨를 첩으로 들임.
광화 3~6년 (180~183)	26~29세	재기에 성공해 의랑에 등용됨. 사도 진탐과 함께 태위와 사공의 부패를 고발하는 상소를 올렸으나 유야무야됨. 진탐은 환관의 모함을 받아 죽음.
중평(中平) 원년~3년 (184~186)	30~32세	황건적의 난 봉기. 기도위로 승진한 조조가 황건적 토벌에 공을 세워 다시 제남 국상으로 승진함. 제남국의 부패를 뿌리 뽑고 음사를 무너뜨림.
중평 4년(187)	33세	사직하고 고향으로 돌아옴. 외곽에 은거하며 일 년 내내 책 읽기와 사냥에 몰두함. 아들 조비 출생. 조숭이 매관매직으로 태위에 오름.

중평 5년(188)	34세	전군교위에 임용되어 다시 세상에 나감.
중평 6년(189)	35세	영제 붕어. 대장군 하진이 조정을 장악하고 원소를 등용함. 하진과 원소가 태후를 위협하기 위해 동탁을 낙양으로 끌어들이려는 계획을 세우자 조조가 반대함. 계획이 누설되어 하진이 죽자 원소가 황궁에 난입해 환관 2천 명을 죽임. 동탁이 낙양을 장악한 후 소제 유변을 폐하고 유협을 옹립함. 조조가 낙양을 탈출해 도망가던 중 성고현에서 여백사 가족을 몰살시키고 중모현에서 체포되었다가 다시 풀려남. 진류에 도착해 반동탁 의병을 일으킴.
헌제 초평(初平) 원년(190)	36세	관동 군벌이 반동탁 연합군을 일으키고 원소를 맹주로 추대함. 조조도 연합군에 참여함. 동탁이 수도를 장안으로 옮김.
초평 2년(191)	37세	옥새 사건과 새 황제 옹립 문제로 연합군을 떠나 원소와 각자의 길을 가기로 함.
초평 3년(192)	38세	사도 왕윤과 여포가 연합해 동탁을 제거함. 동탁 수하 이각과 곽사가 장안으로 돌아와 왕윤을 죽이고 조정을 장악함. 여포는 달아남. 연주를 차지한 조조는 황제를 등에 업고 제후를 지배하라는 모사 모개의 의견을 받아들임. 아들 조식 출생.
초평 4년(193)	39세	서주목 도겸의 수하가 조숭 일가를 몰살시킴. 조조가 복수를 결심하고 서주를 공격함.
흥평(興平) 원년(194)	40세	도겸이 유비의 도움으로 조조의 공격을 막아내자 조조가 성밖의 서주 백성을 학살함. 장막과 진궁이 조조를 배신하고 여포에게 연주를 넘김. 도겸이 병사하고 유비가 서주를 이어받음.
흥평 2년(195)	41세	이각이 헌제를 곽사가 문무백관을 인질로 잡고 서로 공격함. 헌제가 동승의 보호를 받으며 낙양으로 돌아옴. 조조가 여포를 공격해 연주를 되찾음.
건안(建安) 원년(196)	42세	헌제를 허현으로 데려가 황제를 차지하는 데 성공함. 원소가 황제를 견성으로 데려오라고 제안하나 조조가 거절함. 여포에게 공격받은 유비가 조조에게 투항함.
건안 2~3년(197~198)	43~44세	여포를 죽임. 헌제와 동승이 의대조 사건을 모의함.
건안 4년(199)	45세	유비가 동승과 조조 제거를 모의하던 중 조조가 원술을 공격하라고 내보내자 이 틈에 서주로 도망침. 원소가 조조를 공격하려 10만 대군을 준비하고 조조는 관도에 진지를 구축함.

건안 5년(200)	46세	의대조 사건으로 동승을 제거함. 조조에게 공격당한 유비가 원소에게 투항함. 조조가 과를 제정함. 관도 대전 발발. 조조가 열세를 극복하고 원소를 대파함.
건안 6~12년 (201~207)	47~53세	원소가 병사하고 조조가 원소 잔당을 제거해 북방을 통일함.
건안 13~14년 (208~209)	54~55세	화타를 죽임. 승상에 오르고 공융을 죽임. 적벽대전 발발. 손권-유비 연합군이 조조군을 대파함으로써 조조는 천하통일의 꿈을 접게 됨.
건안 15년(210)	56세	'오직 능력만으로 등용한다.'라는 1차 인재 모집령 발표. 아들들과 동작대에 오름. 조식이 부를 지어 조조에게 점수를 얻음.
건안 16~19년 (211~214)	57~60세	마초(馬超)를 공격하고 유비가 익주를 차지함. 복 황후가 밀서 사건으로 냉궁에 유폐되어 죽고 일족이 모두 처형됨. 2차 인재 모집령 발표. 위공 작위를 받고 후계자 선정을 고심하며 조비와 조식을 시험함.
건안 20~21년 (215~216)	61~62세	장로를 토벌하고 한중을 점령하고 위와 작위를 받음.
건안 22년(217)	63세	3차 인재 모집령 발표. 조비를 세자로 책봉.
건안 23~24년 (218~219)	64~65세	손권과 손을 잡고 관우를 죽임.
건안 25년, 황초(黃初) 원년(220)	66세	정월 23일, 66세의 나이로 낙양에서 눈을 감음. 2월, 고릉에 묻고 무왕 시호를 내림. 조비가 황제를 칭하고 조조를 위무제와 위태조로 추존함. 정식으로 한나라가 멸망한 후 본격적인 삼국 시대의 막이 오름.